Innenarchitektur in Deutschland

Die Herausgabe dieses Werkes
wurde gefördert von

EGGER
ARCHITEKTUR & HANDWERK

FIELITZ GMBH
Leichtbauelemente

INTERFACE

interstuhl

KNAUF

KÖNIG + NEURATH

kusch + co

PREFORM

RESOPAL

RSL

WILHELMI WERKE AG

Innenarchitektur in Deutschland

Zwischen Tradition und Vision

Herausgegeben vom
Bund Deutscher Innenarchitekten (BDIA)

Redaktion: Rudolf Schricker

Mit Beiträgen von:

Jutta und Dieter Blocher
Meinhard von Gerkan
Birgit Hachtmann-Pütz
Carl Holste
Falk Jaeger
Christine Kayser und Sabine Wildner
Gerhard Landau und Ludwig Kindelbacher
Heinrich Kramer
Hans-Joachim Krietsch
Peter Lorenz
Peter Maly
Johanne und Gernot Nalbach
Burkhard Remmers
Dieter Schempp
Rudolf Schricker

Verlagsanstalt Alexander Koch

Coverabbildungen

Konrad-Adenauer-Stiftung Berlin
Architekt: Thomas van den Valentyn
Fotograf: Rainer Mader

Wohnhaus in Paderborn
Architekt: Roland Dorn
Fotograf: Lukas Roth

Sanierung Fachwerkhaus in Forchheim
Architekt: Heinz Rosenberg
Fotograf: Unipor-Ziegel Marketing GmbH

Foyer der Börse Zürich
Lichtplanung: Lichtdesign GmbH
Fotograf: L. L. Bernard / Lichtdesign GmbH

Bungalowaufstockung in Bad Salzuflen
Architekten: Schmidt Schmersahl + Partner
Fotograf: Clemens Ortmeyer / architekturphoto

Haus im Schwarzwald
Architekten: LOG ID Prof. Dieter Schempp, Walter Gans
Fotograf: Rainer Blunck

unten:
Boehringer Ingelheim Center (BIC)
Architekten: Beucker, Maschlanka & Partner GbR
Fotograf: Wilkahn, Axel Bleyer

ISBN 3-87422-646-8

Produktion: Verlagsbüro Wais & Partner, Stuttgart
Gesamtherstellung: Karl Weinbrenner & Söhne GmbH & Co.
Leinfelden-Echterdingen

Bestellnummer: 646

Inhalt

Vorwort

Rainer Hilf
Dipl.-Ing. Innenarchitekt
1942 geboren in Fürth/Bayern.
1968–72 Studium der Innenarchitektur an der Akademie der Bildenden Künste in Nürnberg.
Seit 1972 selbstständig tätig, diverse Wettbewerbspreise.
1974–90 gemeinsames Architektur-/Innenarchitekturbüro mit Prof. Wunibald Puchner in Nürnberg.
Seit 1990 eigenes Innenarchitekturbüro in Nürnberg, Schwerpunkte: Öffentliche Bauten, Sakralbauten, Verwaltung, Büro, Hotel, Gaststätten, Wohnen, Sanierung, Außenraum, Objektdesign.
1980–99 diverse Lehraufträge an der Akademie der Bildenden Künste in Nürnberg und an der Hochschule für Kunst und Design Burg Giebchenstein in Halle/Saale.
1996 Gastprofessur an der Hochschule in Halle.
Seit 1995 Präsident des BDIA, beratendes Vorstandsmitglied der Bayerischen Architektenkammer München.
Seit 1996 Vorsitz des Ausschusses Innenarchitekten bei der Bundesarchitektenkammer Berlin, Vorstandsmitglied der Bundesarchitektenkammer.
Seit 2001 Gründungsmitglied, stellvertretender Vorsitzender und Mitglied im Fachausschuss Innenarchitektur des Akkreditierungsverbundes für Studiengänge der Architektur und Planung ASAP e.V. Berlin.

50 Jahre Bund Deutscher Innenarchitekten

Der Berufsverband der Innenarchitekten in Deutschland feiert Jubiläum. Keines mit einer gewichtigen Spanne von Jahren, kein Aufsehen erregendes, kein ausgefallenes. Bemerkenswert jedoch als Abschnitt und Markierung eines noch kurzen, aber ereignisreichen Weges intensiver berufsständischer Arbeit und Erfahrungen.
Nicht immer waren die einzelnen Stationen mit Erfolg gekrönt und – jedes Gelingen war hart erarbeitet. Unverkennbar ist, dass sich der BDIA von den Anfängen seiner Verbandsarbeit und einer kleinen Gruppe idealistischer Berufskollegen zu einem anerkannten und professionell engagierten Berufsverband mit einer stattlichen Anzahl von Mitgliedern gemausert hat.
Im integrativen Zusammenwirken mit den Architektenkammern und den berufsständischen Institutionen einerseits und dem Eingehen auf die Bedürfnisse einer sich wandelnden Gesellschaft andererseits hat der Verband zu einer Struktur und Effektivität gefunden, die ihn innerhalb der berufsständischen Arbeit zu einem willkommenen, verlässlichen Partner und Mitstreiter macht.

Der Bund Deutscher Innenarchitekten ist der einzige Berufsverband für Innenarchitekten in der Bundesrepublik. In wirksamer Wahrnehmung der Interessen und Anliegen eines gesamten Berufsstandes beteiligt er sich an der im Jahr 2000 gestarteten ‚Initiative Architektur und Baukultur' des Bundesministeriums für Verkehr und Bauwesen und an der ‚Arbeitsgemeinschaft der Verbände der Architekten, Ingenieure und Stadtplaner'. Der BDIA wirkt mit im Deutschen Kulturrat, im Bundesverband der Freien Berufe sowie im Rat für Formgebung. Er arbeitet eng mit allen wichtigen europäischen Innenarchitektenverbänden zusammen, ist aktives Mitglied beim ECIA, European Concil of Interior Architects, und bei der IFI, International Federation of Interior Designer.

Der BDIA setzt sich für eine fachgerechte, gründliche und an der Praxis orientierte Ausbildung junger Kollegen ein, hat mit den regelmäßig durchgeführten Fachbereichs- und Hochschultagen ein Forum für Studenten und Professoren der Innenarchitektur geschaffen und ist Gründungsmitglied des ‚Akkreditierungsverbundes für Studiengänge der Architektur und Planung ASAP'. Er engagiert sich für die qualifizierte Fort- und Weiterbildung seiner Mitglieder und veranstaltet gefragte Seminare und Fachtagungen.

50 Jahre Bund Deutscher Innenarchitekten bedeuten neben dem Rückblick auf Erreichtes zugleich auch Verpflichtung und Vorausschau auf künftige Aufgaben, neue Intentionen und Entwicklungsmöglich-

Vorwort

keiten auf dem Gebiet des Bauens und mögliche Chancen für den Berufsstand.

Bauen und jegliche Gestaltung des direkten Umfeldes des Menschen sind in den vergangenen Jahrzehnten vorrangig zu einem wirtschaftlichen Faktor geworden. Soziale, ökonomische und organisatorische Maßstäbe stehen zunehmend im Vordergrund. Geistige und darunter besonders bau- und raumkünstlerische Gestaltung findet immer schwerer Beachtung. Mit all diesen Prämissen ist auch die Innenarchitektur befrachtet.

Doch während in den letzten 50 Jahren der kulturelle Anspruch an die Architektur in großen Teilen zweifellos auf ein Minimum geschwunden ist und ihr nicht selten Menschenfeindlichkeit nachgesagt wurde, konnte es sich die Innenarchitektur, die Gestaltung und Planung des Inneren von Gebäuden, nie leisten, gegen den Menschen gerichtet zu sein. Fantasie, gepaart mit technischem und formalem Geschick, haben nie ihren Stellenwert im allgemeinen Bewusstsein verloren, sich im Gegenteil sichtlich durchgesetzt und gefestigt. Heute ist Kreativität in der Innenarchitektur mehr denn je gefragt.

Sicher muss man keine langen Untersuchungen anstellen, um heraus zu finden, dass es im und am Gebäude Qualitäten gibt, die nicht in Lehrbüchern vermittelt werden können oder die völlig unabhängig von jeglichem ‚Zeitgeist' geprägt sind. Das betrifft den räumlichen Erlebniswert genauso wie die Abfolge seiner Funktionen und bezieht sich sowohl auf das Erscheinungsbild einer Innenarchitektur als auch auf deren ‚innere', nicht offen fassbare Struktur.

Innenarchitektur in all ihren Formen schafft das Milieu für menschliches Tun und Erleben. Der Mensch steht im Mittelpunkt. Ihr kann man nicht entkommen. Sie formt die kleinsten, unmittelbarsten Einheiten, die den Menschen umgeben. Wir leben in ihr und mit ihr, solange wir in der menschlichen Zivilisation leben. Sie ist mit ein Teil des menschlichen Bemühens, über die Zivilisation hinaus Kultur zu gewinnen.

Innenarchitektur ist ‚umfassender', einnehmender, direkter, unentrinnbarer als Architektur. Sie ist zweckgebundener, funktionsorientierter, kontemplativer. Stofflichkeit und haptische Qualität von Materialien spielen eine große Rolle. Das Detail rückt viel stärker in den Vordergrund. Innenarchitektur kann inszenieren und bagatellisieren, relativieren und polarisieren, akzentuieren und dramatisieren. Sie kann kühl und streng, aber nie anmaßend oder totalitär sein. Innenarchitektur ist gefühlsbetonter als Architektur. Sie schafft Interieurs, die beruhigen, animieren, erheben. Räume werden dadurch erlebbarer, fühlbarer. Man kann sie erschließen, erfahren, ausfüllen, beherrschen. Räume sind sinnlich. Im kunstgerechten Zusammenspiel von Gestaltung und Funktion, Dimension und Proportion, Licht und Farbe, Material und Oberfläche können sie klingen, ohne von vorne herein proakustisch gedacht zu sein.

Architektur – und damit auch Innenarchitektur – steht nie für sich allein. Beide stehen in hohem Maße in Wechselbeziehung, im Dialog, mit ihrer Umgebung, ihrer Umwelt. Innenarchitektur ist damit die schöpferische, innovative Weiterführung einer architektonischen Idee. Dennoch sind Räume autonom. Sie führen ein Eigenleben und brauchen nicht das Gegenüber. Räume können sich gegenseitig beeinflussen, aufwerten. In ihrer Erscheinung sind sie aber immer unverwechselbar und haben ihre eigene Charakteristik.

Architektur birgt Räume und schafft Raum. Räume geben dem Haus, einer Hülle, die Seele.

Deswegen Innenarchitektur!
Daher dieses Buch!
Keine Verbandsgeschichte, keine Chronologie und keine Nabelschau, vielmehr ein zeitgemäßer Bericht zu einem uns alle interessierenden Thema: Der Gestaltung des unmittelbaren Umfeldes des Menschen, des Raumes.

Der vorliegende Band beschreitet damit einen neuen Weg in der Öffentlichkeitsarbeit eines Berufsverbandes und ist im Vergleich mit anderen Büchern zum Thema Innenarchitektur ein Novum. Neuartig deshalb, weil es von ‚Betroffenen' gemacht wurde und sowohl Fachleute gleicher oder verwandter Disziplinen als auch den interessierten, potenziellen Auftraggeber ansprechen will. Neu deswegen, weil es sich zwar auf ein Teilgebiet der Architektur beschränkt, nämlich dem Inneren von Gebäuden, zugleich aber die Vielfältigkeit an schöpferischen Lösungen, die facettenreiche Vielgestaltigkeit von Bauaufgaben und die breite Palette von anspruchsvoller Gestaltung und Planung im Bereich der Innenarchitektur aufzeigt. Unkonventionell deshalb, weil es nicht kommerziellen oder zufällig zusammentreffenden Interessen gehorchend konzeptioniert oder gar verbandshierarchischen Abläufen und internen Regularien folgend zusammengestellt wurde und weil damit Innenarchitektur nicht nur im eigenen Saft geschmort aufbereitet wurde.

Deshalb also dieses Buch!
Dem interessierten Leser viel Pläsier bei der Lektüre und möglichst vielfältige neue Erkenntnisse zum immer neuen Thema Innenarchitektur!

Rainer Hilf
Präsident Bund Deutscher
Innenarchitekten BDIA

Leitgedanken

Rudolf Schricker

Die Publikation ‚Innenarchitektur in Deutschland' dokumentiert den Versuch, ernsthaft und kompetent über das essenzielle Thema ‚Gestaltung von Innenräumen', das jeden mehr oder weniger berührt, zu analysieren, zu berichten, aufzuzeigen und Zusammenhänge zu erklären. Dieses Buch lebt inhaltlich von hoher Aktualität, ohne die Wurzeln, Entwicklungen und auch Visionen zu vernachlässigen. Es wird kein Anspruch auf Vollständigkeit erhoben, was bei dem enormen Themenspektrum auch gar nicht möglich wäre. Es geht auch nicht um die ‚beste' Innenarchitektur und die ausgewählten Beispiele sind nicht den Kriterien ‚exemplarisch' oder gar ‚optimal' erlegen; Innenarchitektur wird in diesem Buch kategorisiert, typisiert und differenziert in Schwerpunktthemen, die wiederum von verschiedenen Autorinnen und Autoren autonom und selbständig er- und bearbeitet sind. Nicht nur ein schönes Bilderbuch sollte hier entstehen, auch kulturhistorische Tiefe und gesellschaftsrelevanter Bezug. Auf diese Weise wird die Vielfalt und die Lebendigkeit der Innenarchitektur durch Heterogenität der Meinungen und Einschätzungen dokumentiert.

Die Auswahl der publizierten Projekte ist bei aller gebotenen Objektivität gewiss nicht selten subjektiv, bestimmt ist sie unvollständig, manchmal auch ungewöhnlich, trotzdem garantiert das Zusammenspiel verschiedener Haltungen und Interessen in der Summe Unabhängigkeit und Glaubwürdigkeit in der Sache Innenarchitektur.

Die verschiedenen Autorinnen und Autoren kommen aus der Innenarchitektur ebenso wie aus der Architektur und dem Bereich des Design; manche sind Publizisten, viele Praktiker – ein breites Spektrum von Persönlichkeiten, die sich mit Innenarchitektur auseinander setzen – sie formulieren den Weg zur globalen Sicht und über den Tellerrand hinaus und legen sehr differenzierten Wert auf die Dokumentation von Geschichte und Entwicklung der jeweiligen Schwerpunktthemen. Wohnen zum Beispiel ist ein Primärbedürfnis, das unmittelbar nach dem Ende des Zweiten Weltkrieges in Deutschland essenziell war, da nicht oder nur unzureichend zu befriedigen; und es ist heute wieder ein Thema, diesmal nicht, weil es an Wohnraum fehlen würde, eher an Inhalten. Andere Themen der Innenarchitektur blicken auf unterschiedliche zeitliche Strukturen zurück, die jeweils die Bedeutsamkeit und die Verbindung des gesellschaftlichen Einflusses zeigen. Messestand-Gestaltung gewinnt mit der wachsenden Wirtschaftskraft in den späten 50er und frühen 60er Jahren an Bedeutung, während Gastronomie erst in den 70ern in den Kegel des öffentlichen Gestaltungsbewusstseins tritt, nachdem die Lust auf Genuss von Gastlichkeit wächst. Die moderne Freizeit- und Erlebnisgesellschaft fordert Hotellerie und Event-Räume in den jüngst vergangenen Jahren und die digitale Medienwelt formt die Räume heutiger und künftiger Räume auf nachhaltige Weise.
So verschieden die Themen, so vielfältig die Autorenmeinungen. Alle jedoch sind sich einig im Bemühen um verantwortungsbewusste Gestaltung von Lebensräumen und in der Vermeidung einer Gestaltungsideologie, die der Handlungs- und Denkfreiheit der Menschen im Raum zuwider laufen würde.

Innenarchitektur in Deutschland – eine Beschreibung der aktuellen Gestaltungssituation von Räumen in einem Land, in dem die Menschen ihre verantwortliche Rolle im Zusammenspiel mit Nachbarländern und im Konzert der Staatengemeinschaft neu definieren und sich in der Selbstreflexion die Gesellschaft im Innenverhältnis und im Umgang miteinander verändert. Eine Gesellschaft die globaler denkt, sich der geschichtlichen Verantwortung stellt und dennoch Lust auf Experimente entwickelt, aufgeschlossen der Zukunft entgegensteuert und voller Hoffnungen und Visionen das Innere der Architektur als Räume zum Leben begreift. Kreative Gedanken, die die Gegenwart mit neuem Bewusstsein wahrnehmen und sich der Wurzeln erinnern, Entwicklungen konstatieren und selbstbewusst in die Zukunft sehen. Konkrete räumliche Grenzen verlieren ihre Bedeutung ebenso wie Raumbegrenzungen, dafür stoßen wir immer häufiger an geistige Grenzen und auf Barrieren des Vorstellungsvermögens.

Die Betonung liegt in den ersten Sätzen eindeutig auf ‚Innenarchitektur' – aber so, wie wir diesen Terminus verstehen, wird er nur in Deutschland verstanden und ist damit eben doch so typisch deutsch.

Das, was wir mit Innenarchitektur in Deutschland meinen, wird in vielen anderen Ländern gar nicht differenziert – und wenn wir ehrlich sind, dann müssen wir feststellen, dass selbst in Deutschland immer noch große Defizite an Information und Vorurteile um diesen Begriff herrschen.

Gleichwohl Innenarchitektur ein allgemeiner Begriff ist und damit auch allgemeine Anwendung findet, lohnt es sich doch, einen Blick auf die zeitliche Entwicklung und die regionalen Besonderheiten zu werfen, zumal hier deutlich wird, dass anders als die Architektur und auch anders als Produktgestaltung in Deutschland die Innenarchitektur seit 1945 viel weniger den so genannten Feuilleton-Trends und damit den gängigen intellektuellen Stilbeurteilungen unterworfen und schon gar nicht in dem hohen Maße den internationalen Einflüssen ausgesetzt war und ist. Innenarchitektur in Deutschland hatte schon weit vor 1945 eher den Stellenwert des Privaten, des Persönlichen, des wenig Öffentlichen. Räume zum Leben hat sich jeder selber hergerichtet; der äußere Einfluss auf die Innenräume wurde von der Besitzstandswahrung des aufstrebenden Bürgertums im 19. und 20. Jahrhundert stets klein gehalten.

Der Raum, der persönliche Raum, wurde schon immer introvertiert wahrgenommen und verteidigt, eher leise und als intimer Rückzugsraum verstanden – so anders als die Architektur, die stets den öffentlichen, nach außen gerichteten Auftritt braucht, sich der allgemeinen Betrachtung aussetzt und repräsentative Aufgaben übernimmt.

Innenarchitektur im eigentlichen Sinne gibt es solange es Menschen auf der Suche nach Rückzug und Sicherheit und innerer Identität gibt; Architektur begleitet den Menschen seit er repräsentieren und äußere Zeichen setzen will.

Das Innere des menschlichen Lebensraumes definiert die zweite Haut des Menschen und übernimmt damit die räumliche Darstellung innerer menschlicher Bedürfnisse. Das nach außen gerichtete Gebäude dagegen ist Zeichen und Monument zugleich und Ausdruck äußerer Bedürfnisse im sozialen Kontext.

Könige, Fürsten, auch Kirchen, später die Zünfte und das Handwerk, ebenso das Militär und in jüngster Zeit zuerst die modernen Produktionsstätten und später die Politik, sie alle benutzten und benutzen die Architektur um Zeichen zu setzen, getragen von äußerer Repräsentation und Demonstration – wenn nicht der Macht, so doch wenigstens ihrer Bedeutung wegen. Die Innenräume dieser Architekturen waren kaum zugänglich und mussten, wenn überhaupt, für eine innere Repräsentation und dann auch nur für einen kleinen Zirkel herhalten.

Wenn wir heute Innenarchitektur definieren als die Gestaltung und Planung von Räumen mit dem Ziel, das körperliche, geistige und soziale Wohlbefinden des Menschen zu gewährleisten, dann wird klar, dass einerseits die Geburtsstunde dieser Innenarchitektur zeitlich sehr schwer zu datieren ist, und andererseits der Grundsatz moderner Raumgestaltung durch und durch humanistisch ist. Wer mag heute in der Replik beurteilen, wie sehr sich unsere Vorfahren in ihren primitiven Behausungen, Hütten, einfachsten Gebäuden bis hinauf zu den Mietskasernen tatsächlich wohl gefühlt haben oder nicht?

Kann man sich mit unseren modernen Maßstäben überhaupt noch vorstellen, wie es ist, zu zehnt in einem winzigen Raum zusammengepfercht zu leben, ohne eigenes Bett, ohne Intimität, ohne Rückzugsräume, aber trocken und halbwegs warm? Hat sich Wohlbefinden nicht anders definiert vor dem Hintergrund der familiären Integration, der hygienischen Verbesserungen, längerer Lebenszeiten?

Die Schwerpunkte der Bedeutung von Innenräumen sind gewiss linear und analog der geschichtlichen Entwicklung entstanden: Zuerst galt es, die primären Lebensbedingungen zu gewährleisten: Sicherheit, Festigung der physischen Konstitution, ausreichend Schlaf und Ernährung, Sexualität. Die Errichtung von Behausungen diente in erster Linie der Befriedigung dieser Primärbedürfnisse. Die Einflüsse der Natur wurden zurückgedrängt und in gewisser Weise domestiziert. Der Kampf gegen Feuchte, Kälte, aber auch Hitze, gegen Feinde und Ungeziefer und so weiter brachte Erfindungsreichtum und so etwas wie Erfahrung im Errichten von Gebäuden, eben Architektur.
Sobald die Primärbedürfnisse des Körpers befriedigt sind, rücken die weiteren Bedürfnisse, besonders die geistigen mehr in den Vordergrund. Das ist heute so, das war damals so. Mit der Entwicklung des physischen Lebensraumes geht die Schärfung des Besitzerbewusstseins einher, das es zu verteidigen gilt. Nach der inneren Festigung kommt die Befestigung nach außen. Nach außen wird repräsentiert, angegeben, geklotzt und gesichert. Architektur wird zum Monument, zum Statussymbol. Dieses nach außen gerichtete Repräsentieren ist Ausdruck höchster Rationalität und Logik.

Die weitere Stufe der Selbstreflexion wird animiert von den emotionalen Defiziten, die damit einhergehen und die viele Menschen dann drängen, sich wieder mehr dem Inneren zuzuwenden. Die meisten beginnen anschließend je nach Möglichkeit und Situation mit Überlegungen der funktionalen und gestalterischen Verbesserungen im Inneren. Sie suchen Identifikation, Duftmarken, Unverwechselbarkeit, den Gleichklang zwischen Vertrautheit und Neugierde, sie trachten nach Beständigem und Lust auf Veränderung, nach Orientierung und Ordnung, nach Freiräumen, nach Intimität – kurz nach Gemütlichkeit; und diese ist in den meisten Fällen immer noch privat und persönlich, da emotional.

Diese typisch deutsche Umschreibung von Lebensgefühl in Räumen ist Synonym geworden für die Charakterisierung menschlicher Erwartungen und Hoffnungen an Innenräume von Flensburg bis Garmisch. In den vergangenen 50 Jahren hat sich dieses seltsame Gemüt verstärkt. Was anfänglich noch als Gegenreaktion auf die allzu ungemütliche Situation vor 1945 interpretiert werden konnte, mutet mittlerweile im Zeitalter von Cyberspace und Hightech zwar seltsam, jedoch als hoch emotionaler Ausgleich zu der sonst gefühlsarmen Innenwelt an. Zumindest in Deutschland stellt das Jahr 1945 nicht nur im politischen Sinne eine tiefe Zäsur dar.

Die Monumente der Architektur waren zerstört. Die Räume fehlten. Die Überlebenden mussten sich wieder um die Befriedigung der Primärbedürfnisse kümmern. Not macht bekanntlich erfinderisch und es war ein Neuanfang. Der Wiederaufbau ging einher mit Hoffnungen und Erwartungen; obwohl die vom Krieg heimkehrenden Architekten dieselben wie zuvor waren. Und obwohl neues Denken angesagt war und der amerikanische, der russische, der

skandinavische Baustil – kurz ein Hauch von Internationalität – letzte Reste von verpönter Historie hinwegfegte, kehrte die alte Architekturtradition schnell wieder in die Köpfe der Menschen zurück.
Lediglich eine ganz kurze Zeit nach 1945 – als alle nichts als ihr Leben hatten und frei waren von Repräsentation – wollte man physisch und psychisch und vor allem auch sozial ganz anders miteinander leben und wohl auch die Räume dafür ganz anders gestalten. Für kurze Zeit, vielleicht tatsächlich nur ein paar Jahre, herrschte kulturelle Anarchie und gestalterischer Idealismus; Gestaltung war frei von Institutionen und Hierarchien. Einfachstes war schön, notgedrungen; das Wenige war richtig und das Gesamte konnte nur noch besser werden.

Die Einigkeit von Technik, Kunst und Moral, so wie sie seit der Aufklärung 500 Jahre lang nicht mehr zu erfahren war, wurde nach 1945 zwangsläufig deutlich spürbar. Bei allem Elend, bei aller Not, in dieser Hinsicht waren dies Glücksmomente in der sonst so armen Zeit. Die Verantwortung der Gestaltung wurde neu sortiert. Überkommene Ausbildungs- und Qualifikationsstrukturen wurden generell neu geregelt. Was ‚richtig' war im wissenschaftlichen Sinne sollte ebenso zur Geltung kommen wie das ‚Schöne' in der kreativen und künstlerischen Grundauffassung und gleichfalls das ‚Gute' für demoralisierte, aber zukunftsorientierte Menschen in philosophischer Hinsicht.

Nur so ist zu erklären, dass die Väter und Mütter zumindest bundesrepublikanischer Architekturordnung bei der Neustrukturierung von Kompetenz und Qualifikation in den frühen 50er Jahren das erste Mal den Begriff ‚Innenarchitektur' verwendeten. In den Annalen ist nachzulesen, wie sehr man damals um Neuformulierungen gerungen hat, ohne die Inhalte und Konsequenzen im Einzelnen definieren und abschätzen zu können.

Es lag wohl zu viel in Schutt und Asche, als dass sich anfänglich die alten Hierarchien erhalten ließen. Außerdem waren die Hochbauarchitekten mit dem immensen Aufbauaufkommen derart beschäftigt, dass es ihnen gewiss nicht in den Sinn gekommen ist, die mit einem Mal genannten Innenarchitekten als wirkliche Konkurrenz zu sehen.
Großzügig hat man den Innenraum abgetreten und für kurze Zeit differenziert zwischen Architekt und Innenarchitekt. Dies geschah in dem Bewusstsein, dass dies sicher kein all zu großer Kompetenzverlust für Architekten sein würde, einmal weil im Verständnis von damals der Hochbau mit dem Gebäude automatisch den Innenraum auch definierte, zum anderen der Innenraum die nach wie vor geringe öffentliche Wertschätzung der Vorkriegszeit genoss.

Die Lektüre der ersten Nachkriegszeitschriften über Architektur, Innenarchitektur und Gestaltung gibt Aufschluss darüber, dass die vornehmliche Aufgabe in der Schaffung von Wohnraum gesehen worden ist; und zwar rasch und grenzüberschreitend. Es war, als hätten sich die kreativen Kräfte gebündelt. Die Architektenidole aus den USA, viele davon deutschstämmige Emigranten, sowie aus Skandinavien zeichneten den in Provisorien gespannt zuhörenden Auditorien Bilder vom demokratischen Bauen und von neuen Technologien an die von Zerstörung gekennzeichneten Wände. Der Bedarf an Wohnraum ging straff einher mit dem erhöhten Bedarf an Möbeln und Ausstattung. Die ersten Innenarchitekten waren denn auch in aller Regel Möbeldesigner, die damals aber noch nicht so hießen – ein Umstand, der allerdings auch die Architekten nicht davon abhielt, sich auf den Gebiet der Möbel- und Ausstattungsgestaltung gleich mit zu tummeln.

Waren die 50er Jahre noch geprägt von einer gelebten Koexistenz zwischen Architekten, die sich um den Wiederaufbau kümmerten, und den ersten Innenarchitekten, die mit der ebenfalls im Aufbau befindlichen Möbel- und Ausstattungsindustrie sich in erster Linie der Optimierung der Wohnsituation widmeten, sind die 60er und 70er Jahre gekennzeichnet durch eine eindeutige Planungshierarchie zugunsten der Architektur, die sich mittlerweile um weit mehr als nur noch um Wohnungen kümmerte, sondern den erhöhten Bedarf an Gebäuden der Administration, der Repräsentation und des Konsums deckte, und dies in Größenordnungen, die scheinbar nur noch mit großem technologischen Aufwand, mit erhöhter Verantwortung und mit komplexem Wissen zu bewältigen waren. Die Architektenschaft hat damals die Kompetenz unter sich aufgeteilt, hat Architektengesetze verabschiedet und sich voll auf die Technologiegläubigkeit konzentriert. Die Universitäten untermauerten dies mit dem Diplomingenieur und dem Bemühen um Verwissenschaftlichung der Architektur. Architektur und Gestaltung sind seither sehr abstrakt und intellektuell und stark rational unterlegt. Außen vor geblieben ist die Rücksichtnahme auf menschliche Bedürfnisse.
Seit dieser Zeit kämpfen Innenarchitekten um gleichwertige Anerkennung und versuchen der global argumentierenden Architekturlehre ein inneres Pendant entgegenzustellen.

Die Reaktionen auf diese Tendenzen der Berechenbarkeit und der Technologieversessenheit waren in West- und Ostdeutschland recht verschieden. Während in der ehemaligen DDR bis 1967 ganz offiziell wenigstens an ein paar Hochschulen bzw. Fachschulen Innenarchitektur gelehrt wurde, um es dann umso rascher politisch und ideologisch in den 70er und 80er Jahren vom Lehrplan verschwinden zu lassen, da revanchistisch, kapitalistisch und reaktionär, blickt man in der alten Bundesrepublik auf eine wahre Gründungswelle

von Diplomstudiengängen für Innenarchitektur quer durch alle Bundesländer. In der DDR dagegen glaubte man offensichtlich an die Konzentration auf Architektur und Design, während man in der alten BRD fast schon trotzig auch in der Innenarchitektur diesen Weg des Engineering einschlug; wohl auch mit der Hoffnung, die Technik würde die Klammer und die Existenzberechtigung verschiedener Disziplinen schon mit sich bringen. Die Generation der Diplomstudiengänge in den 80er Jahren ist es denn auch, die heute nach 20 Jahren die Glaubwürdigkeit, die Eigenständigkeit und letztlich auch die Partnerschaftsfähigkeit der Innenarchitektur mit all den weiteren Disziplinen begründet.
Allerdings basiert diese Existenzgrundlage nicht nur auf einem technisch-konstruktiven Fundament, denn dort haben sich längst die Hochbaukollegen zementiert; und auch nicht auf dem künstlerisch-gestalterischen Podest, denn diese Plattform ist mittlerweile von den mannigfaltigen Designsparten besetzt; nein – das eigentliche Moment der eigenen und unverwechselbaren Profilierung der Innenarchitektur wird in der Bereitschaft zur Übernahme von besonderer Verantwortung deutlich, wenn es darum geht, sich neben der Ingenieurkompetenz und der künstlerischen Ambition auch um den Menschen, seine Bedürfnisse, Erwartungen und Hoffnungen zu kümmern, aber auch um Botschaften, Philosophien und Images.
Damit übernimmt die Innenarchitektur ganz andere und weit mehr Verantwortung als es je mit konstruktiven oder gar mit künstlerischen Mitteln allein möglich wäre. Seit 1989 kann man auch wieder von einem gesamtdeutschen Entwicklungsstrang der Innenarchitektur als Dienstleistung und ‚Therapie' zugleich sprechen.
Innenarchitektur in Deutschland gibt es seit mehr als 50 Jahren und es wird Zeit, die Missverständnisse zu klären und die Profillinien, die Kompetenzstärken ebenso wie die Überschneidungen zu weiteren Disziplinen aufzuzeigen.
Es geht ja nicht um Abgrenzung und Konfrontation, ganz im Gegenteil: Architektur, Innenarchitektur und Design können die veränderten Anforderungen und Bedingungen nur gemeinsam bewältigen. Partnerschaften sind dagegen nur möglich, wenn die Kompetenz gegenseitig respektiert wird. Und die Innenarchitektur ist als Partner auf vielfältige und glaubwürdige Weise attraktiv geworden, da sie sich aus der Klammer der Architektur gelöst, die Nähe zum Design gesucht und damit weit mehr als reine Bau-Gestaltungsfelder eröffnet hat. Zugleich hat sie im Zeitalter beginnender ganzheitlicher Konzepte den integrativen Ansatz über den Bautellerrand hinausgetragen. Die Hinwendung zu angewandten Humanwissenschaften in der Gestaltung von Innenräumen hat ein bislang Letztes zur autonomen Profilbildung der Innenarchitektur in Deutschland beigetragen.

Mehr als gesamtdeutsche Innenarchitektur

Es hat sich unwahrscheinlich viel getan seit 1990. Beim Studium der Artikel und Diskussionsbeiträge um den zukünftigen Weg der Innenarchitektur damals fällt die Zuversicht auf, die hohe Erwartungshaltung, die selbstbewussten Forderungen für die Zukunft. Die Autoren waren offensichtlich seinerzeit geprägt vom aufgestauten und plötzlich wieder möglich gewordenen Willen zur Gestaltung, zur Umgestaltung. Die westdeutschen Kollegen erkannten schnell die einmalige Chance, geistige Pflöcke einzurammen und im Osten das Feld der Autonomie und des eigenständigen Profils zu bestellen, damit die im Westen seit Jahrzehnten meist mit bescheidenem Erfolg abgelaufenen Bemühungen um Authentizität einer deutschen Innenarchitektur nun endlich in aller Kürze und mit hoher Effizienz durchgeführt werden konnten. Die Aufbruchstimmung damals hat aus heutiger Sicht schon wieder etwas Rührendes. Idealismus gepaart mit Naivität hat den Blick für die Realität verstellt. Man hätte eigentlich sehen müssen, dass es in der ehemaligen DDR keine Innenarchitektur gab, sondern nur Architektur und Design. Und man hätte auch wittern müssen, dass es in den Köpfen der Entscheidungsträger, in der jahrelang geprägten Gesellschaft damals keinen Bedarf an Innenarchitekten gab. Und bis heute ist diese Unkenntnis, dieses Desinteresse, dieses völlige Unverständnis gegenüber einer eigenständigen Innenarchitektur in den Amtsstuben des Ostens, auf den Vorstandsetagen der Konzerne, im Bewusstsein der Menschen zu verzeichnen, die entweder nach alter Schule immer noch nach dem Generalisten, sprich dem Architekten, rufen oder aber, wie so häufig geschehen, die Entscheidungen durch einen aus dem Westen importierten Manager zu treffen sind. Auf diese Weise fallen die Denkrichtungen sehr hochbau- oder designlastig aus. Im Westen kannte man das nicht anders; im Osten hat man es noch nicht anders erfahren. Also blieb alles beim Alten? Natürlich nicht.
Allerdings zeigen die gewaltigen Veränderungen seit 1990 in der Innenarchitektur nicht die damals zu erwartenden Entwicklungen. Der freie Innenarchitekt ist zwischen Ostseeküste und Thüringer Wald immer noch ein Exote. Und die früheren Leitbilder in den VEBs, Kombinaten oder an den Hochschulen wirken mittlerweile wie Fossilien einer längst vergangenen Zeit. Viele Innenarchitekten in Westdeutschland sind damals in dieses innenräumliche Vakuum gestoßen und haben sich gefreut über die vielen unerwarteten Aufträge in Leipzig, Rostock, Dresden und natürlich in Berlin. Für viele ist es der ausschließliche Kontakt in die neuen Bundesländer geblieben, oft sogar virtuell, mobil und per e-mail. Und die Kontakte vor Ort – Investoren, Architekten, Beamte – sind alle alte Bekannte aus Düsseldorf, Hamburg, Stuttgart etc.

Das Bewusstsein der Kollegen ist bis zum heutigen Tag nicht mit schlechtem Gewissen getrübt. Sie sind der Meinung, auf der richtigen Seite gestanden zu haben, nicht nur politisch, auch gestalterisch. Die scheinbare Überlegenheit in Technologie, Management, Ästhetik macht blind und unsensibel in dem doch ansonsten so sehr am Visuellen und Empfindsamen sich orientierenden Feld der Innenarchitektur. Welcher westdeutsche Kollege hat sich denn in den vergangenen Jahren wirklich interessiert für Innenarchitektur in der ehemaligen DDR? Wer war denn in diesem berauschenden Gefühl der Maueröffnung und anschließend unter dem Eindruck der Chancenöffnung überhaupt in der Lage, all die Fehler, die im Westen begangen worden sind nun im Osten nicht mehr zu wiederholen? Und wer konnte in dieser Situation am eigenen, gerade erst frisch erlangten Selbstbewusstsein zweifeln und sich interessieren für eine scheinbar obsolet gewordene Gestaltungsauffassung?
Es geht nicht darum, Geschichtsinterpretation zu betreiben oder der Innenarchitektur in der DDR, die es ohnehin so gar nicht gab, einen Glorienschein umzuhängen. Es geht auch nicht um Herabsetzung der Innenarchitektur in der DDR. Aber fragen können wir schon, warum die ostdeutschen Kolleginnen und Kollegen die Nichtwürdigung und das Desinteresse an ihrer eigenen Identität so widerspruchsfrei hinnehmen. Viele Zeitgenossen leben ja, frustriert ob Negation und leidend unter der Herabwürdigung der einstigen Ideale. Viele Gestalter haben in der ehemaligen DDR für eine Innenarchitektur gekämpft, die zwar nicht kapitalistisch sein durfte und auch nicht sein wollte, aber die das Leben ein wenig erträglicher erscheinen lassen wollte. Diese Kolleginnen und Kollegen auf der anderen Seite blicken auf eine eigene, wenngleich kurze Geschichte, in jedem Fall aber auf eine ostdeutsche Entscheidungsidentität. Sie leben heute in der gestalterischen Emigration und schwingen ganz leise die moralische Keule.

So wie die westdeutsche Architektenschaft die ehemalige DDR-Architektur untergepflügt hat, agierte allzu oft auch die westdeutsche Innenarchitektur im sicheren Windschatten der Investoren. Die Soziologen beginnen zu hinterfragen, ob es eine DDR-Innenarchitektur gab. Und was ist daraus geworden? Wo ist deren Identität geblieben oder ist die Wiedervereinigung erst dann erreicht, wenn der Oststandard endlich auf Weststandard getrimmt ist?
Es ist ein heikles Feld, immer noch. Ständig läuft man Gefahr in irgendein Fettnäpfchen zu treten. Die Kollegen im Osten, einmal auf ihre Identität angesprochen, reagieren irritiert. Ständig schwingt die Angst mit, irgendwann könnte sich eine Äußerung ja zum Nachteil kehren. Umso anerkennenswerter ist, dass sich doch ein paar Mutige finden, die, nachdem sie Vertrauen geschöpft haben, sich dann doch offen, manchmal etwas verklausuliert, selten ins Philosophische abdriftend, äußern. Erstaunlich ehrlich und ohne Vorbehalte. Die Vorbehaltlosigkeit entwaffnet und beschämt zugleich. Diese Offenheit wird im Westen seit Jahrzehnten vermisst. Der dort herrschende Hang zum Repräsentieren hat unter zunehmendem Konkurrenzdruck Neid und Missgunst gesät und Freundschaften schwer möglich gemacht. Innenarchitektur im Osten ist auch heute noch etwas anderes. Nicht aus der ästhetischen Sicht betrachtet, schon gar nicht aus der technischen, aber im Hinblick auf den nostalgisch anmutenden Zug zu Kommunen, zum Gruppenbewusstsein, zum Gefühl der Abhängigkeit und Zugehörigkeit. Die Westkollegen haben nach der Wende ja nicht nur den schönen Schein der Räume mitgebracht und auch nicht nur die Kommerzialisierung der Gestaltung, sie zerstören oft soziale Bindungen und machen einsam. Unter dieser Einsamkeit scheinen viele Ostdeutsche mehr zu leiden als unter allem anderen.
Diese Isolation der Ostkollegen und der kritiklose Import westdeutschen Gestalter-Denkens hat verhindert, dass sich in den Jahren seit der Wiedervereinigung eine eigene Identität herausbilden konnte. Aber wäre das überhaupt sinnvoll? Ist es wirklich erstrebenswert, Regionalismus in der Gestaltung zu betreiben? Was wäre, wenn es neben der ostdeutschen Innenarchitektur eine bayerische oder hessische Innenarchitektur gäbe? Wäre nicht analog der politischen Kleinstaaterei, die ja offensichtlich keiner mehr will, nicht auch eine kleinkarierte regionale Gestaltungsauffassung von vornherein zum Scheitern verurteilt? Ja und Nein möchte man antworten. Natürlich gibt es nuancierte Differenzierung in der Gestaltung, so wie es unterschiedliche Menschen gibt. Gerade weil die Gestaltung ja immer näher an den Menschen herankommen will, ist es ratsam, auch dessen Unterschiede zu akzeptieren, wie es eben doch auch Unterschiede in der Innenarchitektur gibt.
Vielleicht sind die Jahre zu kurz, um wirklich eine eigene Stilistik und eigene Gestaltungshaltung entwickeln zu können. Was die Leute in Leipzig 1989 auf die Straße getrieben hat, hat seinen Ursprung in der Unzufriedenheit über den Verfall der Städte und in den Unzulänglichkeiten in den Lebensräumen des Alltags. Vielleicht war die Situation im Westen nach dem Krieg ganz ähnlich. Die Quellen westdeutscher Innenarchitektur stehen ja in Verbindung zum Aufbruchswillen, Ärmelhochkrempeln und Andersmachen in einem ausgebombten und zerstörten Deutschland. Die Menschen damals hatten nichts; aber sie hatten alle nichts. Die Situation im Osten Deutschlands stellt sich im Jahr 2002 jedoch nicht nur nuanciert anders dar: Es gibt wohlhabende und mittellose Menschen; es gibt optimistische und desillusionierte Menschen. Es gibt Menschen, denen sind die Strukturen der Entscheidungsfindung und der Interessensabwägung nach westlichem Muster geläufig und es existieren viele Schicksale, die gerade an dieser Umorientierung scheitern.
Dazu kommt, dass neben der sozialen Schere im Kopf das Desinteresse westlicher

Kollegen an der Erfahrung östlicher Innenarchitekten besonders schmerzt ... und macht daraus eine verlorene Erfahrung. Diese Erfahrung ist jedoch wichtig. Die Bewältigung der gravierenden Probleme im sozio-ästhetischen Bereich erfordert Wissen und Weisheit. Das Leben verändert sich; die Innenstädte veröden; der Erlebnishunger hypermobiler Ostdeutscher treibt die Massen in die gigantischen Konsumtempel auf der grünen Wiese. Nachts ziehen sich Menschen mit Job in die neu entstandenen Schlafsiedlungen an der Peripherie der Städte und trennen sich bewusst ab von den Ghettos der Arbeitslosen in den Plattenbauten. Um die Innenarchitektur in diesen sozialen Brennpunkten kümmert sich keiner. Dabei könnte sie so viel Verantwortung übernehmen. Innenarchitektur ist mehr als nur Konsum plus Erlebnis.
Innenarchitektur könnte der inhaltlosen Renovierungswut westlicher Investoren neben der Rendite auch Identifikation zur Seite stellen. Innenarchitektur könnte einer Gesellschaft, die mehr Freizeit als Freiheit besitzt, die gewonnene Mobilität mit steigender Orientierungslosigkeit eingetauscht hat, die Konsum über Kommune stellt, in der Gestaltung von Lebensräumen den Rettungsanker zuwerfen: der Drang nach dem Authentischen. Gestaltung von Lebensräumen setzt Verantwortung und Bewusstsein voraus. Dies sind alles Tugenden des aussterbenden Bürgertums. Innenarchitektur könnte in dieses soziologische Gestaltungsvakuum hineinstoßen und Inhalte und Wertvorstellungen vermitteln, die nicht unbedingt schön sein müssen, und auch nicht primär funktionieren, sondern die in erster Linie einen Wert an sich für die Menschen darstellen. Ist der Rauch des überschwänglichen Konsumdekors erst einmal verzogen, sind die Primärbedürfnisse erst einmal befriedigt, kommen erste Ansätze einer authentischen ostdeutschen Gestaltungskultur zum Vorschein: kritische Rekonstruktion, neue Einfachheit, behutsame Reduktion, Konzentration auf das Wesentliche, ökologisch vertretbare Intensität, Originalität und Glaubwürdigkeit. Ein neues Bewusstsein entsteht auf diese Weise: Selbstbewusstsein, Verantwortungsbewusstsein, Gestaltungsbewusstsein. Der Innenraum erhält einen neuen Anspruch in gleicher Weise wie ein neues Menschenbild entsteht – also neben der ästhetischen Innenarchitektur eine technische und daneben eine soziale, eine humanorientierte Innenarchitektur?

Mag sein, dass diese Entwicklung typisch ostdeutsch ist und nur dort möglich wird. Trotzdem scheint dort wahr zu werden, was im Westen jahrzehntelang immer nur theoretisch angedacht wurde. Das schlechte Gewissen der westlichen 68er-Folgegeneration mit der Intellektualisierung der Ästhetik und mit ihrer Technologiegläubigkeit in Folge und mit der anschließend nur in den Köpfen stattfindenden sozialen Revolution, findet sich im Osten kaum. Dort kehrt sich die Reihenfolge um und wird zur bitteren Realität.
Gegenseitiges Verständnis wäre nötig; das Interesse am anderen ... und das Lernen-Wollen. Sind die Ansprüche auf diesem Level nicht doch wieder übergeordnet? Gibt es trotz aller Unterschiede nicht doch eine gesamtdeutsche Innenarchitektur? Die globale Klammer neben aller Regionalität ist das Bewusstsein über Lebensglück, über Lebensräume – eben Innenarchitekturbewusstsein.
Insofern kann man aus den Erfahrungen der vergangenen Jahre östlich der Elbe sehr viel lernen. Selbst oder gerade für die Kolleginnen und Kollegen, die auch heute noch nicht einen Fuß in diese wunderschönen Landstriche gesetzt haben, sei gesagt, die Geburtsstunde einer gesamtdeutschen Innenarchitektur ist an den Hochschulen in den neuen Bundesländern gelegt worden. Selbstverständlich sind die hochschulpolitischen Programme aus dem Jahre 1990 nicht alle so umgesetzt worden, wie sie damals mit Euphorie und zum Teil auch mit heißer Feder aufgestellt wurden. Man wollte auf Traditionen aufbauen und Wurzeln in Dresden, Halle, Weimar usw. freilegen. Dank großzügiger Unterstützung aus dem Westen und unzähligen Förderprogrammen sind tatsächlich blühende Hochschullandschaften entstanden – modern, zukunftsorientiert, bestens ausgestattet. Zwei Hochschulen stehen heute als Symbol dieses Umbruchs und der Neuorientierung: Burg Giebichenstein in Halle und Heiligendamm. In Halle baute man auf deren bewährte architektur-orientierte Designer-Ausbildung der Zweige ‚Wohnumwelt' und ‚Arbeitsumwelt', und reicherte das Dozentenkollegium mit internationalem Flair an. In Heiligendamm wurde aus der tradierten Fachschule für angewandte Kunst eine Fachhochschule und modifizierte die Professorenschaft in einen paritätisch verteilten Mix aus Grundlagen vermittelnden Ostkollegen und praxisorientierten Westkollegen. Alle anderen hochfliegenden Pläne wurden nicht realisiert: Weder kann man heute an der Uni Dresden noch an der Bauhaus-Universität in Weimar in einem Studiengang Innenarchitektur diplomieren. Die dortigen Lehrstühle für Raumgestaltung sind entweder Teil der Architekturausbildung oder verwaist.

Damals sind kluge Inhalte und Lehrkonzepte einer möglichen Innenarchitektur-Ausbildung formuliert worden. Umsetzung und Erfolg erfahren bis zum heutigen Tag nur Halle und Heiligendamm bzw. seit der Umsiedlung 2000 eben Wismar. Beide Hochschulen wirken weit über die Grenzen und deren Ruf ist mittlerweile exemplarisch. Mit den drei Säulen ‚Ästhetik/Kunst', ‚Technik/Konstruktion' und ‚Humanwissenschaftlich orientierte Gestaltung', und den Anreicherungen ‚Neue Medien', ‚Virtuelle Räume' und ‚Interdisziplinarität' ist man gut gerüstet für ein glaubwürdiges, zukunftsträchtiges und qualitativ hochwertiges Ausbildungsziel. Alle, die wollten, haben aus den mehr als 10 Jahren gesamtdeutsche Innenarchitektur gelernt. Die nächste Generation wird nicht mehr unterschieden zwischen Ost und West, sondern nur noch fragen nach den besten Ausbildungsplätzen und den optimistischsten Zukunftsprognosen, den geeigneten Entwicklungsmöglichkeiten und dem Lebensglück. So, wie es aussieht, werden diese Orte schön verteilt im ganzen Land zu suchen und zu finden sein. Manche Hochschulen in den alten Bundesländern ziehen nach. Innenarchitektur ist eben doch eine verbindende, eine globale, eine ganzheitliche Disziplin.

Zukunft Innenarchitektur – mehr als Technik und Kunst

Seit der Aufklärung, seit der Renaissance ist alles anders. Die Differenzierung des ‚Wahren' und des ‚Schönen' und des ‚Guten' hat Demokratie und Menschenrechte ermöglicht, hat auch die industrielle Entwicklung vorangebracht und den materiellen Wohlstand geschaffen. Was vorher vereint war, ist zerbrochen in Einzeldisziplinen. Die begleitende Rationalität hat die Macht des Glaubens abgelöst und die Ethik wegen der Unberechenbarkeit verdrängt. Die Naturwissenschaften und die Technik erzeugen die Illusion der Berechenbarkeit und damit der Beherrschung der Welt und rauben den Räumen und Dingen ihren Zauber. Technik erzeugt keine Werte, lediglich Funktion. Die Differenzierung in Ingenieure, Künstler und Philosophen verleiht den Technikern ihre Legitimation und verweist die Gestalter und die Moralisten in das Reich des Esoterischen und des schmückenden Beiwerks ohne ernsthaften Hintergrund.
Planer beschäftigen sich mehr mit der Frage des ‚Wie' und ‚Wann', vernachlässigen aber das ‚Warum' und ‚Wozu'. Die geplante Welt ist kalt geworden, emotionsfrei, perfekt, intellektuell, rational. Der Mensch braucht allerdings Werte, an denen er sich orientieren kann, die ihm den Sinn des Lebens vermitteln, an denen er sich geistig wie auch körperlich reiben kann, auf höchst empfindungsreiche, handlungsintensive und nachdenkenswerte Weise. Diese Werte sind anders als materiell, können nicht uniform, klinisch rein, abstrakt oder theoretisch sein.
Für die Gestalter resultiert daraus der dringende Appell an die Integrationsfähigkeit und an das Verantwortungsbewusstsein. Architekten und Innenarchitekten können ebenso wie die Designer einen wesentlichen Beitrag leisten für die Integration des Ingenieurwissens, der künstlerischen Gestaltungsfähigkeit und des verantwortungsbewussten Entwurfsvermögens. Die Gestalter können den Räumen und den Dingen wieder ‚Zauber', Bedeutung, wieder innere Wertschätzung verleihen.
Innenarchitektur ist eine Frage des Bewusstseins. Innenarchitekten sind Ingenieure, Künstler und Menschenkenner in Personalunion. Das verantwortungsbewusste Handeln im Entwurf unter Berücksichtigung der Folgen und Konsequenzen zeugt von dieser Integrationskraft. „Man kann den Menschen mit einem Raum erschlagen wie mit einer Axt!" – Dieses leicht abgewandelte Zitat Zilles sollte über jedem Reißbrett eines jeden Planers hängen. Manchmal verwundert es schon, warum Wohnungsbau und Raumplanung ganz allgemein in Zeiten sensationslüsterner Journalisten noch nicht zum Skandal avanciert sind. Offensichtlich haben die Menschen hinsichtlich ihrer räumlichen Arbeits- und Wohnbedürfnisse keine Lobby. Anders ist es nicht zu erklären, warum in den vergangenen 50 Jahren Unsummen in den Wohnungsbau bzw. in den Bau von öffentlichen und sozialen Einrichtungen gepumpt worden sind – und Grundlösungen mit planerischer Arroganz in Beton gegossen worden sind –, ohne die eigentlich Betroffenen zu fragen, ohne deren Bedürfnisse und Sorgen zu kennen, ohne deren Gefühle ernst zu nehmen, ohne Gegenwehr, ohne Aufschrei.
Behausungen sind so entstanden, gestanzt analog Schablonen, mehr Legebatterien ähnelnd – technisch zwar auf dem neuesten Stand, aber wahrnehmungs- und verhaltenspsychologisch frühe Steinzeit.
Nur weil die meisten Planer nichts vom Menschen verstehen, verschanzen sie sich hinter der Definition von Mindeststandards: Wärmedämm-Koeffizienten, Quadratmeter sozialen Wohnungsbaus, Heizleistungen, Warmwasseranschluss – jedem sein WC und Bad – so als wollte man die Menschen ruhig stellen: Heute muss kein Mensch mehr erfrieren oder verhungern, er wird hygienisiert, er kann sich waschen, hat sein stilles Örtchen und verfügt in der Regel über eine eigene Schlafstatt – und so als wäre das nicht schon ausreichend, dass jeder heute das Gefühl hat, mit der Welt verbunden zu sein.
Mindeststandards sind gefährlich; sie machen genügsam und die Planer bequem; sie moralisieren und definieren Luxus mit ganz falschen Vorzeichen und sind durch das Rasenmäher-Prinzip zutiefst unmenschlich. Zudem vermitteln diese Bedürfnis-Minimalisten den Eindruck, dass alles sehr viel kostet. Was Menschen wirklich brauchen, sind nicht kostspielige und überzogene Wohlstandsäußerlichkeiten, keine goldenen Wasserhähne – was Menschen wirklich brauchen, das sind, aufbauend auf diesen technischen Mindeststandards, Räume, die schalltechnisch Individualität ermöglichen, Fenster und Türen, die Sicherheit vermitteln, Küchen, die den Familien die Lust am gemeinsamen Essen und Zubereiten wiedergeben, Räume, die Kommunikation zwischen den Familienmitgliedern fördern, Materialien, die die Gesundheit erhalten und nicht Allergien Vorschub leisten, Farben, die Lust statt Frust suggerieren, Raumformen und Strukturen, die die Fantasie beflügeln, kleine Details, die die Ernsthaftigkeit des planerischen Bemühens erkennen lassen, gestalterische Kleinode, die Vertrauen schaffen. Soziologen und Verhaltensforscher weisen schon lange darauf hin, dass in unserer Gesellschaft etwas schief läuft. Kriminalität, Drogenprobleme, Werteverfall, Identitätsschwierigkeiten, Sinnlosigkeit –

letztlich auch Folgen von baulicher Unzulänglichkeit und mangelndem Verantwortungsbewusstsein der Planer. Architektur-Ghettos in allen Städten, technoide Monstren und künstlerisch verkitschte Zentren – allesamt zementierte Denkmäler einiger Architekten und Künstler auf dem Ego-Trip. Keine Rücksicht auf den Menschen. Städtebauliche Prinzipien wiegen höher als die Empfindungswelt derer, die in diesen Plexiglas-Klötzchen aus dem Wettbewerbs-Entwurf im Maßstab M 1:500 wohnen sollen.

Ursprünglich war man gefangen von der CAD-Euphorie. Man glaubte, die Defizite der räumlichen Vorstellungskraft durch diese Darstellungs-Wundermaschine auszugleichen. In Wahrheit sind diese Perspektiven Gittergerüste und diese mit Farbe und Schatten versehenen virtuellen Welten das geblieben, was sie stets waren – künstliche Welten, frei von menschlichen Gefühlen und Regungen, reduziert auf Optik allein. Kein Computer der Welt kann diese ganzheitliche Sicht der Dinge vermitteln, wie sie eigentlich notwendig sind: Wie ein Raum klingt, wie ein Raum riecht, wie ein Raum sich anfühlt, wann er Angst einjagt, in welche Stimmung er versetzt, Melancholie verbreitet, Selbstbewusstsein verleiht, etc.

In den Hochschulen erfahren die Architekturstudenten fast nichts über Wahrnehmungspsychologie, Wohnmedizin, Semiotik, Soziologie, Verhaltensforschung, Farbenlehre, den bewussten Umgang mit Licht, über den Menschen, Pflanzen, die Natur.

Innenarchitekten sind all die Jahre nicht an dieser Entwicklung von krankmachenden Räumen beteiligt gewesen. Dazu war die Zahl der Kolleginnen und Kollegen zu gering. Auch fehlte die Akzeptanz seitens der Hochbau-Kollegen. Erst in jüngster Zeit werden Architekten und Innenarchitekten auf sanften Druck des Bauherrn zu Partnern. Manche fortschrittlich denkenden Architekten praktizieren diese Tandem-Planung mit Innenarchitekten schon seit geraumer Zeit. Eine Vision der Kooperation Architekt – Innenarchitekt kommt aber erst langsam ins allgemeine Blickfeld. Wohl auch deshalb, weil in Zeiten allgemeinen Wertewandels und Selbstkritik der Mensch wieder mehr in den Mittelpunkt rückt und ‚geniale Entwürfe von aristokratisch-denkenden Architekten', mit zunehmender Skepsis betrachtet werden. Wohl aber auch, weil die Baukunst so kompliziert geworden ist, haftungsträchtig und so risikoreich, dass viele Hochbaukollegen diesen nicht minder komplex gewordenen Planungsbereich ‚Innenarchitektur', sich nicht auch noch ans Bein binden wollen. Die Geburtsstunde der kooperativen Planung.

Die Innenarchitekten bringen in dieses Planungsteam Beachtliches als Mitgift ein: Nicht nur, dass sie ausgezeichnete Techniker und Konstrukteure für den qualifizierten Innenbau sind, nicht nur, dass sie ästhetisch und künstlerisch sehr ambitioniert arbeiten – Verantwortungsbewusstsein und die Respektierung von Mensch und Natur sind die Faktoren, die sich den überzeugenden Ergebnissen ablesen lassen. Der Innenarchitekt ist ‚hautnah' am Menschen, versteht den Raum als Lebenswelt und nicht nur als technisches Überbleibsel irgendwelcher Architekturtheorie. Für viele klingt das romantisch. Für ein paar wenige, die Ähnliches bereits erfahren haben, ist klar: Hier geht es nicht um Moral, Gefühlsduselei und auch nicht um Stile – es geht um Verantwortung.

Niemand hat bisher untersucht, wie viele Ehen und Familien zerstört worden sind durch verantwortungslose Raumgestaltung. Keiner hat sich bislang die Mühe gemacht herauszufinden, wie viele Kinder und Jugendliche in die innere Emigration gedrängt worden sind durch mangelnde Frei-Räume. Die Zahl derer, die sich über die Jahre in ihre Sozial- und Identitäts-Isolation treiben lassen, steigt angesichts des Gemischtwarenladens an Architekturversatzstücken und des Sammelsuriums aus dem Experimentierkasten der Baustoffindustrie auf engstem Raum in der Peripherie unserer Städte unaufhörlich. In den meisten Wohnungen ist Familienleben nicht mehr praktizierbar. Kommunikation bleibt auf der Strecke und das Lernen bzw. Vermitteln bestimmter Verhaltensweisen ebenso. Türöffnungen werden rational nur noch als Loch in der Wand definiert, nach Standardmaß; Türdrücker werden aus dem Katalog ausgesucht; Beschläge werden über den Preis-Kamm gezogen; die Bedienbarkeit einer Türe, ob sie leicht läuft oder ob sie sehr schwer zu öffnen ist, ob sich eine Türe für ältere Menschen und für Kinder zur unüberwindbaren Barriere entwickelt, obwohl unverschlossen – welchen Planer interessiert das schon? Ganz zu schweigen von Gedanken, die nicht gedacht werden: Wie man durch eine Türe den Raum betritt, wie man den Raum durch diesen Akt des Raum-Betretens erlebt, wie man ihn wieder verlässt und in welchen Erinnerungen wir ihn behalten.

Unzählige Beispiele von ‚Banalitäten', kleinen Architekturelementen, deren Auswahl nach technischen oder sonstigen Kriterien erfolgt ist, den Umgang mit diesen Dingen, die Gefühle, die Empfindungen der Menschen aber unberücksichtigt lassen, ließen sich ohne Mühe anfügen.

Es sind nicht nur die konkret architektonischen Gegebenheiten eines Raumes, die den Innenarchitekten wirklich berühren. Auch die objektiv und empirisch fassbaren Maßstäbe der Proxemik (Raumsprachlichkeit) und des Raumerlebens spielen eine entscheidende Rolle.

Mensch und sozialer Raum bilden eine Einheit. Der Mensch ist im Raum, wie der Raum im Menschen ist. Der Anstieg von Krankheiten in krankmachender Umgebung ist offensichtlich, damit verbunden zwangsläufig das kälter werdende soziale Klima, die Isolation des Individuums und der Verlust der ‚Mitte'. Der Mensch sucht im Raum Vertrautheit, Geborgenheit, Identität, – Spiegel seiner selbst – gewissermaßen ein Wiedererkennungswert nicht nur seines eigenen Ichs, sondern auch dem

seines sozialen Umfeldes. Die Vielfalt des Ausdrucks und der Ausdrucksmöglichkeiten geht den modernen, funktionalistischen Massenarchitekturen in ihrer Monotonie und maschinenhaften Optik abhanden. Die ‚Wohn-Maschine' ist nicht die Welt der Menschen. Perfektion verhindert den Freiraum. Konsequenz wird zum Sakrileg – Ursache und Wirkung verkehren sich ins Gegenteil und werden absurd. Uniformität lässt Individualität unmöglich erscheinen. Für das Entwerfen von Räumen, zumal für die, die von Menschen genutzt werden sollen, benötigen wir fundiertes Wissen über die Bedürfnisse der Menschen und deren Wechselwirkung mit dem Raum und der Architektur.
Räume sind in der Tat Spiegel nicht nur des Menschen, der darin leben muss, sondern auch der Entwerfer. Man sieht es den Räumen an, ob ein Planer Humor hat. Meist sind die Räume traurig, fantasielos, gefühlskalt. Architektur ist das sichtbar gewordene Psychogramm der Architekten. Darin liegt auch die große Chance der Innenarchitekten Profil zu zeigen. Endlich nicht mehr dem ungleichen Wettbewerb nachzulaufen, wer denn nun der bessere Architekt sei; auch nicht mehr die Flucht in die scheinbare Narrenfreiheit der Kunst – mit der Kompetenz des verantwortungsbewussten Innenraumplaners, der um die Bedürfnisse und die Empfindungen der Menschen im physischen und psychischen und im sozialen Bereich weiß und vor allem, der gestalterische Antworten auf diese ‚Hilferufe' kennt – mit dieser Profilierung reift der Innenarchitekt zum Partner nicht nur des Architekten, sondern auch der Industrie, der Politiker und weiterer Verantwortungsträger.
Viele Planungsaufgaben stellen die direkte Konfrontation mit der sozialen Verantwortlichkeit des Gestalters schon allein durch ihre Brisanz und typische Thematik her: Wer jemals ein Krankenhaus gestalten durfte, ein Psychatriekrankenhaus, ein Altenheim, einen Kindergarten, eine Rehabilitationsklinik, ein Gefängnis, eine Behindertenwohnung, eine Kirche oder eine Aussegnungshalle, weiß sehr drastisch, wie sehr die Formung und die Organisation der Umgebung, die Farb- und Materialkomposition in engem Zusammenhang stehen mit dem Verständnis für den Nächsten, mit der Respektierung der menschlichen Gefühle und Empfindungen und mit der offenen Auseinandersetzung um die Schwierigkeiten menschlichen Zusammenlebens. Die Gestaltung der Privatsphäre ebenso wie die Schaffung öffentlicher Räume fordern einen Planer, der die Grundbereitschaft mitbringt, sich mit den Menschen auseinander zu setzen. Natürlich muss man dann auch den unbequemen Weg hinunter in die Tiefen der Wahrnehmungspsychologie, der Verhaltensforschung, der Philosophie gehen – allesamt schwer greifbare Felder, wenig konkret, selten erfassbar. Den Technokraten sind sie meist suspekt, infolgedessen oft verdrängt, reduziert auf das Wenige, das in kristalline Gesetzmäßigkeit zu zwängen ist: technische Konstruktion, berechenbare Analogie, prognostizierende Ergebnisse der Logik, Produkte einer konsequenten Systematik.
Die Beherrschung der Denk-Automation mündet nicht selten im ‚Fachwissen' und allzu oft verbirgt sich dahinter die Berührungsangst mit dem Menschen selbst.

Die Ausbildung und das Studium der Innenarchitektur unterliegt ähnlich dem Architekturstudium den technisch-konstruktiven Schwerpunkten.
Innenarchitektur studieren bedeutet heute: Ingenieur-Studium. Technisch-konstruktive Wissensvermittlung gleichsam als Legitimation für den Abschluss ‚Diplom-Ingenieur'. Daneben haben viele Hochschulen erkannt, wie wichtig das kreative, das künstlerische Ideentraining in der Gestaltung ist und reichern das technische Studium mit künstlerischen Fächern an. Seitdem leben die Lehrplan-Organisatoren im permanenten Streit mit den Argumenten der Studienzeitverkürzung. Die 90er Jahre dramatisieren die Diskussion um Studieninhalte vollends, zumal die Defizite in der Auseinandersetzung mit dem Menschen und seinen Bedürfnissen offenkundig werden. Mit Technik und Kunst allein lassen sich die Fragen nach „Was erzeugt Angst in der Raumgestaltung?" oder „Wie bewirkt man Vertrauen und Wohlbefinden?", „Wodurch wird Identifikation und Selbstwertgefühl gesteigert?", „Mit welchen gestalterischen Mitteln lassen sich Motivation und Arbeitslust zurückgewinnen?" nicht mehr beantworten. Es gibt mittlerweile einige ‚fortschrittliche' Hochschulen, die in der Strukturierung der Lehrinhalte bereits reagiert und die sozial-kreative Komponente den technischen und künstlerischen Ausbildungszielen zur Seite gestellt haben. Damit werden die Grundsteine gelegt für eine kompetente und verantwortungsbewusste Planungspraxis in den Innenarchitekturbüros und verleihen den Kollegen und Kolleginnen eine ganz andere, nicht weniger wichtige Legitimation. Gelingt die Kombination fachlicher Kompetenz und menschlicher Reife, wird ein Gestalter selten in den Verdacht der Profilierungssucht geraten.
Gestaltung geschieht für andere. Innenarchitekten entwickeln Räume, Gebäude und Produkte für die Mitmenschen unter dem Bewusstsein und der Prämisse: Andere müssen in diesen Räumen leben, wohnen, sich lieben, sich streiten, miteinander kommunizieren, ihre Gefühle ausleben, sich entspannen, erholen, anregen lassen, musizieren, Kinder erziehen, Kranke pflegen, sich amüsieren, feiern, arbeiten und sterben. Der Gestalter fungiert nur als Katalysator, als Mittler, Erkennender, Ratgeber und als Spürender. Der Beruf des Innenarchitekten ist ein ‚dienender'. Innenarchitektur-Planung ist eine überaus verantwortungsvolle Dienstleistung. Man muss die Menschen mögen, will man ein guter Innenarchitekt sein.
Die Welt der Kinder, die Welt der Alten, die Welt der Kranken, aber auch die Welt der Arbeitenden, der Arbeitslosen, der Wohner

und der Nicht-Wohnenden, die Welt der Analytiker und der Fantasten, die Welt der Medien-Fanatiker und der Einsamen, die Welt der Glücklichen und der Trauernden – das sind die Welten und Planungsräume der Innenarchitekten. Mit der Reißschiene und dem Farbtopf allein gleicht die Suche nach plastischen Lösungen einem Lotteriespiel. Vergrößert wird die Trefferquote allein durch die Auseinandersetzung mit dem Menschen und seinen Raumempfindungen. Planer sind in der Lage, durch die Gestaltung der Räume Menschen zu quälen, einzuschüchtern, zu verängstigen, krankzumachen – ebenso können Räume den Menschen wieder Lebenslust verleihen, Freude bereiten, Motivation, Identifikation, Perspektive geben – sie gesund machen. Seien wir demnach ‚gute' Innenarchitekten – nicht im Sinne allein der Freude über ein nicht eingestürztes Gebäude oder aus Gründen der positiven Kritik der Feuilletonisten – sondern weil die Menschen die Räume tatsächlich annehmen, die Räume als Lebens-Hilfe verstehen. Diese Akzeptanz ist bei weitem mehr wert als jede Honorierung im materiellen Sinne und sie verleiht dem Beruf die notwendige Kompetenz.

Natürlich stöhnen die Planungsbüros unter dem Titel ‚Gespräch mit dem Auftraggeber'. Diese Auseinandersetzung mit den Menschen funktioniert allerdings nur über endlose Gespräche, den Dialog und die wirklich ernsthafte Beschäftigung mit diesen Menschen. Eine andere Frage wird bleiben „Wie lässt sich dieser Aufwand nach Honorarordnung abrechnen?" Man wird vergeblich nach Unterpunkten suchen, die die Bedürfnisanalyse honorieren. Die Honorartabellen sind von Technokraten aufgestellt, nicht von Menschen-Kennern. Die Innenarchitekten verweisen in dieser Hinsicht auf ähnliche Probleme der Ärzte – auch dort rangiert das so wichtige Gespräch mit dem Patienten sehr weit unten und wird kaum honoriert. Die Honorarordnungen sehen menschengerechte und sozialbewusste Gestaltung kaum vor.

Wir leben in einer scheinbar heilen Welt – wohl lässt sich an ihrer Illusion arbeiten. Die Koexistenz von kreativer Innovationskraft und bewusster Gestaltungsverantwortung wird in Zukunft noch mehr den Aufgabenrahmen für die Schaffung, Neuorientierung und Formung unserer Umwelt abstecken.

Gerade das Entwerfen von Innen-Räumen wird von den Vor-Denkern in Zukunft noch mehr Einfühlungsvermögen und ‚Achtsamkeit' auf die Raum-Empfindungen der Menschen fordern. Räume schaffen Situationen, von jedem Menschen individuell erlebbar. Ein Planer sollte diese Situationen vor-empfinden und die Komponenten des Raum-Erlebens ‚beachten': Wie und was die Menschen wahrnehmen, optisch, haptisch, akustisch, mittels Geruch, welche Gefühle durch diese Wahrnehmungen ausgelöst werden – Angst, Vertrauen, Lust, Unlust, etc. – welche Handlungs- und Bewegungsprozesse gefördert werden – Bequemlichkeit, Aktionismus, Kommunikationsbedürfnis, Kranken- und Behinderten-Spielräume, etc. – welche Bewusstseinsprozesse durch die Raumgestaltung ermöglicht werden – Identifikation, Selbstbewusstsein, Verantwortung, Sinnbestimmung, etc.

Innenarchitekten, die ihre Entwurfsgedanken auf der Basis dieser Achtsamkeit aufbauen, mit ihrem technischen Ingenieurwissen überprüfen und Wege der Realisierung aufzeigen und zudem künstlerische Ausdruckskraft beisteuern, das heißt dreidimensional zu denken und sich auszudrücken mittels Zeichnung, Wort, Fotografie oder anderen Medien – diese Kollegen und Kolleginnen werden auf einer ganz anderen Bewusstseinsstufe Räume für Menschen entwickeln.

Und obgleich die Appelle gerichtet an die Berufsehre, wonach nicht das materielle Gewinnstreben der Antriebsmotor für Gestaltung sein sollte, nicht verstummen, werden die Planer mit solchem Verantwortungsbewusstsein in stetem Konflikt stehen. Lässt sich mit diesem Bewusstsein und mit diesem ungeheuer vergrößerten Entwurfsaufwand noch leben?

Nun – womöglich definiert sich ausbleibende Kritik auch als indirektes Lob, so wie die Gesundung des Menschen und sein Wohlbefinden in den Räumen in der Tat als selbstverständlich vorausgesetzt werden und sich der Erfolg eines Entwurfes im Stillen abzeichnen, ohne große Worte – einfach so.

Wer die spektakulären Töne liebt, der sollte dies ruhig pflegen; will man sich in der Öffentlichkeit Gehör verschaffen, muss man sich öfter gewaltig aus dem Fenster lehnen – nur wird die Messlatte in Zukunft häufiger sich an Ernsthaftigkeit und diesem Verantwortungsbewusstsein orientieren.

Zudem sollte einen die Last der vergrößerten Verantwortung nicht erdrücken und die Freude an diesem sehr schönen, abwechslungsreichen und interessanten Beruf nicht nehmen. Verantwortungsbewusste Lust am Entwerfen zu praktizieren, das ist eine Gestalter-Einstellung, die letztlich nicht nur den Menschen hilft, sondern auch dem Entwerfer. Diese Dialektik charakterisiert Innenarchitektur.

Zahlreiche Hochbauarchitekten achten die Innenraumgestaltung immer noch als gering, weil die Innenarchitektur anders als die Gebäudeplanung oder der Städtebau sich eben nicht nur mit berechenbaren Größen umgibt und nicht nur die technische und konstruktive Umsetzung als Entwurfsbasis hat, sondern den Menschen in seiner kleinsten Zelle – im Raum – unmittelbar tangiert. Wer Räume für Menschen planen will, muss sich aber vorher mit den Menschen auseinander setzen. Und so ist es nicht verwunderlich, dass sich Innenarchitektur in erster Linie mit ‚menschlichen' Gestaltungsfaktoren beschäftigt, mit der Wahrnehmungspsychologie, der Verhaltensforschung, mit Phänomenologie, Soziologie – wohlgemerkt neben allem technisch-konstruktiven Wissen und neben der ‚klassischen Ästhetik'.

Wer Innenarchitektur gering schätzt, hat auch keinen Respekt vor den Menschen.

Wer Gestaltung ausschließlich auf technische Kompetenz reduziert, handelt ebenso ‚unmenschlich' wie die theoretischen Ästheten in ihrer Beschränkung auf die Optik und die Visualität mit dem Auge als einziges Wahrnehmungsmittel.
Fatalerweise verstehen sich viele Gestalter aufgrund der durchlaufenen Ausbildung eher als Ingenieur denn als Menschenkenner. Sowohl Architekten als auch Designer leben diese Konzentration und diesen Glauben an das technisch Machbare tatsächlich und haben gleichzeitig die Sensibilität verloren, die notwendig ist, will man Verantwortungsbewusstsein gleichsetzen mit verantwortungsbewusstem Gestalten. Sowohl ‚Bewusstsein' als auch ‚Gestaltung' sind aber Begriffe, die jahrelang fälschlicherweise als Resultat analytischen Denkens unterlegt worden sind. Generationen von Architekten und Designern sind im Glauben daran diplomiert worden, dass verantwortungsbewusstes Handeln und Entwerfen ausschließlich mit Logik und Ratio zu entwickeln ist. Der Drang zur Verwissenschaftlichung der Gestaltung ist im Grunde der einseitige Versuch, eine unabhängige Welt mathematisch messbarer Abfolgen zu schaffen und das verführerische Vertrauen auf ‚objektive', da wissenschaftliche, Gewissheiten zu gründen, die heute unser Denken prägen. Diese ‚wissenschaftlichen' Gewissheiten werden aber stets einseitig mit messbaren Kategorien der Naturwissenschaften, der Technik, der Konstruktion und neuerdings mit künstlichen Intelligenzen als Resultat der Computertechnologie gleich gesetzt. Ganz im Gegensatz dazu bewegen sich die humanwissenschaftlichen Wissensgebiete sehr stark auf nicht berechenbaren Größen, wie etwa physische Psychologie oder psychische Physiologie bis hin zur Phänomenologie.
Seltsamerweise mussten uns erst die Neurologen und Hirnforscher klarmachen, dass mit Ausnahme einer kleinen Menge formaler Prozesse, wie sie meistens Systematiker und Technikfreaks hervorrufen, sich die Gesamtheit menschlicher Intelligenz auf Situationen richtet, die aus einzigartigen biologischen und emotionalen Bedürfnissen resultieren. Die Voraussetzungen des Menschseins entziehen sich dem drängenden Versuch der technischen Wissenschaft, alles einer Formel oder einem gewissen System zu unterwerfen. Was wir wollen, fühlen und wissen, sind völlig verschiedene Dinge. Das Wissen um die wirkliche Welt erlangen wir mit all unseren Sinnen und mit unserem ganzen Körper, mit dem wir uns in dieser Welt bewegen. Die daraus zu gewinnende Erfahrung besteht aus mehr als nur der Summe ihrer Teile. Geschärfte Wahrnehmungsfähigkeit zieht ein ganzes Repertoire an Erfahrungen nach sich, aus dem letztlich Verständnis erwächst. Bewusstsein also nicht gleich gesetzt mit rationalem Verstand, sondern mit Wahrnehmungsfähigkeit, mit Willens-Entwicklungsfähigkeit und mit Emotionalität, die den Menschen zu Handlungen befähigen.
Entwerfen von Räumen und von Dingen für Menschen kann also nicht vordergründig logisch und rational sein, ist auch weniger ein theoretischer, intellektueller Denkvorgang, will man die menschlichen Bedürfnisse und Empfindungen mit berücksichtigen. Vielmehr ist das Vor-Empfinden, das Vor-Fühlen, das Denken in emotionalen Metaphern sehr wesentlich. Eine Vorstellung davon zu entwickeln, wie Raumproportionen, auf welche Weise Teile des Raumes in ihrer Materialität und Farbigkeit, mit ihrem Duft, ihrem Klang und ihrer fühlbaren Oberfläche auf Menschen mit ihrem feinen Netz aus Rezeptoren wirken, charakterisiert sehr viel mehr diese verantwortungsbewusste Note des Entwerfens und umschreibt ‚Kreativität'. Kreativ sein bedeutet: Den Wahrnehmungen Bedeutung und Wert zumessen, aus der Erfahrung – sprich der Erinnerung und dem Verständnis – handeln, eine Vision und ein originäres Werk erschaffen zu können, das aus einem tiefen Gefühlsantrieb heraus erfolgt und permanent die Lösung mit den moralischen, kulturellen, ethischen, aber auch technischen, intellektuellen und theoretischen Erwartungen und Anforderungen zur Deckung bringen will. Dieser Vorgang ist häufig mit ‚Intuition' umschrieben worden und trägt sehr wesentlich zur Entwurfssicherheit bei: D. h. wie sicher ein Entwerfer aus dem vorbeiströmenden Informationsfluss und aus dem fragmentarischen Erfahrungshintergrund qualitativ Herausragendes auswählen und Bedeutung zumessen und deren Wirkung abschätzen kann. Lapidar ließe sich umschreiben: Ein Entwerfer muss nicht nur den Menschen verstehen, er sollte ihn auch lieben. Durch die Emotion entsteht aus der Verbindung mit dem Intellekt eine ‚neue' Idee, die menschenfreundlich ist. Sollte sie zudem technisch überzeugend und auch noch konstruktiv ‚richtig' sein, umso besser – nicht nur wegen der Feuilletonisten.

Innenarchitektur registriert also sehr wachsam, wie Menschen im Raum wahrnehmen und empfinden, wie sie reagieren und denken, welche Erwartungen sie haben, welche Ängste, Freuden, Hoffnungen … und prüft die Möglichkeiten der Realisierung. Und hier sind wieder Verstand und Logik notwendig, damit die ökonomischen und ökologischen Anforderungen erfüllt werden können. Ein guter Innenarchitekt ist demnach ein sensibler Menschenkenner und zugleich ein guter Ingenieur. Ein guter Künstler ist er ohnehin, wenn er intuitiv und kreativ seine Gefühlswelt zum Ausdruck bringen kann. Es ist nicht nur der sichere Umgang mit der Farbe – wobei ‚sicher' in diesem Zusammenhang anders gemeint ist als das Beherrschen von Farbtheorien; vielmehr steht die Erkenntnis, wonach keine Farbe für sich und alleine wirkt, sondern stets im Zusammenhang mit auditiven, haptischen und sonstigen Wahrnehmungen fungiert – und es ist auch nicht allein die häufig zitierte ‚Material-Sicherheit', vielmehr ist es das Vertrauen auf die eigene

Wahrnehmungsfähigkeit im Vergleich mit der anderer Menschen, das das Entwerfen zum Experimentierfeld werden lässt.
Neue Begriffe entstehen – im Nachgang – resultierend aus Metaphern und subsumieren sich mit Erfahrung und Menschenverständnis: Eingänge verkümmern nicht mehr zu Schlupflöchern, sondern generieren zu Kulissenauftritten, lassen das Eintreten zum würdigen Akt werden. Transparenz wird zur durchsichtigen Schutzhülle, sehen ohne gesehen zu werden; Säulen und Stützen empfehlen sich als Gefühlsanker; Treppen erzeugen Neugierde auf das höhere oder tiefere Niveau, laden ein zum Schreiten. Decken vermitteln Hoffnung und Zuversicht; Licht erzeugt Aroma und fördert Kontemplation; Flure suggerieren Erlebniswege; Räume ersetzen den Therapeuten durch kreatives ‚Grooming', indem Einrichtungsgegenstände die erforderlichen Streicheleinheiten vermitteln, das Selbstwertgefühl steigern, Orientierung geben und Vertrauen einflößen.
Diese ‚hautnahen' Kontakte von Architekturteilen und designten Produkten kann ein Entwerfer nicht in der Zweidimensionalität des Grundrisses vorahnen, ja er kann noch nicht einmal ein Bewusstsein für solch emotionales Entwerfen entwickeln, wenn er sich in Kategorien wie ‚Länge mal Breite' bewegt. Auch die Möglichkeiten der räumlichen Darstellung moderner Computer beschränken sich auf die visuelle Komponente – und die ist es ja gerade nicht, die einem vorausahnenden Gestalter eine Vision eröffnet. Vielmehr ist die visuelle Aufmerksamkeit gefordert, die unendlich mehr bedeutet als bloß das Registrieren visueller Wahrnehmungen, die dem Sehsystem passiv aufgedrängt werden. Die Aufmerksamkeit umschließt ein ganzes Bündel von Teilsystemen und Funktionen: das Auge mit der Netzhaut und deren Verarbeitungsinstanzen, die beiden Augen und ihr Zusammenwirken beim Stereosehen, die Augenbewegungen relativ zum Kopf, die Kopfbewegungen relativ zum Körper, schließlich den ‚ganzen' Beobachter, der sich im Raum bewegt, um das ihn Interessierende von allen Seiten zu betrachten, und nicht zuletzt die zentrale neuronale Verarbeitung, bei der eine Information erst die Bedeutung erhält und psychische wie physische Konsequenzen nach sich zieht.
Plötzlich entstehen Orte der Kommunikation, die das Wesen von Kommunikation erfassen und nicht nur als Kürzel im Plan erscheinen lassen. Der Mensch braucht zur Kommunikation eine Plattform der Auseinandersetzung, in der er freiwillig eintreten, aber auch abwartend davor verharren kann. Das Wechselspiel zwischen Zuschauer und Akteur muss möglich sein. Freiwilligkeit als architektonische Form zu entwickeln, entspricht schon sensibler Entwurfskunst. Rückzugsmöglichkeiten auch räumlich verstanden, machen neugierig und erhöhen die Sicherheit, auch oder gerade wegen der entsprechenden Beleuchtung: Intimes Licht und öffentliches Licht betonen die Gefühlsräume. Diskussionslicht, das hell und Plattform-bildend die in Aktion Stehenden inszeniert, und Zuschauerlicht, das anders als das Rampenlicht Intimität gewährt, stehen im Wechsel und sind flexible Raumfaktoren, die sich stets der Situation anpassen können.
Materialität steht in direktem Zusammenhang mit den menschlichen Sinnen für Temperaturempfindung, für Nässe oder Trockenheit, für Schwere oder Druckempfindung, für Beweglichkeit oder Unbeweglichkeit. Die ‚coole' Welt des Edelstahls und die ‚nichtfarbene' Welt des monochromen Graus scheinen nicht nur Unpersönlichkeit und Identifikationslosigkeit bewirkt zu haben, auch die Krankenstände in physischer und psychischer, nicht zuletzt auch in sozialer Hinsicht sind im ‚modernen' Ambiente der Gefühlsarmut und Technochaos in die Höhe geschnellt. Die periodisch stets wiederkehrende Sehnsucht nach Wärme, Leben, Vertrauen und Handlungsspielraum drückt sich aus in größerer Flexibilität ohne zu überfordern, in Materialien, die haptisch angenehm erscheinen, in Angeboten der Veränderung und in Zutrauen. Man sollte nicht immer an das Böse im Menschen glauben: Die Zerstörungswut hält sich Grenzen, wenn der sorgsame Umgang nicht verordnet, sondern erfahrbar und zugetraut wird. Wertschätzung wird nicht per Dekret suggeriert, sondern mit fühlbarem Respekt und Hochachtung. Jeder Mensch braucht das Gefühl der Achtung, nicht der Achtlosigkeit. Räume, die Individualität vermitteln, verleihen dem Benutzer Hochachtung und Würde.
Die Räume sind entworfen für Benutzer, die sich in diesen Räumen bewegen, nicht für statische und anonyme Figuren. Den Räumen ist abzulesen, ob der Entwerfer schon einmal diese Räume im Planungsstadium durchschritten hat. Entscheidungen für oder gegen Bodenbeläge werden nicht per Mausklick getroffen, sondern Mittels Beachtung des Klangverhaltens, des taktilen Hautgefühls, des unterstützten Gleichgewichtssinns, des typischen Geruchempfindens, der zu erwartenden Symbolkraft und der angenommenen Bedeutung für andere Menschen.

Der Raum reduziert sich nicht auf planbare geometrische Beziehungen, die wir festsetzen, als wenn wir selber, auf die Rolle eines berechnenden oder wissenschaftlichen Zuschauers beschränkt, uns außerhalb des Raumes befänden. Wir leben und handeln im Raum, und im Raum spielt sich ebenso unser persönliches Leben ab wie das kollektive Leben der Menschheit. Das Problem der räumlichen Verfassung des menschlichen Daseins – sprich: Das Verhältnis des Menschen zum Raum und das Verständnis des Menschen als räumliches Wesen – verdeutlicht die Differenzierung zwischen dem abstrakten Raum der Mathematiker und der Physiker und dem konkret erlebten menschlichen Raum. Der Unterschied konzentriert sich auf den allgemeinen, objektiven, ‚gedachten' und

den individuellen, subjektiven, ‚erlebbaren' Raum. Innenarchitektur muss beide Räume beherrschen.
„Der konkrete Raum des entwickelten Menschen ist ernst zu nehmen in der ganzen Fülle der in ihm erlebten Bedeutsamkeiten, denn in der Eigenart seiner Qualitäten, Gliederungen und Ordnungen ist er Ausdrucks-, Bewährungs- und Verwirklichungsform des in ihm lebenden und erlebenden und sich zu ihm verhaltenden Subjekts" (Graf v. Dürkheim).
Der konkrete Innenraum ist ein anderer je nach dem Wesen, dessen Raum er ist, und je nach dem Leben, das sich in ihm vollzieht. Er verändert sich mit dem Menschen, der sich in ihm verhält. Die gewohnte Objektivität weicht der unbekannten Subjektivität. Die lieb gewonnene Verallgemeinerung wird von der spezifischen Individualität abgelöst.
Der individuelle Mensch wird in seinem Leben immer und notwendig durch sein Verhalten zu einem umgebenden Raum bestimmt. Die Gestaltung der Innenarchitektur gibt den Handlungsspielraum für den Menschen vor.
Um zu leben, benötigt der Mensch räumliche Erfahrung, Ausdehnung und Perspektive. „Der Raum ist ebenso unentbehrlich zur Entfaltung des Lebens wie die Zeit" (Heidegger).
Innenarchitektur ist mehr als nur eine Anschauung oder gedachte Idee im Kantschen Sinne.
Innenarchitektur wird gelebt als Erleben im Raum der Geborgenheit und unterscheidet sich deutlich vom Außenraum, der eher Synonym für die Tätigkeit in der Welt ist, für das Preisgegebensein und für die Gefahrenabwehr. Der Außen-Raum hat völlig anderen Charakter als der Innen-Raum. Im Inneren zeichnet sich die Ruhe und der Frieden ab, in dem der Mensch seine ständig wache Aufmerksamkeit auf eine mögliche Bedrohung aufgeben kann; ein Raum, in dem der Mensch sich zurückziehen und sich entspannen kann. Diesen Frieden dem Menschen zu geben, ist eine der Prioritäten moderner Innenarchitektur. Der Innenraum gibt dem Menschen verbindlichen und erfahrbaren ‚Halt' und gibt ihm die ‚Mitte' zurück, die er durch äußere Einflüsse der Rationalität, der Emotions- und Orientierungslosigkeit, der Uniformität etc. verloren hat.

Der tiefere Sinn allen Planens und Entwerfens liegt in dem Bemühen, die Dinge und die Räume in ihrer Gestalt und in ihrer Wirkensweise zu optimieren, damit das physische, psychische und soziale Wohlbefinden der Menschen gewährleistet wird. Innenarchitektur als Dienstleistung zum Wohle der Menschen. Gestalterisch kann ein Entwerfer dieses Wohl erreichen, sofern er sich ernsthaft mit den Faktoren auseinander setzt, die dieses Wohlbefinden im Raum beeinträchtigen oder fördern: Die sinnliche Wahrnehmungsfähigkeit, die daraus resultierenden Emotionen, die dadurch initiierten Denk- und Handlungsspielräume und die individuelle Situation mit dem entsprechenden Erfahrungshintergrund in kultureller, gesundheitlicher, moralischer, sozialer, geschlechtsspezifischer Hinsicht. Versteht ein Entwerfer, was zum Seelenheil der Raumnutzer notwendig ist, kann er seine ganze Ingenieurerfahrung einbringen und die Realisierung mit glasklarer Vernunft vorantreiben. Der Erwartungsdruck auf die Innenarchitektur ist heute nur zu lösen durch Wahrnehmungsfähigkeit, Hochachtung des Menschen, Zuversicht, Fantasie, emotionale Denk- und Handlungsfähigkeit und rationales Denk- und Koordinationsvermögen. Therapeut, Ingenieur und Künstler in einem – daraus resultiert Verantwortungsbewusstsein, das für die Neuschaffung unserer Umwelt ebenso wichtig ist wie für die Bewahrung und für das Vermeiden von Zerstörung eben dieser Welt.

„Das ontologisch wohlverstandene ‚Subjekt', das Dasein, ist räumlich. Der Mensch ist in seinem Leben immer und notwendig durch sein Verhalten zu seinem umgebenden Raum bestimmt."

M. Heidegger

„Das Leben erstreckt sich in den Raum, ohne deshalb im eigentlichen Sinne eine geometrische Ausdehnung zu haben. Um zu leben, haben wir Ausdehnung und Perspektive nötig. Der Raum ist ebenso unentbehrlich zur Entfaltung des Lebens wie die Zeit."

E. Minkowski

„Der Raum reduziert sich für uns nicht auf geometrische Beziehungen die wir fortsetzen, als wenn wir selbst auf die einfache Rolle neugieriger oder wissenschaftlicher Zuschauer beschränkt, uns außerhalb des Raumes befänden. Wir leben und handeln im Raum, und im Raum spielt sich ebenso sehr unser persönliches Leben ab wie das kollektive Leben der Menschheit."

E. Minkowski

Räume zum Wohnen

Birgit Hachtmann-Pütz
Prof. Dipl. Ing. Innenarchitektin
1944 geboren in Stralsund, verheiratet.
1961–65 Werkkunstschule Dortmund, Fachbereich Innenarchitektur.
Seit 1972 selbstständig tätig.
1974 gemeinsames Innenarchitektur- und Architekturbüro mit Christian Pütz in Hamburg.
Seit 1979 Beisitzertätigkeit im Eintragungsausschuss der Hamburgischen Architektenkammer.
1987 Deutscher Innenarchitekturpreis.
Seit 1993 Professorin an der Hochschule Wismar für ‚Entwerfen Innenarchitektur/ Büro/Verwaltung/Öffentliche Bauten'.
Seit 1995 Kuratoriumsmitglied der WK-Erwin-Hoffmann-Stiftung.
Heute Büro mit 12 Mitarbeitern.

Rudolf Schricker
Prof. Dipl. Ing. Innenarchitekt und Designer
1955 geboren in Marktredwitz.
Studium der Innenarchitektur und Design an der Staatlichen Akademie der bildenden Künste in Stuttgart.
Seit 1984 Freiberufliche Tätigkeit als Innenarchitekt und Designer.
1983–94 Dozent in Stuttgart an der Staatlichen Akademie der Künste und an der Fachhochschule für Technik.
1993 Berufung zum Professor an der Hochschule Wismar, Standort Heiligendamm, Fachbereich Design / Innenarchitektur.
Seit 2002 Professor an der Fachhochschule Coburg im Fachbereich Innenarchitektur/Design ‚Entwerfen und Konstruieren'.
Rudolf Schricker ist Vizepräsident des Bundes Deutscher Innenarchitekten BDIA und Landesvorsitzender des BDIA in Baden-Württemberg.

Wohnen

Ausdruck der Persönlichkeit – Spiegel der Gesellschaft

Wohnen – dieses ebenso individuelle wie auch unter gesellschaftlichen Einflüssen sich stetig wandelnde Phänomen – charakterisiert den Ausdruck der Persönlichkeit der Bewohner in ähnlicher Weise, wie es auch einen Spiegel der Gesellschaft darstellt. Seit Ende des Zweiten Weltkrieges ist ein in permanenter Veränderung befindlicher Wertewandel in Bezug auf Wohnen zu verzeichnen.

In der Nachkriegszeit war nichts mehr wie gewohnt. Viele waren erleichtert, da das Unheil endlich zu Ende war. Die meisten waren über den Verlust der Wohnungen und die Zerstörungen von Infrastruktur schwer getroffen und litten. Grundbedürfnisse wie Rückzug, Sicherheit und ungestörtes Zusammenleben blieben für längere Zeit ungestillt. Improvisation war angesagt. Leben in der materiellen Not, jedoch mit hoffnungsfrohem Idealismus. Nach dem Krieg standen fast alle vor dem Nichts.
Die räumliche Enge, die Reduktion auf einfachste, aber lebensentscheidende Dinge, unfreiwillige Wohnallianzen und ein ungezügelter Überlebenswille, legten den Grundstein für den Rückzug in die Kern-Familie – zumindest für die Familienmitglieder, die überlebt hatten, und für die sozialen Bestrebungen nach Abgrenzung in den beiden deutschen Gesellschaften nach dem Krieg.

In beiden deutschen Gesellschaften herrschte anfangs ungeheure Wohnungsnot. Von ‚Wohnen' konnte für viele Menschen oft über Jahre nicht die Rede sein. Jeder Unterschlupf wurde zunächst notdürftig eingerichtet. Gruppenbewusstsein war eher selten anzutreffen. Man war froh, wenn man überlebt hatte und Arbeit fand. Es wurde hart gearbeitet, der Wiederaufbau kam in Gang. Staatlich geförderte Wohnbauprogramme in großem Stil gab es in beiden deutschen Gesellschaftsformen, die politisch zwar differenziert motiviert waren, jedoch für die jeweiligen Menschen erstaunlich ähnlich aussahen: Kleine Wohnungen mit Mindeststandards, aber ein „Dach über dem Kopf" und eine Wohnungstür, die verschlossen werden konnte. Man verspürte wenig Lust, aus dem Bauschutt zerstörter Städte den überkommenen Muff der Jahrzehnte vorher wieder zu errichten. In einer kurzen Phase der Idealisierung konnte man sich großzügige, helle und luftige Wohnkonzepte vorstellen, ehe der Drang nach Berechenbarkeit und Logik die semantischen Ansätze verdrängte und als Resultat moderne Siedlungen und Trabantenstädte unter der Maxime Funktionalität und Rationalität entstehen ließ. Spät stellte sich heraus, dass sowohl der viel gepriesene soziale Wohnungsbau Westdeutschlands als auch die Plattenbauten ostdeutscher Städte Sozialisation, Selbstentfaltung und

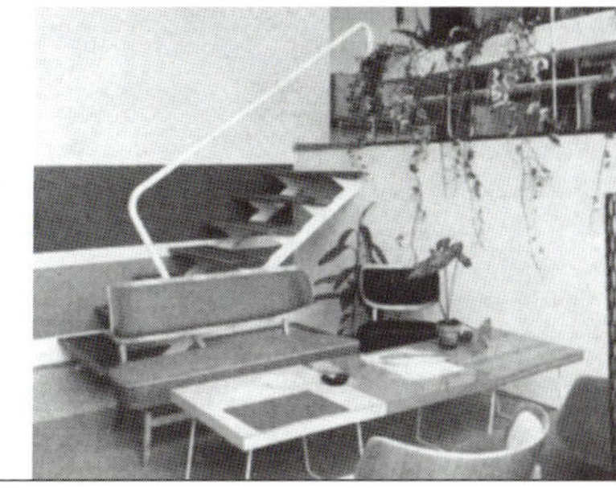

Wohnbauausstellung in Berlin Ende der Fünfziger
Innenarchitektin: Herta M. Witzemann

Montagemöbelprogramm (MDW-Programm)
Entwurf: Rudolf Horn in Zusammenarbeit mit Eberhard Wüstner
Hersteller: Deutsche Werkstätten Hellerau
„Rationell wird die Fertigung nicht mit hundert Typen in einer Variante, sondern mit einem Typ in hundert Varianten." (Rudolf Horn, 1968)

Esszimmer 1974
Innenarchitektin: Birgit Hachtmann-Pütz

Spätere 50er Jahre
Möbel Knoll Int.

Anrichte 1956
Fachschule für angewandte Kunst Heiligendamm

Selbstfindung zur Entwicklung von Persönlichkeit nur sehr schwer zulassen.

Innenarchitekten im heutigen Sinne gab es anfänglich nur in kleiner Zahl; die wenigen, die sich der Gestaltung der Räume annahmen, waren sehr auf Möbelbau konzentriert. Einrichtungen wurden anfangs zögerlich, später in großen Stückzahlen entwickelt. Der Bedarf an Möbeln war ähnlich groß wie der Wunsch nach Raum. Ganzheitliche Einrichtungskonzepte blieben vorerst Einzelwerk und hatten eher futuristischen Beigeschmack. Gestaltung war im Privaten noch kein Leitbild.

Jahre später sind aus diesen Rückzugsgebieten ‚Wohnungen', in denen die Kleinfamilien sich ihrer selbst bewusst wurden, private Inseln geworden. In den stark gegen Berufswelt und Öffentlichkeit abgeschirmten Wohnungen lebte man das eigene Leben. Wohnen in der Nachkriegszeit ist im Rückblick durch zwei Grundpfeiler charakterisiert: Konzentration auf Kleinfamilie als soziale Einheit und auf die Wohnung als ihrem räumlichen Pendant. Getrennt wurde der Wohnplatz vom Arbeitsplatz, die Kleinfamilie vom umfassenden Generationenhaushalt, das private Territorium von allgemein zugänglichen Flächen. Allgemeines Manko: zu wenig Platz, zu wenig Flexibilität, zu wenig Schalldämmung und dadurch zu große Belästigung durch Lärm. Zumindest in Westdeutschland, spätestens jedoch seit 1990 im wieder vereinten Deutschland, hat sich dieser Drang nach Separierung trotzdem zu einem noch weiter reichenderem Anspruch an die Wohnung entfaltet, indem die heutige Leitlinie ‚pro Person ein Zimmer' vorgibt.

Zur angestrebten Privatheit gehört jedoch immer ein Territorium, das persönliche Entfaltung zulässt. Persönliche Entfaltung bedarf der Identifikation. Die Ausgrenzung und Verteidigung eines Territoriums wird als primäres menschliches Bedürfnis schlechthin angesehen. Während der Osten Deutschlands dem westlichen Wohnen in der Nachkriegszeit eine Ideologisierung der Privatheit vorgeworfen hat, mit allen Randerscheinungen wie Förderung des Egoismus, der Orientierungslosigkeit und des Materialismus, konnte der Westen in den uniformen Wohnungsgrundrissen des Sozialismus nichts als Gleichmacherei, Uniformität und Gleichschaltung entdecken. Den Wohnwelten war die kategorische Trennung zwischen Arbeitswelt und Freizeitsphäre gemeinsam, besser gesagt, die Splittung der Bedeutung und der Erwartungshaltung in Bezug auf Arbeit und Wohnen. Arbeit war notwendig, aber lästig. Wohnen hieß Erholung und war angenehm. Wohnen sollte anders sein als Arbeit: Ohne Fremddiktion, frei von Vorgaben, intim, sicher, ... und gemütlich. Ein Nest für die Seele.

Schleichend vollzog sich in den Achtzigerjahren die tendenzielle Isolation des häuslichen Lebens. Die Kleinfamilie reagierte überaus menschlich auf den zunehmenden gesellschaftlichen Druck, der sich durch höher geschraubte Normung, Wettbewerb und Leistung ergab. Auf der Suche nach Identität und Originalität wurden – jeder politischen Förderung oder Verhinderungsversuchen zum Trotz – durch Aufstellen und Einhalten bestimmter ungeschriebener Regeln wie Ordnung, Sauberkeit oder Repräsentativität Leitbilder erzeugt, die einem Bewohner Gruppenzugehörigkeit oder Abgrenzung ermöglichten.

links:
Wohnmöbelprogramm von Herbert Hirche 1960

rechts:
Möblierung eines Wohnraumes
von Rudolf Glatzel 1958

Wohnhaus in Hamburg 1978

Die angestrebte Privatheit im Wohnen geriet immer mehr in den Sog der Repräsentation und wurde schließlich sorgsam getrennt in Außenwirkung des Wohnumfeldes und Innenwirkung. Größe, Lage und Adresse der Wohnung sowie ein scheinbar damit verbundener Lebensstil wurden wichtig.

Jugendmöbelprogramm aus ummantelten Bauteilen und Spanplatten 1982
von Hans Meyer

In der alten Bundesrepublik begann die Erosion dieses Leitbildes mit der Gründung der ersten Kommunen und Wohngemeinschaften ab 1968. Die meist jungen Menschen wollten dem Mief der Kleinbürgerlichkeit ihrer Eltern entschlüpfen. Sie brachen mit jeder Form der Konvention und wollten auch anders wohnen – manche stellten das Phänomen ‚Wohnen' gleich ganz auf den Prüfstand. Denn zu lieblos, trist, etabliert, ungesellig, anregungsarm und einengend erschienen die gängigen Formen des Nachkriegswohnungsbaus. Die Wohngemeinschaft wurde bald zum Inbegriff einer Lebensform, die auf allen sozialen Ebenen Andersartigkeit deklarierte, allerdings weniger als Alternative für das Leben in der Familie, sondern meistens eher für das Wohnen in der Lebensphase vor der Familiengründung.

Eine ernsthafte Gefährdung der Familie als kleinste soziale Einheit wurde erst durch den anhaltenden Trend zur ‚Soloexistenz' erkennbar. Das Bedürfnis nach Individualisierung, nach viel Platz für den einzelnen Bewohner, die Abgrenzung nicht nur nach außen, sondern ebenso innerhalb der Familie und innerhalb der Wohnung – dieser Trend ist in der Tat gesamtdeutsch. Gruppenorientierung passiert verstärkt außerhalb der Familie. Freizeitinteressen und Neigungen erzeugen neue Formen von Gruppendynamik und neuen sozialen Zusammenhängen.

Die Wohnungen verändern sich. Früher wurden die Möbel vererbt, neue Möbel hat der Tischler angefertigt. Beide Gepflogenheiten sind in den vergangenen 50 Jahren nahezu verschwunden. Lediglich das Grundverständnis von handwerklicher Qualität hat sich gerade in den industriell gefertigten Möbeln erhalten. „Möbel von der Stange" war für lange Zeit die einzige, wenngleich nicht gerade die vornehmste Art der Einrichtung. Menschen verändern sich, die Bedeutungen, die die Menschen den Dingen beimessen, ebenfalls.

Früher waren es die Zeitschriften, heute sind es die Medien allgemein: Sie duplizieren einen Stilpluralismus, innerhalb dessen die meisten Menschen Orientierungsschwierigkeiten haben. Vielen ist sowohl die Vielfalt einerseits und die Askese anderseits suspekt, da es zu intellektuell, zu abstrakt ist. Nur so ist zu erklären, dass sich eine gewisse Kontinuität innerhalb der Wohnungen über Jahrzehnte entwickeln und auch halten konnte: Es gab eine gewisse Vorliebe für Materialechtheit und eher eine Abneigung zu Kunststoffen, mit Ausnahme des Teppichs, der, gleichwohl aus Kunststofffaser, dennoch als Fortschritt und Verbesserung der Wohnlichkeit deklariert wurde. Die meisten Menschen scheinen dem Sammlertrieb, vielleicht aber auch nur dem Konsumverhalten zu erliegen, und so werden die oft viel zu kleinen Räume voll gestellt mit allerlei Inventar und Gegenständen, die den Raummangel verschärfen. Diese Dualität des Einrichtungsverhaltens – einerseits viel zu wenig Platz zu haben und anderseits sich „ein wenig Luxus" zu gönnen und die Wohnungen auszustatten, also das Abwägen zwischen Überschwang und Askese – diese grundsätzlichen Gedanken an eher traditionellen Stimmungslinien behaupten sich seit 50 Jahren gegen alle Trends des sich immer schneller drehenden Modekarussells. Dieser populäre Stil ist ein namenloser Wohnstil. Polstermöbel, Schrankwände, Gardine und vor allem der Fernseher charakterisieren zumindest die Wohnzimmer auf höchst erstaunlich uniforme Art von Kiel bis Konstanz. Die kategorische Trennung in vom Architekten vorgegebene Wohnbereiche – Wohn-, Schlaf-, Kinderzimmer und daneben die Funktionsräume Küche, Bad und WC – wird nahezu überall unkritisch übernommen. Erst der Drang nach Selbstverwirklichung hat in jüngster Zeit Anzeichen des Abstreifens verordneter Wohnstilistik erkennen lassen. Es bleibt zu hoffen, dass in Zukunft nicht nur eine kleine Schar von Avantgardisten ihr Einrichtungsverhalten sehr stark an den eigenen Bedürfnissen orientiert.

Die eigene Bedürfnisanalyse ist im Übrigen auch Voraussetzung, um den Begriff der ‚Gemütlichkeit', der in keiner Wohnung zu kurz kommen darf, endlich einmal mit konkreten Inhalten zu füllen. Gemütlichkeit steht als Begriff für ein Wohnen, das Emotionen befriedigt. Für die meisten Menschen ist Wohnen offensichtlich mit Gemütswerten verbunden. Da diese Emotionalität in Bezug auf Wohnen bei jedem Menschen anders interpretiert wird, verwundert es nicht, dass es ‚die Gemütlichkeit' als kleinsten gemeinsamen Nenner oder als genormte Lehrformel für alle nicht geben kann. Die Sammelkategorie ‚gemütlich' bedeutet für jeden Menschen etwas anderes.

Wohnpark am Betzenberg 2001
Entwurf: AV1 Architekten aus Kaiserslautern

Zwei eingehängte Stahltreppen mit gefalteten Stufen aus fünf Millimeter starkem Stahlblech verbinden und gliedern die Ebenen des Hauses 2 beim Wohnpark am Betzenberg in Kaiserslautern. Der Boden aus geschliffenem Zementestrich sowie die Wände und Decken treten zurück, um den fließenden Übergang von Innen- und Außenraum zu thematisieren.

Die Sitzlandschaft 1973
Die Gesellschaft entspannt sich wieder, Gemeinschaft wird großgeschrieben.

Bewertungsgrundlagen sind lediglich in Form von angenehmen Tasterlebnissen, Wärmeempfinden, stimmigen Proportionen, schöner Gestaltung, Bequemlichkeit, Behaglichkeit, Vertrautheit, Harmonie, menschlicher Kontakte und Bindungen, Erlebnissen, Erinnerungen, ... zu Hause ... zu erkennen, also allesamt Umschreibungen emotionaler räumlicher Antworten. Man muss sich schon selbst gut kennen, um sich entsprechend seinen Bedürfnissen einrichten zu können. Dies führt letztlich auch zunehmend dazu, dass Innenarchitekten mehr einem Gestaltungstherapeuten gleichen als dem reinen Gestalter nach ästhetischen Grundsätzen oder gar dem Ingenieur mit zielsicherer Berechnung. Gemütlichkeit erweist sich damit als eine andere Vokabel für das Streben nach privater Selbstfindung, nach emotionaler Befriedigung. Die Wohnung wird in der Tat zum Spiegel der Persönlichkeit und zum Ort, an den die Bewohner Bedeutungen und Erinnerungen knüpfen können.

Wohnen ist kein vorrangig ästhetisches Phänomen. Unterschiedliche Wohnweisen spiegeln ganz natürliche unterschiedliche Wertehorizonte wieder. Die Art, wie man wohnt, zeigt den Niederschlag einer sozialen Einheit ‚Mensch im Raum' und die Raumgestaltung offenbart die erlebbare Repräsentation und Eigenart davon. Oberflächlich betrachtet verbirgt sich darunter der Konflikt zwischen Nonkonformismus und Konventionalität, zwischen Selbstdisziplin und Ungezwungenheit sowie zwischen Formgeschmack und Inhaltsgeschmack.

Die Weiterentwicklung eines hohen technischen Standards in den Wohnungen hat lange Zeit die Illusion genährt, mit der damit verbundenen Bequemlichkeit würde sich auch die Gemütlichkeit definieren lassen. Die Erfahrung zeigt, dass technischer Fortschritt und Gemütlichkeit zwei völlig verschiedene Ebenen beschreiten. Die Elektrogeräte, allen voran Radio und Fernseher, später Telefon und Computer, haben die Wohnungen nachhaltig verändert. Gemütlicher geworden sind sie dadurch nicht unbedingt, es sei denn, die Menschen haben diese Geräte mit emotionalen Bedeutungen versehen.

Die Fortschrittsgläubigkeit wird jedoch zunehmend enttäuscht. Der Schock über Umweltprobleme und Energieverbrauch irritiert das Wohnverhalten nachhaltig. Die Menschen besinnen sich stärker auf sich selbst; sie entdecken in ihren Wohnungen sinnliche Qualitäten. Sinneswahrnehmungen im persönlichen Wohnfeld werden als Teil der Identität einer Person erkannt. Die Freiheit des Handlungsspielraumes innerhalb der Wohnung charakterisiert die Wohnqualität. Hier wirken Interessen, Neigungen, Vorlieben, Freizeitverhalten, Arbeitseinstellung, Kommunikationsstrukturen, soziales Rollenverständnis und Sinneserfahrungen zusammen und formen die räumliche Lebenswelt. Innenarchitektur heißt Gestaltung von Lebenswelten.

Wohnen bedeutet heute nicht mehr nur Besitz und Sicherung von Möbeln und Einrichtungen und den genussvollen Umgang damit, vielmehr formuliert sich der Begriff Raumqualität. Es entsteht ein Bedürfnis nach Raum: nach Frei-Raum, nach Rekreations-Raum und nach Raum-Identität. Im selben Maß, in dem sich gesellschaftliche Wertmaßstäbe verändern, werden ökonomische und soziale Veränderungen das Wohnen in Zukunft nachhaltig modifizieren. Es wird eine intensivere Auseinandersetzung um Körperlichkeit im Raum geben; wir werden uns zunehmend unseres Körpers als Teil eines räumlichen Kontinuums bewusst, werden mit Geist und Körper im Raum wohnen. Mehr Wissen und mehr Empfindungen. Neues Selbstbewusstsein wird der Zeit des Wohnens mit Zeitökonomie und Sinnlichkeit neue Inhalte formulieren. Raum und Zeit sind die erhofften Werte der Zukunft. Die stets geforderte Flexibilität im Raum stellt für die Planung, das Handwerk und die Industrie nach wie vor eine große Herausforderung dar. Technologischer Fortschritt wird gleichrangig neben der emotionalen Kompetenz rangieren.

Neben dem Streben nach Selbstverwirklichung, neben der verstärkten Durchmischung von Arbeiten und Wohnen sowie dem Trend zum Single-Wohnen wird unter Berücksichtigung der demografischen Situation die Notwendigkeit zum Mehr-Generationen-Wohnen deutlich werden. Im Wohnen der Zukunft wird sich ausdrücken, wie wir miteinander umgehen und Sinnvolles entdecken wollen.

Villa in München Bogenhausen 1987
Architekt und Bauherr: Erich B. Durnes

Bad 1985
Zunehmender gesellschaftlicher Druck schafft in den 80er Jahren strenge Leitbilder, die Gruppenzugehörigkeit oder Abgrenzung ermöglichen. Innerhalb dieser Normen ist das Leben verlässlich bis zur Langeweile (s. ‚Generation Golf' von Florian Illies).

Loftwohnung in Berlin 2000
Wohnfläche: 120 m²
Erstellungskosten Ausbau: 150 000 DM/77 000 € (netto)
Bauherr: Johannes Cronauer
Entwurf: Grollmitz Zappe Architekten
Fachplanung Heizung/Sanitär: Ingenieurbüro Stiehm
Wandfresko im Bereich d. Nische: G. P. Adam

Im ‚steinernen Berlin', bestehend aus Hinterhöfen, Brandwänden und tiefen Gebäudeschluchten, wurde ein ehemals industriell genutztes Hofgebäude im Bezirk Prenzlauer Berg in einen Wohnraum verwandelt.
Auf 120 m² Grundfläche wurden die Funktionen als Teil einer sparsamen Möblierung im Raum verteilt. Dabei erhalten Bad und Küche zentrale Plätze. Die gemauerten Kappendecken und Wände aus alten Handstrichziegeln sind unverstellt erhalten. Der gesamte Bereich wurde nicht unterteilt. Mittelpunkt des Raumes ist die Badzelle. Die Dusche ist offen, das WC mit Handwaschbecken befindet sich hinter einer Hülle aus Ornamentblech und Plexiglas. Die innere Plexiglashülle kann mit wenigen Handgriffen herausgenommen werden. Sämtliche Einbauten sind in Zusammenarbeit mit Handwerksfirmen entwickelte Unikate. Selbst für den Geruchsverschluss unterhalb der Dusche musste aufgrund der geringen Aufbauhöhe des Fußbodens ein Sonderelement entwickelt werden.

Materialien
Vorhandenes Gebäude aus der Jahrhundertwende: Gemauerte Kappendecken, Ziegelwände innen und außen durchgemauert im Reichsformat.
Fußboden: Sichtestrich poliert, in der Nische Stahlplatten aus Walzstahl.
Badzelle: Außenhülle Ornament-Edelstahlblech, innere Hülle Plexiglas.
Küche: Edelstahl, Arbeitsfläche aus Schieferplatten.
Waschtisch: Bestehend aus Waschbecken mit Unterschrank und beweglichem Beistellwagen einschließlich Armatur und 10 m Duschschlauch zur Wasserversorgung einer fahrbaren alten Gussstahlbadewanne.
Elektroversorgung: Ausschließlich über Fußbodenschalter und Steckdosen.
Heizkörper: Stahlrippenrohrheizkörper.

Wohnhaus in Lauf 1999
Entwurf: Johannes Noack, Architekt
Etschmann + Noack, Innenarchitekten, Fürth

Aufgabe war die Gestaltung eines Rahmens für festlich repräsentative Anlässe aber auch eines geeigneten Lebensraumes für eine Familie mit drei Kindern auf ca. 400 m² Wohnfläche.
Gemäß den Lebensgewohnheiten der Familie ergab sich das Ziel, lichte, weite Räume bei gleichzeitig intim-wohnlicher Atmosphäre zu schaffen. Dabei bestand der Wunsch Säulen und Gewölbe als Zitate klassischer Formen kontrastierend zu Kombinationen aus modernen Materialien und Lichteffekten auszuführen. Konzept war die Erzeugung von Helligkeit ohne zu starke Gestaltung der Räume durch Leuchtkörper. Es entstanden viele Varianten indirekter Beleuchtung sowie Leuchtmöbel bis hin zur Haupttreppe als Leuchtskulptur.
Die Modulierung der Raum- und Volumenzuschnitte war deshalb in diesem Umfang möglich, weil ungewöhnlicherweise fast gleichzeitig mit dem Architekten der Innenarchitekt beauftragt wurde.

Haus einer Bildhauerin in Wasserburg 1998

Sinnlichkeit durch Askese, durch Reduzierung auf ein Minimum, in dem dann erst wieder das Eigentliche, das Wesentliche, das Gemeinte zur Geltung kommt.
Ein von Unnötigem befreites Wohnen, das hier im ganz privatem Bereich Freiräume schafft. Raum und Zeit sind die erhofften Werte der Zukunft.

Wohnhaus in Albbruck 1999
Entwurf: Uwe Schindler, Eckhard Bürling, Stuttgart
Freie Architekten BDA
Tragwerk: Prof. Dietmar Kirsch
Bauleitung: Peter Haselwander, Lauchingen
HLSE: IB Schreiber, Ulm

Wir sehen eine Familie nicht als starres Gefüge, sondern als Gemeinschaft, die einem laufenden Veränderungsprozess unterliegt.
Das Haus ist so konzipiert, dass es Veränderungen nicht nur ermöglicht, sondern diese auch unterstützt und animiert, indem verschiedene Bereiche separat ausgezont und genutzt werden können.
Der Entwurf reagiert somit auch auf die langfristigen Bedürfnisse – ein Aspekt, der normalerweise nicht beachtet wird.

Die Gesamtanlage betritt man über eine gläserne Fuge, welche als Zwischenklimabereich fungiert. Hierin kann die Garderobe, übersichtliche Spielbereiche u.a. untergebracht sein. Sie ist aber auch das zentrale Verteilerelement im Haus, sozusagen ein überdimensionaler Windfang, der durch flexible Wände zum Haupthaus auch für andere angenehme Dinge nutzbar ist.

Stadthaus in Karlsruhe 1996
Architekt und Bauherr:
Henning Baurmann

Wohnhaus in Langenthal 1998
Architekt und Bauherr: Marcel Blum

Wohnungen sind Ausdruck der Individualität ihrer Bewohner. Lebensgewohnheiten und die Haltung zum gesellschaftlichen Umfeld spiegeln sich im Ausdruck der Einrichtung deutlich wider.

Eine offene Raumgeometrie sowie fließende Übergänge zwischen einzelnen Wohnbereichen waren der Wunsch ihrer zukünftigen Bewohner. So wurde beispielsweise auf eine Trennung zwischen Bad und Schlafzimmer verzichtet, um ein großzügiges Raumgefühl zu schaffen.
Die Verwendung gleicher Boden- und Wandmaterialien verstärken zusätzlich diese räumliche Einheit.

Sämtliche Wände, wie auch die farbigen Paneele am Bett, sind mit einer aufwändigen italienischen Spachteltechnik – ‚Encausto' – gearbeitet.

Stadtwohnung in München 1998
Entwurf: Silvestrin Design

Wohnhaus 5 – Bad Homburg 1999
Bruttogeschossfläche: 445 m², ohne Keller
Baukosten: 610000 DM / 312000 €
Entwurf: Frick. Reichert Architekten, Frankfurt am Main
Projektarchitekten: Maria Cecilia Pepponi, Michael Oceguera

Ziel des Entwurfes war es, Klarheit, Übersichtlichkeit und Großzügigkeit zu schaffen. Das Potenzial des Gebäudes – die latente, aber bislang unausgesprochene Verzahnung zwischen Innen und Außen – sollte mit angemessenen Mitteln und moderner Sprachform zum Ausdruck gebracht werden.

Bungalowaufstockung in Bad Salzuflen 1999
(Bestand von 1960)
Bauzeit: 4 Monate
Bestand teilweise renoviert: 109,03 m²
umgebauter Bestand: 53,63 m²
reiner Neubau: 111,52 m²
Entwurf:
Architekten: Schmidt/Schmersahl + Partner
Mitarbeiter: Dipl.-Ing. Christoph Brune

Eine zweigeschossige Empfangs- und Erschließungshalle bildet die vertikale Durchdringung und Verbindung vom vorhandenen Erdgeschoss mit dem neuen Obergeschoss. So entstehen neben dem sich vornehmlich horizontal gerichteten vorhandenen Volumen 2 und 1,5 geschossige neue vertikale Volumina, die Alt und Neu, spannungsvoll und interessant miteinander verbinden.
Das Spiel der horizontal fließenden Räume wird um den vertikalen Raumfluss erweitert und bereichert damit die Entwurfsgedanken der 60er Jahre um eine vertikale Komponente.

Das Entwurfskonzept sieht eine kreuzförmige Überlagerung des sehr eleganten horizontal gegliederten Baus der 60er Jahre im Erschließungsschwerpunkt des vorhandenen Gebäudes vor.

Wohnhaus bei Hamburg 1999
Architekt: Reinhard Viehoff

Die Inszenierung von Natur als Bestandteil der Raumgestaltung bis dahin, dass die Einbeziehung von Natur zum wichtigsten Bestandteil der Gestaltung wird.

Wohnhaus in Paderborn 2000
Architekt: Roland Dorn

Der Wechsel der Jahreszeiten, der Tageszeiten und des Lichtes prägen Atmosphäre und Stimmung der Innenräume. Helle, warme Naturmaterialien und Oberflächen reflektieren ihren Wechsel und werden dadurch lebendig. Die offene Feuerstelle steht in unmittelbar optischer Verbindung mit dem Außenraum. Sie lässt Schnee und winterliche Kälte zum elementaren Naturerlebnis werden.

Räume zum Arbeiten

Burkhard Remmers
Geboren 1960, studierte Germanistik und Geschichte an der Universität Augsburg. 1988 folgte der Quereinstieg in die Büromöbel-Industrie. Bis 1995 arbeitete er als Leiter Marketing, Presse + PR bei USM U. Schärer Söhne GmbH, Bühl, danach in gleicher Funktion bei Wilkhahn, Wilkening + Hahne GmbH+Co, Bad Münder. Seit Mitte 2000 leitet er im Unternehmen den Bereich Kommunikation + Unternehmensentwicklung. Seine besonderen Arbeitsschwerpunkte gelten der Weiterentwicklung zukunftsfähiger Organisations- und Kommunikationsstrukturen, der Szenarienbildung für zukünftige Arbeitsformen sowie der Entwicklung und Implementierung des Nachhaltigkeitsmanagements bei Wilkhahn.

Burkhard Remmers ist Vorstandsmitglied des Werkbund Nord, Hannover.

Mitarbeit an zahlreichen Buchveröffentlichungen, Ausstellungen und Fachbeiträgen.

Administration

Arbeiten in Büro und Verwaltung – Arbeitswelten im Wandel

Es ist noch gar nicht lange her, da teilte man die Arbeit in Deutschland noch übersichtlich in drei Kategorien: Agrarwirtschaft, industrieller Produktionssektor und Dienstleistungen als so genannter tertiärer Sektor. Mittlerweile sind die Grenzen verwischt. Die Agrarwirtschaft ist – mit wenigen Ausnahmen – zu einer industriellen Massenproduktion geworden. Der industrielle Sektor, der noch bis in die 70er Jahre die mit Abstand größte Beschäftigtenzahl aufwies, hat in den letzten 30 Jahren seine Produktivität vervielfacht. Was nichts anderes bedeutet, als dass auch hier immer weniger und dafür immer besser qualifizierte Menschen für einen höheren industriellen „Output" sorgen. „Schuld" an diesen Entwicklungen ist der tertiäre Sektor, der sich mit rasanter Geschwindigkeit zum größten Beschäftigungsmarkt entwickelt hat.

Vor allem durch die Dynamik der Informations- und Kommunikationstechnologien hat sich die Industriegesellschaft längst zur Dienstleistungsgesellschaft gewandelt. Nicht nur, dass etwa 50 % der Arbeitsplätze in der Industrie zu Büro- und Verwaltungsarbeitsplätzen geworden sind, auch die Arbeit in den Produktionshallen gewinnt immer mehr den Charakter von Büroarbeit: Neue Arbeitsformen wie Gruppen- oder Projektarbeit, Selbstorganisation, Customizing und Supply Chaine Management erfordern den direkten Zugriff der Produktionsmitarbeiter auf Betriebsdatensysteme und immer mehr direkte Kommunikation und Koordination in den Produktionsprozessen. So ist der Anteil der Büroarbeit an den Arbeitsprozessen in den letzten 50 Jahren von 29 % (1950) über 50 % (1984)[1] auf heute über 70 % gestiegen.

Auch die Büroarbeit selbst verändert sich dramatisch. Francis Duffy, britischer Interior Designer und Vordenker neuer Büroarbeitswelten, sah schon vor Jahren das Büro im Brennpunkt eines komplexen wirtschaftlichen und gesellschaftlichen Wandels: „The office is the focus of the current phase of drastic change; it is where future technologies and industries and the dematerialization of economic and communicative processes converge."[2] Globalisierung, individueller und gesellschaftlicher Wertewandel, neue Arbeits- und Organisationsformen, technologische Entwicklungen und die Architektur stehen in permanenten, komplexen Wechselbeziehungen.

Im Oktober 1999 veranstaltete das Forschungs- und Entwicklungskonsortium Future Office Dynamics dazu in Berlin den interdisziplinären Kongress „Arbeitswelten im Wandel – Fit für die Zukunft? Menschen, Organisationen, Technologien und Archi-

BP Hamburg 1968
Grünpflanzen sollten ein Stück Natur in den Großraum holen.

Fordwerke
Großraumplanung und Arbeitsplatzeinrichtung

tektur an der Schwelle zum 21. Jahrhundert". Hier wurde die Komplexität der Büroarbeitswelten und die Notwendigkeit für die interdisziplinäre Zusammenarbeit zwischen Human- und Sozialwissenschaften, Organisatoren, Informations- und Kommunikationstechnologien sowie Architekten und Gestaltern anschaulich vor Augen geführt.[3]

Welche Rolle spielen vor diesem Hintergrund das Design, die Innenarchitektur und Architektur? Welche Anforderungen ergeben sich daraus für den Gestaltungsprozess? Handelt es sich um originär neue Aufgabenstellungen oder war die Gestaltung der Büroarbeitswelt nicht immer ein Abbild wirtschaftlicher, technologischer, gesellschaftlicher und politischer Entwicklungen?

Wandel durch Wirtschaft und Technologie

Die Büroarbeit war immer eng verknüpft mit der gesamthaften Entwicklung der Gesellschaft. Im 19. Jahrhundert begann mit der Industrialisierung und Kolonialisierung eine erste ‚Globalisierungswelle' der Wirtschafts- und Handelspolitik. Erfindungen in der Kommunikationstechnik wie Morse-Apparat (1844), Telegraf und Telefon (1876), die Mobilität im Güter- und Warenverkehr (Schiffe und Eisenbahnen) und erste Rationalisierungen etwa durch Schreibmaschinen führten zu einer enormen wirtschaftlichen Dynamik.[4] Ähnlich zu unserem heutigen Empfinden wurden diese Veränderungen auch Anfang des 20. Jahrhunderts als rascher Wandel wahrgenommen und in den Konsequenzen für die Arbeit des Architekten und Planers reflektiert.[5] Und die damaligen Lösungsvorschläge für ‚Investoren-Modelle' könnten dem heutigen Pflichtenheft für ein Business-Center entstammen.[6]

Taylorismus in der Büroarbeit

Analog zum tayloristischen Prinzip der Fließbandfertigung in den Fabriken, entwickelten sich in den 20er Jahren ‚Büro-Fabriken', in denen vorgegebene Abläufe möglichst rationell und produktiv abgearbeitet wurden. Die Bürogestaltung unter Produktivitätsgesichtspunkten zieht sich bis heute wie ein roter Faden durch die Büroraumkonzepte. Der Massenarbeitssaal für Büroarbeit bedeutete eine Rationalisierung der Überwachungs- und Kontrolltechniken, die Homogenisierung des Sehraums, eine gezielte ergonomische Raumorganisation, die Taylorisierung der Körperbewegungen und die Anonymisierung des Geruchs- und Hörraums sowie der Beleuchtungsverhältnisse.[7]
Vor allem in der privaten Wirtschaft wurden Flächenwirtschaftlichkeit, rationelle Organisation und günstige Baukosten zum dominierenden Prinzip für die Gestaltung von Bürogebäuden[8].

Die Anfänge des Funktionalismus in der Büroästhetik

Für die Einrichtung wurden Empfehlungen gegeben, die sich bereits damals an den Forderungen der Moderne orientierten. „So ist im modernen Büro nach den Grundsätzen des Deutschen Werkbundes zunächst alles auf Zweckmäßigkeit und damit zugleich auch auf Schönheit eingestellt in der ganz richtigen Erkenntnis, dass alle Dinge und Handlungen, die ihren Zweck in vollendeter Form erfüllen, auch meist ein Gefühl ästhetischer Befriedigung auslösen."[9]

Die Herrschaft des Nationalsozialismus beendete 1933 die wegweisenden Gestaltungsansätze, wie sie durch die Deutschen Werkstätten, den Werkbund und das Bauhaus entwickelt worden waren. Doch im Rahmen des Wiederaufbaus nach dem 2. Weltkrieg kam diese Avantgarde zu neuen Ehren. Architekten wie Egon Eiermann und Herbert Hirche entwarfen nicht nur moderne Bürogebäude im Geiste des Bauhaus, sondern konzipierten nach Möglichkeit auch die Innenarchitektur, um ein schlüssiges Gesamtwerk zu erzielen.

Großraumbüro kontra Zellenbüro

Nach der ersten Phase des Wiederaufbaus nach dem 2. Weltkrieg war es das Planungsbüro Quickborner Team, das Anfang der 60er Jahre mit systematisch aufgebauten Planungsgrundlagen für Großraum-Bürogebäude für Aufsehen sorgte. Das Konzept prägte fast 30 Jahre neue, damals spektakuläre Büro- und Verwaltungsgebäude. Ausgangspunkt für die Konzeption war eine möglichst rationelle und wirtschaftliche Abbildung der Prozessorganisation durch die Gebäudestrukturen.[10] Mindestens 80 Mitarbeiter und Mitarbeiterinnen sollten unabhängig von Hierarchien auf einer Ebene, in einem offenen Raum zusammenarbeiten. Der eingeschossige Flachbau auf der grünen Wiese, der sich an keinen Gebäudegeometrien orientierte,

Boehringer Mannheim 1963
Großraumbürogebäude

Das Verwaltungsgebäude, das Herbert Hirche 1959/60 für Wilkhahn im Geiste des Bauhaus baute, war in der ländlichen Region der erste Stahlbeton-Skelettbau weit und breit.

ÖVA-Haus in Mannheim 1978
Viel beachtet und gefeiert als Prototyp für mitarbeiterorientierte Gruppenbüros.

ÖVA-Haus nach der Erweiterung 1994
Während die Gebäudestruktur das Ordnungsmuster für die Organisation visualisiert, herrscht in den Teamzonen individuelle Gestaltungsfreiheit.

Großraumgebäude der Ferrostahl AG Essen 1978

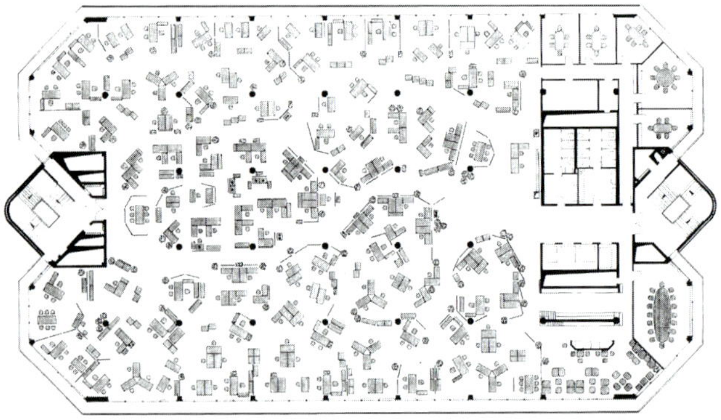

Großraumbüroplanung des Quickborner Teams für die Ferrostahl AG Essen

Westdeutsche WGZ Bank Münster 1978
Raumgliederung der Großräume durch Akustik- und Sichtschutzwände

sondern ausschließlich an den idealen „Verkehrs- und Arbeitsströmen" der Organisation, wurde als Idealfall für ein modernes Büro- und Verwaltungsgebäude gefeiert.
Das Großraumbüro wurde von Anfang an äußerst kontrovers und emotional diskutiert. „Ziel waren kürzere Verkehrswege, bessere räumliche Umweltbedingungen, Abbau von Einzel- und Gruppenegoismus, Erhöhung der betrieblichen Transparenz sowie besserer Kontakt zwischen Mitarbeitern und Vorgesetzten."[11] Die Kehrseiten der Medaille waren das Gefühl der Anonymität in der Masse, die großen Gebäudetiefen mit Kunstlicht und Klimatisierung, der permanente Lärmpegel und der Verlust jeglicher Privatheit und individueller Gestaltungsmöglichkeiten. Sie konnten nie völlig kompensiert werden, obwohl in den Folgejahren mit Grundbeschallung, Akustikdecken, Stellwänden, Begrünung und unterschiedlichen Decken- und Fußbodenhöhen vielfältige Entwicklungen initiiert wurden, um die emotionalen Widerstände durch die Gestaltung von ‚Bürolandschaften' abzubauen.
Für die Einrichtung wurden Büro-Systemmöbel entwickelt. Anstelle immobiler, schwerer Schreibtische, entstanden nun Tischkonzepte mit freitragenden Gestellen und eingehängten Unterbauten oder Rollcontainern. Passende Side- und Highboards, variable Stellwände, Garderobenelemente und Pflanzentröge ergänzten die Einrichtung.
Der Zielkonflikt, einerseits ‚Privatheit' und Abschirmung innerhalb der Großräume zu schaffen und andererseits die Übersichtlichkeit und Flexibilität zu erhalten, erwies sich als kaum lösbar.[12]

Durch den ‚Brennpunkt Großraumbüro' wird leicht übersehen, dass die weitaus größte Zahl der Büro-Arbeitsplätze, insbesondere bei kleinen und mittelständischen Unternehmen sowie bei öffentlichen Verwaltungen, nach wie vor in konventionellen Büro- und Verwaltungsgebäuden mit Ein- und Mehrpersonenbüros organisiert war. Die Großraum-Bürogebäude waren als Zentralverwaltungen für Großbetriebe und Konzerne die spektakuläre und viel beachtete Ausnahme.

Angesichts der anhaltenden Widerstände der Belegschaften setzten sich auch die Architekten in den 70er Jahren mit den sozialen Aspekten der Bürohausplanung auseinander. So konstatierte etwa Ernst Sieverts (Architekturbüro Prof. Kraemer, Sieverts & Partner KSP), dass sich die rigide Hackordnung, die in Ein- und Mehrpersonen-Zellenbüros vorherrscht, in subtilerer Form auch in Großraumbüros fortsetze.[13]

Mischform ‚Gruppenbüro'

Als eine Synthese für die sozialere und humanere Ausgestaltung der Großraum-Bürogebäude wurde ab Mitte der 70er Jahre das ‚Gruppenbüro' propagiert. Raumeinheiten für Gruppengrößen mit sechs bis maximal 15 Personen galten als ideal für Gemeinschaftsbildung und Kommunikationsprozesse. Sie orientierten sich eher an der ‚Horde', statt an der ‚Herde'. Der Neubau für die ÖVA Versicherung in Mannheim (Arch. Helmut Striffler, 1978) gilt als Prototyp dieser neuen Großraum-Gattung.[14] Bei der Konzeption des ÖVA-Hauses, das 1994 nochmals erweitert wurde, war von vornherein ein Großraumbüro konventioneller Prägung ebenso ausgeschlossen wie Ein- und Mehrpersonenbüros. Es sollte weder der Verlust an Arbeitsplatzqualität, an Geborgenheit, an Orientierung noch die Aufhebung kollegialer Teambeziehungen in Kauf genommen werden. „So blieb insgesamt als Ausgangspunkt nur die Hoffnung auf ein neues Raumkonzept – geeignet, die Menschen für die Dauer ihres Arbeitstages wieder zu ‚behausen'. (...) Keine ‚Zimmer' aufgereiht an Fluren, kein grenzenloser Großraum."[15]

Verwaltung Außenwerbungskontor Koblenz 1983
Architekten: Kersten, Martinoff, Struhk

Das wie ein Wohnpark in kleine Einheiten und versetzte Geschosse gegliederte Verwaltungsgebäude des Außenwerbungskontors in Koblenz zeigte bereits die Orientierung an. Kommunikationsqualität und Privatheit, die später für das Kombibüro maßgebend wurde.

Dynamisches Sitzen und der Siegeszug des Computers dominieren seit Beginn der 80er Jahre die Arbeitsplatzgestaltung. Die FS-Linie von Wilkhahn zählt mittlerweile zu den Bürostuhl-Klassikern.

Offene Wegezonen, halb öffentliche Nischen, freundliche, natürliche Materialien und ergonomische Qualitäten kennzeichnen die Innengestaltung. Das AWK wurde zum ersten Großprojekt für den Bürostuhl FS-Linie.

Bei den Gestaltungs- und Einrichtungsfragen kam Mitte der 80er Jahre das Thema Bildschirmarbeit hinzu. Seit Steve Jobs mit dem MacIntosh für Apple das Konzept einer „dezentralisierten EDV für alle" propagiert hatte, wurde deutlich, dass nicht nur ‚EDV-Abteilungen', sondern künftig immer mehr ‚normale' Arbeitsplätze mit Computern ausgestattet werden würden. Damit begann die Elektrifizierung der Arbeitsplätze. Und das Sitzen im Büro gewann unter ergonomischen Gesichtspunkten eine zentrale Bedeutung. Mit dem Bürostuhlprogramm „FS-Linie" von Wilkhahn, die aus Ergonomiestudien von Prof. Grandjean (ETH Zürich) und Prof. Burandt abgeleitet worden war, wurde das „dynamische Sitzen" zum neuen Leitbild für zeitgemäße Bürostühle.

Weitere Gestaltungsthemen waren Licht und Beleuchtung, Akustik-Decken, Fußböden (insbesondere Doppelböden), aber auch Garderobenmöbel, Schreibtisch-Accessoires, Vorhänge, Jalousien, Pflanzen und sogar Kunst und Geschirr im Büro. Dunkelgrün, Orange, Beige, Braun und Weiß wurden zu dominierenden Farben, die mit farbpsychologischen Studien begründet wurden.[16]

Synthese ‚Kombi-Büro'?

Bereits Mitte der 70er Jahre war in Skandinavien eine neue Büroform entstanden: Das Kombi-Büro. Zwar waren die Planungen des Tengbom Arkitektkontors für die ESAB Hauptverwaltung in Stockholm nicht realisiert worden, aber der Wettbewerbsentwurf von 1976 begründete ein neues Konzept, nämlich „Privatheit und Öffentlichkeit als gleichrangige, existenziell notwendige Lebens- und Arbeitsvoraussetzungen zu betrachten und zu akzeptieren (...)".[17] 1978 wurde die Canon-Hauptverwaltung in Stockholm vom gleichen Architekturbüro realisiert. Der Gebäudekomplex aus mehreren, additiven Baukörpern, die über Wege und Plätze verbunden sind, wurde zu einer Pilgerstätte für Fachjournalisten, Architekten und Organisatoren aus ganz Europa. Dennoch dauerte es zwölf Jahre, bis in Deutschland mit der Hauptverwaltung von edding in Ahrensburg das erste Kombi-Bürogebäude errichtet wurde (Arch. Struhk & Partner, 1990).

Dabei ist die Grundidee ebenso einleuchtend wie integrativ: „Das Kombibüro soll möglichst viel Kommunikation bei bestmöglicher Privatheit unter der Voraussetzung guter Ergonomie und Ästhetik gewährleisten. (...) Die Einzelbüros sind dabei immer eng verbunden mit innenliegenden Gemeinschaftszonen, in denen alle stark kommunikativ geprägten Tätigkeiten stattfinden. Hier befinden sich Besprechungsplätze, Kopierer und sonstige gemeinsam genutzten Geräte, Ablageschränke, Teeküchen und Pausenzonen."[18]
Dabei werden vier Ziele verfolgt: Förderung der Interaktivität und Kreativität, Verbesserung der organisatorischen Flexibilität, Einsparung bei Flächen und Kosten sowie Stärkung des Einsatzes von Informations- und Kommunikationstechnologien.[19]
Bei der Einrichtung und Gestaltung geht es vor allem um variable Raumtrennsysteme, die in Anlehnung an die Fassadenraster kleine, verglaste Zellenbüros abbilden und gleichzeitig als Organisationsträger für Arbeits- und Ablageflächen genutzt werden können.

Inzwischen ist das Kombi-Büro zu einer geläufigen Büroform in Deutschland geworden. Allerdings werden auch hier wesentliche Aspekte des dynamischen Wandels in der Büroarbeit kaum reflektiert: Was bedeutet die Digitalisierung der Arbeitsprozesse für die räumliche Abbildung der

Hauptverwaltung edding Ahrensburg
Architekten: Struhk + Partner

Die Hauptverwaltung von edding in Ahrensburg gilt als erstes, ausgewiesenes Kombi-Büro-Projekt in Deutschland. Sie wurde in den 90er Jahren zur Pilgerstätte für Interessenten moderner Büroraumkonzepte.

Büroarbeit? Wie werden neue Arbeitsformen wie interdisziplinäre Teamarbeit oder temporäre Projektarbeitsgruppen in die Konzepte integriert? Wie lässt es sich vermeiden, dass je nach aktueller Aufgabe pro Mitarbeiter nicht mehrere Arbeitsplatzflächen vorgehalten werden müssen, die nur zeitweise genutzt werden? Wie können Mitarbeiter eines Unternehmens an unterschiedlichen Standorten zusammenarbeiten?

Heute wird man sich nicht mehr anmaßen eine allgemein gültige Vision für Büro-Gebäude und Organisationsformen zu entwickeln. Es zeichnet sich vielmehr ab, dass sich je nach Branche, Größe und Internationalität der Unternehmen ganz unterschiedliche Konzepte und Mischformen ergeben, denen vor allem eines gemeinsam ist: Sie müssen sich spontan und mit geringstem Aufwand dem dynamischen Wandel bei Technologie und Organisation anpassen lassen.

Versuch einer Bestandsaufnahme

Im Vergleich zum rasanten Wandel der Arbeitswelt und der Dynamik bei den Kommunikations- und Informationstechnologien schien die Bürogestaltung den Anforderungen der Realität lange Zeit hoffnungslos hinterher zu hinken.[20] In der Tat tun sich gerade große, gewachsene Strukturen schwer neue Ideen umzusetzen. „Der Bürotypus, wie er immer noch vorherrscht, fördert stattdessen eher Anpassung, Neid, bürokratisches und hierarchisches Denken und ängstliches statt fantasievolles Handeln. Das Büro hat keine eigenständige Sprache gefunden, sondern lediglich einen uniformierten Bürostil, dessen überkommene Arbeitsform und Atmosphäre sich fatalerweise in Architektur und Design spiegeln und verdoppeln."[21] Bei dieser pauschalen Kritik wird leicht übersehen, dass es noch immer viele Aufgaben gibt, bei denen ein ungestörtes Abarbeiten im Vordergrund steht, dass Strukturen notwendige Orientierungs- und Leitsysteme bilden und dass es für Mitarbeiter wie für Unternehmen nicht nur um Innovationen und Veränderung geht sondern ebenso um Gemeinschafts- und Identitätssicherung.[22]

Wie sich das Spannungsfeld zwischen Individuum und Gemeinschaft, Konzentration und Kommunikation, Kontinuität und Wandel sowie Vielfalt und Einheit gestalten lässt, hängt stark vom Aufgabenfeld und vom Selbstverständnis des Unternehmens und der Institution ab.
Otto Riewohlt hatte Mitte der 90er Jahre den Versuch unternommen, die Vielfalt der Bürostile, die immer internationaler werden, unter solchen semantischen Gesichtspunkten zu systematisieren[23]: Das ‚Demokratische Büro' für Offenheit und Transparenz, ‚Corporate Grandeur' zur Demonstration von Macht und Einfluss, das ‚Arbeiten im Loft' als Zeichen kreativer Teamorientierung, der ‚Business Club' als Ausdruck individueller Selbstbestim-

Das Programm ‚Confair' für dynamische Teamarbeit: Hier im Schulungs- und Tagungszentrum von Conrad Elektronik, Burg Wernberg.

mung und die ‚Hightech-Inszenierung', mit der sich die Unternehmen der IT- und Medienbranche ausdrücken.

Analog hat sich in der Bürogestaltung vieles getan: Kräftige Farben, neue Materialien und Oberflächenanmutungen, Holzoberflächen in allen möglichen Farb- und Strukturvariationen bei Fußböden und Mobiliar, exotische Wandverkleidungen, unterschiedliche Lichttechnologien und variantenreiche Teppich- und Naturfaserböden bieten heute von postmodernem Imponiergehabe bis zu technoidem Ästhetizismus ein weites Gestaltungsspektrum, das nichts mehr mit dem uniformen Einerlei der vergangenen Büro-Tristesse zu tun haben muss.

Auch konzeptionell hat sich die Büromöbelindustrie weiterentwickelt. So hatte etwa Wilkhahn in ausführlichen Studien die Kommunikationsförderung als Schlüsselfunktion für die Büroarbeit herausgearbeitet. 1994 wurde mit ‚Confair' erstmals ein komplettes, durchgängig gestaltetes Programm für selbst organisierte, kreative Projekt- und Teamarbeit vorgestellt. Damit wurden die ‚Neuen Arbeitsformen' in Einrichtungskonzepten thematisiert[24].

Vitra folgte 1996 mit dem Programm ‚Ad hoc', das als variables, Raum bildendes Möblierungskonzept für flexible Arbeitsformen ausgelegt ist und 1998 schließlich stellte USM das Programm ‚Eleven 22' vor, mit dem sich vornehmlich Loft-Situationen einrichten lassen – um nur einige Beispiele der Innovations- und Designführer der Branche aufzuführen. Weil auch in der Büromöbelbranche hemmungslos und zügig kopiert wird, bieten inzwischen fast alle Hersteller neben konventionellem Standardmobiliar, das nach wie vor den Massenmarkt dominiert, Lösungen für Projektbüros, Workshopräume und „Open-Space"-Bereiche an. Allerdings empfiehlt es sich, hier Qualität, Konstruktion und Funktionalität genau zu überprüfen, weil der flexible Einsatz besonders hohe Anforderungen an Oberflächen, Mechanik und Handling stellt. Kleinteiligkeit, Addierbarkeit, Mobilität und hohe Qualität sind wesentliche Faktoren, um in der Bürogestaltung zeitnah auf organisatorische und technologische Veränderungen reagieren zu können.

Versuch eines Ausblicks

Unter der Überschrift ‚New Work', in den letzten Jahren das Schlagwort schlechthin, wurden Selbstorganisation, fraktale Organisation, Home-Office, Telework, Hotelling, Satellite-Office, Desksharing und virtuelles Unternehmen als aufgeregte Schlüsselbegriffe einer neuen Arbeitskultur gefeiert. Angeheizt durch den Hype am Neuen Markt schienen alle Regularien und Werte, nach denen die Arbeit in Deutschland bislang organisiert war, zu anachronistischen Hemmschuhen für die weitere Entwicklung zu werden. Mittlerweile jedoch ist Ernüchterung eingekehrt, die überschäumenden Wogen haben sich geglättet. Der Einbruch am Neuen Markt und eine deutliche Flexibilisierung der ‚Old Economy' durch E-Business-Strukturen ermöglichen jetzt eine solide Analyse für zukunftsfähige Konzepte und den Beitrag, der durch die Gestaltung geleistet werden kann.

Die These von Peter F. Drucker, dass in Zukunft keine Bürogebäude mehr benötigt werden[25], hat sich als falsch erwiesen. Zwar ist die Einzelarbeit durch die Miniaturisierung, Leistungsexplosion und Internetverbindung der Kommunikationstools für bestimmte Aufgaben tatsächlich unabhängig geworden von festen Räumen und Arbeitszeiten. Im gleichen Maße aber ist durch die Spezialisierung der Bedarf an Zusammenarbeit, Abstimmung und Koordination gestiegen. Im Management werden heute mehr als 80 % der Arbeitszeit in Meetings, Besprechungen, Seminaren, Sitzungen und anderen ‚Face-to-Face-Kommunikationsformen' verbracht.[26] Und dort ist das persönliche Gespräch durch keine virtuellen Kommunikationsprozesse zu ersetzen. Doch für die Notwendigkeit ‚realer' Bürogebäude spricht noch mehr: Als ‚instinktiv territorial orientierte' Wesen benötigen wir eine klare räumliche Abbildung innerer Ordnungsmuster. Identität, soziale Spielregeln, Kompetenzzuordnungen und Kalkulierbarkeit der Beziehungen können sich nur in Verbindung mit Gebäuden, Räumen und Plätzen bilden.[27]

Wir werden also auch in Zukunft Bürogebäude brauchen, aber sie werden primär andere Aufgaben zu erfüllen haben als bisher: Statt Massen von Schreibtischen und zugehörigen Aktenschränken für die Einzelarbeit vorzuhalten werden die Büros zu Orten, die hauptsächlich der Förderung von Kommunikations- und Kooperationsprozessen dienen.[28] Wer Ruhe und Privatheit braucht, wird ‚Denkerzellen' aufsuchen, die dafür ausgelegt sind – und in dieser Zeit das Privileg der ‚Unerreichbarkeit' bieten.

Die Roomware®-Komponenten bilden die Nahtstelle zwischen realer Innnenwelt und virtueller Außenwelt, um die Teamarbeit zu unterstützen. Der Stehtisch mit integriertem Großdisplay, die elektronische Wandtafel und eine mobile Kombination aus elektronischer Präsentationsfläche, Pinnwand und Flipchart sind bereits heute von Wilkhahn lieferbar.

Boehringer Ingelheim Center (BIC) 2000
Architekten: Beucker, Maschlanka & Partner GbR

Das BIC-Forum durchdringt als kompakter, elliptischer Baukörper die ganz flächig verglaste Außenfassade des Atriums.

Die Gestaltung wird sich nach den differenzierten Anforderungen von informellen Begegnungen, halb öffentlichen Besprechungen, formalisierten, ‚klassischen' Sitzungen, Schulungen und Seminaren, Workshops und Moderationen richten. So werden ‚Kommunikationslandschaften' entstehen, die abwechslungsreiche sinnliche Wahrnehmungen bieten. Sie sollen einerseits ein breites Angebot für Arbeits- und Gesprächssituationen bereithalten und andererseits die Kommunikationsprozesse gezielt fördern.

Integration realer und virtueller Welten

Eine besondere Gestaltungsaufgabe liegt in der Integration der digitalen Welt in die reale Arbeitsumgebung. Dafür muss der Computer als Gerät akustisch und visuell weitestgehend ‚verschwinden'[29] und die Teams müssen spontan, intuitiv und synchron mit den digitalen Daten arbeiten können. Wegweisend für diesen Ansatz ist das ‚Roomware®-Konzept', das von Wilkhahn in Zusammenarbeit mit dem IPSI-Institut, Darmstadt, und dem Quickborner Team, Hamburg, entwickelt wurde.[30] Die Weiterentwicklung von solchen ‚hybriden' Produkten für ‚kooperative Gebäude'[31], bei denen die reale Umgebung durch virtuelle Funktionalitäten angereichert wird, ist Gegenstand eines mit EU-Mitteln geförderten Forschungsprojekts: In ‚Ambient Agoras' werden die Grundlagen für die Arbeitswelt von Morgen erarbeitet.[32]

Teeküche mit Treffpunkt und Kombizone. Der in der Hausfarbe gehaltene Fußboden und die hellen Holzflächen an Wänden und Mobiliar schaffen eine freundliche Atmosphäre, die Teamgeist und Zusammenhalt fördert.

Moderne Großverwaltungen:
Das BIC als ‚sozialer Kosmos'

Boehringer Ingelheim zählt zu den weltweit führenden Unternehmen in den Geschäftsbereichen Humanpharma und Tiergesundheit. Um den wachsenden Anforderungen an die Führungsorganisation des Global Players Rechnung zu tragen, wurde am Stammsitz des 1885 gegründeten Unternehmens das neue Boehringer Ingelheim Center (BIC) errichtet, das am Rande des Werksgeländes auf die Stadt Ingelheim hin ausgerichtet ist. Rund 800 Mitarbeiterinnen und Mitarbeiter der Boehringer Ingelheim GmbH, der Führungsgesellschaft des weltweiten Unternehmensverbands, genießen hier seit dem Frühjahr 2000 eine ebenso beeindruckende wie menschlich anmutende Arbeitswelt: Sie erfüllt den Repräsentationsanspruch einer globalen Unternehmenszentrale, macht die Maxime ‚Werte schaffen durch Innovation' erlebbar und hält die Balance sowohl zu den Interessen der Mitarbeiter wie auch zum natürlichen Außenraum und zu der städtebaulichen Umgebung.[33]
In enger Zusammenarbeit zwischen dem Bauherren, dem Quickborner Team als vorgeschaltetem Planungs- und Organisationsberatungsunternehmen und dem Architekten Thomas Beucker vom Düsseldorfer Architekturbüro Beucker, Maschlanka & Partner entstand eine beispielhafte Arbeitswelt, die als ‚sozialer Kosmos' konzipiert ist. Transparenz, Offenheit, klare Linien und Eindeutigkeit prägen den Gesamteindruck des gewaltigen und doch fast filigran und schwebend erscheinenden Baukörpers, der ein gleichschenkliges Dreieck aus Glas, Stahl und Stein bildet. In die Hypotenuse eingeschoben ist ein ellipsenförmiger, kompakter eigener Baukörper, das BIC Forum – ein Plenarsaal für bis zu 320 Teilnehmer, dessen Erschließung wahlweise auch unabhängig vom Hauptgebäude erfolgen kann. Ein künstlicher See mit beweglichen Granitstelen des Künstlers Christian Tobin vervielfacht das Spiel mit Licht und Spiegelungen.
Im Innenbereich öffnet sich ein gewaltiges Atrium, das von einem gewölbten, 1000 m² großen Glasdach überspannt und in den sieben Obergeschossen von an den Rändern nur 50 mm starken Stegen durchzogen wird. Während in der Außenfassade technische Materialien wie Aluminium, Stahl und Glas dominieren, zeigen sich die Innenfassaden der beiden rechtwinklig verbundenen Büroachsen ebenso wie die Fußböden und Möbeloberflächen in warmen Holztönen. Sie schaffen ein emotionales Gegengewicht zur sachlichen Strenge der Geometrien und sorgen in Verbindung mit der akzentuiert eingesetzten Farbigkeit der Bistro- und Foyersitzmöbel für eine fast heitere Atmosphäre.

Gleichberechtigt neben solchen sinnlichen Erlebnisqualitäten steht die Funktionalität des neuen Headquarters: Dazu gehört eine hohe Flächenwirtschaftlichkeit mit reversiblen Raumstrukturen ebenso wie die Standardisierung der Arbeitsplatz-Layouts, um interne Umzüge mit geringsten Folgekosten zu ermöglichen. Modernste Installationen für die Kommunikations- und Informationstechnologie sowie eine Gebäude-, Klima- und Fassadentechnik, die durch Speicherwirkung, Energierückgewinnung, natürliche Luftumwälzung und Tageslichtnutzung energiesparend ausgelegt ist, untermauern den Anspruch, werthaltige und zukunftssichere Innovationen zu schaffen. Vor allem aber: Das Gebäude fördert mit zahlreichen informellen Treffpunkten, mit perfekt ausgestatteten Tagungs- und Konferenzräumen und mit dem zentralen Atrium das Miteinander, die Kommunikation der Menschen, die in ihm arbeiten. Die ästhetische Qualität des Gebäudes und die flexible Offenheit für zukünftige Nutzungsänderungen werden das BIC auch noch in Jahrzehnten zu einer im besten Sinne ‚nachhaltigen' Arbeitswelt machen.

Standard Kombibüro, wie es in der Erstnutzungsphase mehrheitlich in den beiden zweibündigen Büroachsen realisiert wurde. Die Kombizellen gewährleisten konzentrierte Einzelarbeit, sind aber durch dreiseitige Verglasung transparent an die gemeinschaftlich genutzte Mittelzone angebunden.

Silbergraue Säulen und Pfosten, weiße Wandscheiben und helle Holzfußböden mit Leisten aus Edelstahl verbinden in den Erschließungszonen technische Präzision mit menschlichem Maß.

Im siebten Obergeschoss befindet sich die Vorstandsetage. Der Konferenzraum liegt im rechten Winkel des Dreiecks, in dem die Büroachsen verbunden sind. Der ‚runde Tisch' mit den repräsentativen und doch filigranen Konferenzsesseln steht für die Offenheit, Dynamik und Zukunftsorientierung der Unternehmenspolitik.

Das Herz des Gebäudes bildet das gebäudehohe Atrium, das von filigranen Stegen durchzogen und von einem riesigen Glasdach überspannt wird. Dadurch gewinnt das Gebäude einen städtebaulichen Charakter mit einem zentralen Platz, der zu Aufenthalt und Kommunikation einlädt.

Nutzungsvielfalt und Flexibilität kennzeichnen auch die Tagungsräume. Die Verwendung von mobilen Wilkhahn-Falttischen in Verbindung mit faltbaren Raumwänden machen im Handumdrehen aus einem großen Konferenzsaal drei kleinere Besprechungsräume. Eine Rückprojektionswand integriert modernste Präsentations- und Medientechnik.

Burda Medienpark Offenburg
Architekten: Ingenhoven Overdiek und Partner

Das zentrale Oberlichtband und die darunter liegende Treppe bilden eine über den gesamten ‚Gebäudefinger' hinweg überschaubare Erschließungs- und Kommunikationsachse.

Je nach Tätigkeit sind die Tischflächen für die Arbeitsplätze angeordnet. Gemeinsam ist der Struktur, dass sie schnellen Austausch und spontane Abstimmung nicht nur zulässt, sondern fördert.

Bürogebäude im Medienzeitalter: Kommunikation und Interaktion im Burda Medienpark

Kaum eine Branche unterliegt so raschen Veränderungen wie die Medienindustrie. Die Dynamik der Informations- und Kommunikationstechnologien, die geforderte Aktualität bei Nachrichten und Reportagen und der harte globale Wettbewerb erfordern Raumstrukturen, die gleichzeitig Identität und Ordnung sowie Veränderung und Wandel fördern.
Die Hubert Burda Media verlegt nicht weniger als 160 Zeitschriften im In- und Ausland: Vom Nachrichtenmagazin über Fach- und Publikumszeitschriften bis zu den Glamour-Blättern, die von Hollywood und Hochadel berichten. Bei aller Unterschiedlichkeit der Inhalte: Jeder Verlag und jede Redaktion funktioniert nur so gut, wie alle Beteiligten miteinander kommunizieren und interagieren. Kaum sonst werden die Anforderungen an moderne Arbeitswelten in der Wissensgesellschaft so deutlich wie hier: die schnelle Vernetzung von Wissen und Informationen, die Auswertung, Validierung und umgehende Umsetzung in ein Produkt, über dessen Qualität der Markt mit seiner Leserschaft jede Woche und jeden Monat neu abstimmt.

So waren die Anforderungen der Verlagsleitung an das neue Burda Medienzentrum, die sich aus mehreren strategischen Workshops mit den Organisations- und Planungsberatern vom Quickborner Team heraus kristallisierten, hoch komplex und vielschichtig: Kommunikation der kurzen Wege innerhalb und zwischen den Bürozonen, funktionale Vielfalt unterschiedlicher Büroformen in einem einheitlichen Gesamtbild, das auch nach außen Schlüssigkeit, Identifikation und Offenheit darstellt, differenzierte Zonen für Kommunikation, Konzentration und Klausur sowie maximale Offenheit für organisatorische Veränderungen und zukünftige Büro-

Unter dem auskragenden Dach ist die Glasfassade analog zu den terrassenförmig abgetreppten Geschossebenen mit Holzelementen gegliedert. Sie dienen dem sommerlichen Wärmeschutz und schaffen eine natürliche Materialverbindung zum Außenraum.

Die Gebäudeteile schmiegen sich wie die Finger einer gekrümmten Hand in die Auenlandschaft des Kinzig-Ufers. Das bildet nicht nur eine naturnahe Bebauung, sondern holt auch die Landschaft in das Gebäude hinein. So entsteht eine wechselseitige Beziehung zwischen Innen und Außen.

arbeitsformen. Dass daneben die Kommunikations-, Informations- und Gebäudetechnik den neuesten Anforderungen entsprechen sollte, dass eine hohe Flächenwirtschaftlichkeit ebenso gewährleistet sein musste wie eine energiesparende und ökologisch verträgliche Bauweise, verstand sich nahezu von selbst.

In dem Entwurf vom Düsseldorfer Architekturbüro Ingenhoven Overdiek Kahlen und Partner fanden Bauherren, Verlagsleiter sowie das Quickborner Team eine nahezu ideale Gebäudestruktur, um diese Ansprüche umzusetzen. Wie ein aufgefächerter Kamm reihen sich mittlerweile sechs ‚Gebäudefinger' in einer Bogenlinie aneinander. Sie sind im Innenradius zur Straße hin mit transparenten Zwischenelementen verbunden, die der Erschließung der jeweils vier Geschossebenen und der ‚Quererschließung' dienen. Nach außen fallen die Dächer, die mit einem zentralen, längs verlaufenden Oberlichtband versehen sind, ebenfalls bogenförmig bis zum Boden ab. Was zunächst nur als eine ebenso markante wie organische Bauform wahrgenommen wird, die sanft in die Auenlandschaft des Flusses Kinzig überleitet, erweist sich im Innern als äußerst funktionale Struktur: Unter den seitlich weit auskragenden Dächern sind die Geschossebenen terrassenförmig ausgebildet und erlauben völlig offene Großräume ebenso wie eine diskrete Belegung mit Kombibüros, Teamarbeits- und Besprechungsräumen. Egal welche Büroform gerade zum Einsatz kommt: Alles ist auf Blickkontakt, spontane Kommunikation und Überschaubarkeit ausgelegt. Eine besondere Bedeutung für die schnellen Interaktionen, etwa zwischen Redaktion und Anzeigenabteilung, hat dabei die mittig unter dem Tageslichtband verlaufende Treppe. Sie reicht vom Erdgeschoss bis zum dritten Obergeschoss, das der Verlagsleitung vorbehalten ist, und funktioniert ähnlich wie in mediterranen Städten gleichzeitig als Weg und Treffpunkt.

Kühldecken und natürliche Fensterbelüftung in verschiedenen Stufen verbinden bei der Klimatechnik ökologische Anforderungen mit individuellen Regelungsmöglichkeiten. Reversible Systemtrennwände und die standardisierte, teils durch Rollen mobil ausgelegte Einrichtung ermöglichen einen zügigen Wechsel bei Arbeitsplatzanordnungen und Teamformationen. Vor allem: Sie bieten die Möglichkeit, zukünftig auch Desksharing-Konzepte, Teleworking und non-territoriale Büroformen zu integrieren. Weil die Anforderungen je nach Verlagsbereich und Zeitschriftentitel sehr unterschiedlich sind, wurden in verschiedenen Workshops die aktuell besten Büroformen für den Workflow ermittelt. So finden sich heute gleichzeitig Großraumbüro-Lösungen, Zwölf-, Acht- und Vierpersonenbüros, Open-Space-Zonen für informelle Kommunikationsprozesse und variable Tagungsräume für Besprechung, Schulung und Seminar.
In der gesamten Planungs- und Realisierungsphase arbeiteten Architekten, Fachplaner, Berater, Belegschaft und Verlagsleitung eng und kooperativ zusammen. So ist für rund 900 Mitarbeiter eine Medien-Arbeitswelt entstanden, die – viel gefeiert und häufig besucht – modellhaften Charakter zu gewinnen verspricht.

Wacker-Haus München
Architekten: Steidle und Partner Architekten

Flure und Erschließungsgalerien weiten sich immer wieder auf und schaffen Angebote zu Begegnung und Kommunikation.

Hoch über den Dächern lässt sich von Terrassen und Verbindungsstegen das Turmpanorama von München genießen – wie hier vom Konferenzraum im 7. Obergeschoss, das – zurückgesetzt – von der Straße aus nicht sichtbar ist.

Die farbige Akzentuierung setzt sich an Stützen, Wänden oder Decken fort.

Die Farbigkeit der Häuser, der offen gelegte Bach, der an Bullaugenfenstern vorbeifließt, und die naturnahe Bepflanzung des großzügigen Innenhof schaffen eine vielfältige, heitere und dennoch ganzheitliche Innenwelt, die öffentlich zugänglich ist.

Urbanisierung der Büroarbeit

Seit den 60er Jahren dominiert der Büro- und Verwaltungsbau auf der ‚grünen Wiese'. Niedrigere Grundstückspreise und vor allem Expansionsmöglichkeiten mit weiteren Anbauten und Aufstockungen ohne Bindung an städtebaulich vorgeschriebene Traufhöhen sind dafür die nahe liegenden Begründungen. Das ‚Ausfransen' der Stadtränder mit Ghetto ähnlichen Gewerbeparks, großräumige zusätzliche Flächenversiegelungen, der Zwang zur automobilen Arbeitswegbewältigung mit tagtäglichem Berufsverkehrschaos sind nur einige der ungewollten, aber zwangsläufigen Folgen. Die Urbanisierung der Büroarbeit ist daher eines der großen Themen in der Stadtplanung. Die häufig ebenso gesichts- wie fantasielosen Investorenprojekte mit hohen Leerstandsquoten belegen jedoch, dass es sich hierbei um eine sehr komplexe und sensible Aufgabenstellung handelt: Es geht um die Integration des Neuen in historisch gewachsene Straßenzüge, um Abgrenzung und Einbezug des öffentlichen Raums, um die Verbindung von Wohn- und Arbeitswelt und um die Lebens- und Erlebnisqualität der Nachbarn und ganzer Quartiere.
Ein Musterbeispiel für die gelungene Synthese dieser Anforderungen ist das „Wacker-Haus" in München.[34] Ehemals hatte die Wacker-Chemie hier ihr Verwaltungsgebäude. Als die Verwaltung nach Neuperlach umsiedelte, wurde in einem Wettbewerb die Neubebauung des wertvollen Grundstücks ausgeschrieben. Hier hat das Architekturbüro Steidle + Partner in symbiotischer Zusammenarbeit mit dem Berliner Farbkünstler Erich Wiesner und den Landschaftsarchitekten Latz und Partner das vielfach prämierte Kunststück fertig gebracht, schräg gegenüber von Haus der Kunst und Englischem Garten dem repräsentativen Boulevard-Charakter der Prinzregentenstraße ebenso Rechnung zu tragen wie dem Wohnquartier Lehel, das sich an die Bruderstraße anschließt. Und das nicht nur mit einer auffällig farbigen und dennoch gesamthaften Fassadengestaltung, sondern vor allem mit einer hohen Nutzungs- und Lebensqualität für 8500 m^2 Büroflächen und 80 Wohnungen. Mehr noch: Durch die Offenlegung zweier bis dahin verdeckelter Stadtmühlbäche, die nun im Wortsinne durch den Gebäudekomplex rauschen, durch die Dachbegrünung mit Holzterrassen und durch den großzügigen, öffentlich zugänglichen Innenhof mit einer naturnahen und dennoch strukturierten Bepflanzung ist ein Stückchen ‚Parklandschaft' in den Gebäudekomplex eingezogen.

Otto Steidle begreift die Gestaltung der Wechselbeziehungen zwischen Innen und Außen als Kernaufgabe städtebaulichen Wirkens: „Urbanität lässt sich als abhängige Beziehung und Wechselwirkung zwischen Öffentlichkeit und Privatheit definieren. Für diese Wechselwirkung kommt den Grenzbereichen, den Übergangsbereichen vom ‚eigenen' Raum zum allgemeinen Raum, vom Privaten zum Öffentlichen, vom Individuellen zum Kommunikativen, besondere Bedeutung zu." Konsequent positionierte er den Baukörper für die Büroflächen entlang der Prinzregentenstraße, die seit jeher vor allem Repräsentations- und Verwaltungsaufgaben diente. An der Einmündung der Bruderstraße zieht sich die charakteristische Fassade schwungvoll um die Ecke. Eine der gelb verputzen Außenwand vorgehängte Glasfassade ist nicht nur repräsentatives Element, das dem Gebäudeteil die Schwere nimmt, sondern sie dient gleichzeitig als Wärmepuffer und Lärmschutz gegen die viel befahrene Ost-West-achse. Dicht an der ‚Kurve' ist der Baukörper über zwei Etagenhöhen aufgeschnitten – ein Effekt, der durch das kräftige Blau der Innenwände verstärkt wird. Das reizt zum Einblick und zum Gang in den Innenhof, zumal hier der Bach rauschend unter der Straße verschwindet. Dort erstrecken sich die Bürotrakte tief in das Grundstück hinein. Tiefer gelegte Büroräume und die Cafeteria sind mit großen Bullaugen versehen, die halb unter Wasser liegen. Hier rauscht der Bach in Augenhöhe am Fenster vorbei.

Die Gebäudeteile für die Wohnungen entlang der Bruderstraße heben sich in markanten Farben ab, wobei die Front durch zurückspringende Zwischenelemente zusätzlich gegliedert wird. Diese Rücksprünge schaffen Nischen für Bäume und die Tagesbelichtung der Treppenhäuser. Im Innenhofbereich erheben sie sich zu diagonal eingestellten, bis zu acht Stockwerke hohen Wohntürmen. Von den mit Holzbohlen belegten Dachterrassen und Verbindungsstegen kann der Blick über die begrünten Dächer des Komplexes und das malerische Turmpanorama der Stadt schweifen. Unterschiedliche Farbigkeiten und markante Erhöhungen der Dachlinien lassen auch hier kein Gefühl der Uniformität aufkommen. Jeder Gebäudeteil gewinnt seine eigene Identität, ohne dass der Gesamtzusammenhang verloren ginge. Die äußere Gebäudequalität setzt sich im

Liebe zum Detail: Die skulpturhafte Fluchttreppe dupliziert sich in der Schattenbildung. Verbindendes Element der Wohnhäuser ist das interessante Fensterraster mit abgesetzten Oberlichtern in der Lochfassade.

Die Büro- und Flurflächen sind komplett mit Eichenholzparkett ausgelegt. Eine Teilverglasung der Wände schafft Ein- und Durchblicke.

Informeller Warte- und Besprechungsbereich im Dachgeschoss. Von hier aus genießt man über die Prinzregentenstraße hinweg einen herrlichen Blick in den Englischen Garten.

Inneren fort. Die Erschließungszonen sind in Naturstein, die Büroflure und -flächen in Eichenholzparkett ausgeführt. Jedes Treppenhaus wurde gemäß dem Farbkonzept von Erich Wiesner gestaltet. Die Flure weisen immer wieder Erweiterungen auf und schaffen damit Angebote für informelle Gesprächsmöglichkeiten – wie überhaupt das gesamte Wacker-Haus zu Begegnung und Kommunikation animiert. Obwohl die Grundrisse der Eckbüros festliegen, lässt das Gebäuderaster einen ausreichenden Spielraum für unterschiedliche Raumgeometrien und Nutzungsflexibilität.

Hier sind zusätzlich Kühldecken eingezogen, die auch bei extremen Witterungsbedingungen in Verbindung mit dem als Wärmespeicher ausgelegten Mauerwerk der Innenhofseite eine angenehme Klimatisierung gewährleisten. Kein Wunder, dass mit Mac Kinsey eine der weltgrößten Beratungsgesellschaften den gesamten Bürokomplex gemietet hat. Schöner lassen sich eine repräsentative Adresse mit außergewöhnlicher Arbeits- und Lebensweltqualität – Einheit und Vielfalt – kaum verbinden.

Alle Abbildungen Seite 44/45:
Stefan Müller-Naumann, München

Elegant schwingt die Fassade des Bürotraktes von der Prinzregenten- in die Bruderstraße, in der sich die Wohnhäuser farblich abgesetzt und gegliedert anschließen. Vor der Kurve ist der markante Einschnitt in den Innenhof: Hier rauscht der Stadtmühlbach unter die Straße.

Werbeagentur Schindler, Parent + Cie.
Architekt: Karl-Heinz Henninger

Flure und Erschließungsgalerien weiten sich immer wieder auf und schaffen Angebote zu Begegnung und Kommunikation.

Arbeiten im modernen Loft: Die Ideenfabrik von SPC am Bodensee

Seit einigen Jahren ist vor allem im Rahmen von Umnutzungen ehemaliger Industriegebäude in Stadtlagen das Arbeiten im Loft populär geworden. Große offene Hallenstrukturen bieten ideale Voraussetzungen, um Arbeitsprozesse, bei denen es vor allem um Koordination, Kommunikation und Kooperation geht, räumlich abzubilden. Vor allem Branchen, deren Produkte aus Ideen und Konzeptionen bestehen, sind heute auf die optimale Verknüpfung der ‚Brainware' ihrer Mitarbeiter angewiesen. Dazu zählen Entwicklungsgesellschaften, Architektur- und Ingenieurbüros und vor allem natürlich Werbeagenturen. Was aber tun, wenn es an einem Standort, der aufgrund seiner beispiellosen Lebens- und Freizeitqualität nicht aufgegeben werden soll, keine derartigen alten Fabrikgebäude gibt? Ganz einfach: Dann wird eben ein modernes Loft gebaut!
Das dachte sich auch die noch relativ junge, aber ungemein erfolgreiche und expansive Werbeagentur Schindler, Parent & Cie, als sie in ihren Räumen in einer Villa der herrschaftlich feudal bebauten Meersburger Uferpromenade am Bodensee buchstäblich aus allen Nähten platzte. Erste Planungen, ein auf dem angekauften Nachbargrundstück stehendes ehemaliges Hotel zu sanieren und umzunutzen, wurden bald verworfen, weil trotz hoher Investitionen kein befriedigendes Ergebnis erzielt worden wäre. So entschieden sich die Agenturgründer Schindler und Parent für einen Neubau, mit dem sie den Konstanzer Architekten Karl Heinz Henninger beauftragten. Kreativität, Kommunikation, perfekte Organisation, Flexibilität, Dynamik und Transparenz waren die Begriffe, die es in der Gebäudestruktur umzusetzen galt. Von außen sollte sich der Baukörper, der direkt unterhalb des historischen Priesterseminars gelegen ist, eigenständig und markant zeigen, sich aber gleichzeitig

Abgetrennt durch Glas- und Wandscheiben ist ein multifunktional nutzbarer Konferenzraum mit Rückprojektionswand und modernster Medientechnik eingerichtet. Mit mobilen Falttischen und weiteren Modulen aus dem Wilkhahn-Programm Confair kann der Raum für unterschiedliche Zwecke genutzt werden, ohne dass aufwändige Umbauten notwendig sind.

Alt und Neu, Innen und Außen finden zu einer harmonischen Verbindung. Sämtliche Arbeitsplätze sind mit dem gleichen Möbelsystem, den filigranen Tischen, mobilen Geräteträgern und prägnanten Stühlen von Wilkhahn in einer durchgängigen Gestaltungshandschrift eingerichtet.

Der Neubau liegt malerisch unterhalb des historischen Priesterseminars. Zur Qualität der Arbeitswelt gehören auch die Wasserfläche und die Dachterassen auf den Seitenflügeln, die vom Dachgeschoss aus begehbar sind.

in die historische Bebauung einfügen und vor allem einen Bezug zu der in die Büronutzung einbezogenen Villa herstellen.

Henninger realisierte eine raffinierte Kombination aus zwei massiven, quaderförmigen Baukörpern mit Lochfassaden, die in ein imponierendes, transparentes ‚Mittelschiff' aus einer Stahl-Glas-Konstruktion mit Giebeldach eingeschoben sind. In den kompakten, zweigeschossigen ‚Seitenschiffen' mit offenem Untergeschoss sind die Mehrpersonen – und Teambüros untergebracht, die transparente Mittelzone, die in der Längsachse den Durchblick auf die alte Villa offen hält, dient der Empfangshalle, der Geschosserschließung, Besprechungsräumen, Teeküchen und im imponierenden Dachgeschoss einem Open Space Arbeitsraum mit einem multifunktionalen Präsentations-, Konferenz-, Workshop- und Schulungsraum.

Die Glasfassaden mit Pfosten-Riegel-Konstruktion wurden in einem optisch neutralen Sonnen- und Wärmeschutzglas mit Holzfenstern zur mechanischen Belüftung und einem ausgeklügelten innen- und außenliegenden Jalousiesystem ausgeführt. Sie sind an den Stirnseiten teilweise mit Holzlamellen versehen, die neben dem Klimaschutz eine Verbindung zum üppigen Grün des Außenraums gewährleisten. Die Gebäude- und Installationstechnik wurde ganz auf die Hightech-Bedürfnisse einer Agentur im Zeitalter der elektronischen Medien zugeschnitten: Durchgängige Hohlraumböden und Doppelbodentrassen, erlauben jederzeit Nachinstallationen und eine flexible Grundrissnutzung.
Die konsequente Gestaltung der Architektur setzt sich in der Innengestaltung fort. Sichtbetondecken wirken hier als Wärmespeicher, flexible, akustisch wirksame Wandscheiben aus blau lackierten, gelochten MDF-Platten zur Raumgliederung werden in den Bürobereichen mit rahmenlosen Glasschiebetüren verschlossen; Edelstahl, Glas, das Hochkantlamellenparkett aus Buchenholz und die durchgängige Möblierung erzeugen in der Mischung aus technischen und natürlichen Materialien eine ausgesprochen angenehme Atmosphäre, die den ‚Geist' der Agentur atmet. Hohe Professionalität und klare Ordnungsstrukturen verbunden mit Lebendigkeit und Kreativität.
Eine Arbeitswelt, die Ein- und Durchblicke gewährt und mit der einmaligen, umgebenden Natur des Bodenseeufers in steter Wechselwirkung steht. Was kann die Kreativität besser befruchten?

Die ganzheitliche und schlüssige Gestaltung von Innenarchitektur und Einrichtung berücksichtigt Form und Funktion gleichermaßen: Blaue Wandscheiben aus gelochtem MDF und die Glasschiebetüren bieten eine hohe Flexibilität für die Raumnutzung. Die Liebe zur Qualität zeigt sich auch in der Treppengestaltung, die mit Glasstufen ausgeführt ist.

Die markante, historisch vereinfacht rekonstruierte Fassade des ehemaligen Telegrafenamts, empfängt die Reisenden am Bahnhofsplatz 1.

Wesentliches Gestaltungselement sind die Worte und Begriffe des Konzeptkünstlers Robert Barry, die über die Innenwände von Fluren und Büros verteilt sind.

Moderne Dienstleistung im historischen Rahmen: Die LHI Leasing GmbH, München

Die Sanierung und Umnutzung von historisch wertvollen Gebäuden in zentralen Innenstadtlagen gehört zu den wichtigsten und gleichzeitig schwierigsten Aufgaben im Rahmen von Stadtplanung, Architektur und Innenarchitektur. Einerseits gilt es hier behutsam mit der bestehenden Bausubstanz umzugehen, um den stadtbildprägenden Charakter zu wahren, andererseits müssen die Gebäude den Anforderungen auch zukünftiger Arbeitsprozesse gerecht werden, damit sie zu lebendigen Arbeitswelten werden und nicht zu musealen Monumenten degenerieren.

Ein besonders gelungenes Beispiel für die Revitalisierung denkmalgeschützter Gebäude ist der Umbau des ehemaligen Telegrafenamts am Bahnhofplatz 1 in München. Die Fassade des Gebäudes, das als einer der wenigen erhaltenen Zeitzeugen die Reisenden am Bahnhofsplatz empfängt, war bei der Fertigstellung 1871 ursprünglich im Stil der Neo-Renaissance gehalten. Im Krieg zerstört wurde sie, typisch für den Münchner Wiederaufbau, in vereinfachter Form rekonstruiert. In teils langwierigen Verhandlungen mit dem Denkmalschutz wurde das Gebäude Ende der 90er Jahre nach Plänen des Münchner Architekturbüros Hoffmann / Amtsberg für eine neue Nutzung umgebaut: Im Erdgeschoss und im 1. Obergeschoss finden sich heute Einzelhandelsflächen und ein Postamt. Das 2. bis 4. Obergeschoss dagegen ist durch eine separate Erschließung über eine Passage und ein neu gebautes, gläsernes Treppenhaus im Innenhof als eigenständiges Büro- und Verwaltungshaus nutzbar. Für die LHI Leasing GmbH boten sich beste Voraussetzungen hier ihre neue Verwaltungszentrale mit 170 Arbeitsplätzen zu etablieren. Die hervorragende Verkehrsanbindung direkt am Bahnhof, die repräsentative Adresse, relativ günstige Mietkonditionen, hohe Flächenwirtschaftlichkeit und die Möglichkeit, innerhalb des historischen Rahmens der Gebäudestruktur die eigenen Wunschvorstellungen beim Innenausbau umzusetzen gaben den Ausschlag für die Standortwahl. Gemeinsam mit den Planungs- und Organisationsberatern der Münchner Congena wurde ein hochmodernes Bürokonzept entwickelt.

Die Ein- und Zweipersonen-Kombibüros sowie die Gemeinschaftszonen mit Bibliothek, Espresso-Bar, Wechselarbeitsplätzen für Trainees, Gäste und Aushilfen und Besprechungsbereichen sind rund um den Innenhof angeordnet. In zwei schräg angesetzten Eckerweiterungen sind Konferenz- und Schulungsräume untergebracht. Eine unter einem Glasdach im begrünten Innenhof liegende Cafeteria schließlich bietet den Mitarbeitern der LHI eine ‚urbane' Möglichkeit sich zu stärken und zu entspannen. Dass im Zuge des Umbaus die Gebäudetechnik und insbesondere die Datenvernetzung auf den allerneuesten Stand der Technik gebracht wurde, versteht sich für ein modernes Dienstleistungsunternehmen fast von selbst: Die durchgängig umgesetzte Kombination von Hohlraum- und Doppelböden zur Leitungsführung bietet alle Spielräume auch zukünftige Anpassungen vorzunehmen.

Der gesamte Innenausbau und die außergewöhnlich anspruchsvolle Gestaltung wurden durch Silvestrin Design in München realisiert. Das Gestaltungskonzept umfasste dabei die Beleuchtung und Lichtführung, die flexible Raumgliederung, die Einrichtung, die Wand- und Fußbodengestaltung sowie die Einbindung der vielfältigen Kunst des New Yorker Konzeptkünstlers Robert Barry, die als selbstverständlicher Bestandteil der Arbeitsumgebung integriert ist. Sein Medium ist das geschriebene Wort. Seine Begriffswelt, die um Worte aus der LHI-Unternehmenskultur ergänzt sind, findet sich verteilt auf Wänden und Glasscheiben in allen Büroetagen wieder. Dadurch gewinnt jeder Bereich trotz der flächenwirtschaftlich notwendigen Standardisierung seine eigene Identität. Daneben ist das Zusammenspiel von Licht und Materialien prägendes Merkmal, um Orientierung und Zuordnung zu bieten: Illusionäre Oberlichter in den abgehängten Decken sorgen in den Gemeinschaftszonen für eine gleichmäßige Grundausleuchtung. Abgehängte Downlights und Wandleuchten akzentuieren die verschiedenen Funktionszonen. Ein zentrales Licht-Managementsystem steuert in den Büros die Grundausleuchtung in Abhängigkeit vom Tageslicht. Über zuschaltbare zweite Lichtreihen, können die Mitarbeiter ihr Lichtmilieu individuell gestalten. Die Mittelzonen sind als ‚halb öffentliche' Bereiche mit wertigem Holzparkett belegt, die Büros und die davor liegenden Streifen mit Teppichboden. Während bei den Systemtrennwänden für die Kombibüros auf Serienprodukte des Herstellers Strähle zurückgegriffen wurde, stand für die Wandorganisation mit Borden und Schränken keine geeignete Möblierung zur Verfügung. Sie wurde nach Entwürfen von Silvestrin Design vom Hersteller extra angefertigt. Die Mitarbeiter von LHI wurden über eine Serie von speziellen Newslettern schon während der Planungsphase über die Hintergründe, die Büro- und Gestaltungskonzepte und den aktuellen Stand des Umbaus informiert. Als sie nach nur knapp einem Jahr Umbauzeit die insgesamt 4400 m^2 Büro-, Sonder- und Erschließungsflächen bezogen, waren sie daher bestens vorbereitet ihre neue Arbeitswelt zu genießen. – Auch das gehört dazu, wenn sich Alt und Neu in der Arbeitswelt zu einer gelungenen Symbiose verbinden sollen.

Das Kombibüro-Konzept gibt jedem Mitarbeiter Privatheit und Ungestörtheit für seine konzentrierte Einzelarbeit. Die Vollverglasung zur Gemeinschaftszone und eine Teilverglasung zu den Nachbarbüros gewährleistet gleichzeitig die notwendigen Blickbeziehungen.

Auch die Zwischenwände der Einzelbüros sind verglast, um den Kontakt zu den ‚Nachbarn' zu halten und die Fassade als Ganzes zu visualisieren.
Die von BRT entworfenen Schränke sind mit orangefarbenen Laminatfronten versehen.

Scholz + Friends Hamburg
Architekten: BRT Architekten

Transparente Innenwände entlang der Flure mit Einzelbüros sorgen für eine Öffnung der Räume. Um bei Bedarf ausreichende Diskretion zu gewährleisten, sind sie mit Alu-Jalousien ausgestattet.

Einen Eindruck, den niemand vergisst, hinterlässt der abgehängte, quaderförmige Konferenz-Container in der Vorstandsetage. In diesem ‚Raumschiff' werden die Zukunftsstrategien für den öffentlichen Auftritt der Kunden und des eigenen Unternehmens besprochen.

Plexiglas, Edelstahl, die bauseitige Integration modernster Medientechnologie, die Zonierung auch über die Fußbodenbeläge und das subtile Beleuchtungskonzept machen die Räume zu einem ästhetischen Erlebnis.

Profilierung im anonymen Investoren-Projekt

Die Stadt Hamburg verfügt mit großen Industriebrachen am weitläufigen Hafengelände über einzigartige Erweiterungsflächen des Stadtkerns. Im Rahmen der Stadtentwicklung entstehen hier sukzessive neu Büro- und Verwaltungskomplexe, die aufgrund der Zentrumsnähe und der attraktiven Lage am Elbhafen bevorzugt von Hightech-Unternehmen und von Firmen aus der Werbe- und Medienbranche genutzt werden. Diese Standortvorteile gaben auch für Scholz & Friends, eine der führenden und dynamisch wachsenden Multimedia- und Werbeagenturen in Deutschland, den Ausschlag, ihr Quartier im Hanseatic Trade Center (HTC) an der Kehrwiederspitze des Hamburger Hafens zu beziehen.
Der Gebäudekomplex des HTC besteht aus einem Gebäuderiegel an der Uferlinie des Sandtorhafens mit nach Norden gerichteten Kammvorbauten. Innerhalb von nur sechs Monaten wurde einer der Gebäudekämme mit sieben Geschossen und ca. 5500 m^2 Gesamtflächen im Rahmen des Mieterausbaus für die Belange der Agentur ausgestaltet. Neben der Installation einer leistungsfähigen Infrastruktur für die Informations- und Kommunikationstechnologie ging es hierbei vor allem um die Umsetzung eines für die Arbeitsprozesse der Agentur optimalen Büroraumkonzepts und um eine dem Selbstverständnis entsprechende Innenraumgliederung und -gestaltung. Insbesondere sollte die für viele Investoren-Projekte typische, ‚gesichtslose' architektonische Struktur im Inneren einen unverwechselbaren Charakter erhalten, der die Werte eines modernen Hightech-Unternehmens der Medienbranche mit offener und kommunikationsfördernder Unternehmenskultur widerspiegelt. Mit der Konzeption, Planung und Ausführung wurde das Hamburger Architekturbüro BRT Architekten Bothe Richter Teherani beauftragt, das sich mit besonders kreativen, in ihrer Einfachheit bestechenden Lösungen weit über Hamburg hinaus einen Namen gemacht hat.

Als Organisationskonzept wurde eine Lösung entwickelt, die in ihrer Funktionalität einem Kombibüro ähnelt: Die offene Großraum-Mittelzone im Gebäudekamm dient als Kreativbereich, der die Zusammenarbeit und Kommunikation innerhalb der und zwischen den ‚Families' – wie die Arbeitseinheiten bei Scholz & Friends genannt werden, fördert. Fassadenseitig sind seitlich Einzelbüros angeordnet, die den Creativ-Directors und Textern die nötige Ruhe und Abschirmung für konzentrierte Einzelarbeit bieten. Die Einzelbüros im Gebäuderiegel sind den leitenden Funktionen der Families und dem Controlling vorbehalten. So kann sich die Führungsstruktur des Unternehmens horizontal und vertikal ideal abbilden. Pro Etage sind ein Besprechungsraum sowie zwei arbeitsplatznahe Kopierräume integriert. Das Zentralarchiv und die Etagenpantry sind als informelle Begegnungsstätten in halb öffentlichen Bereichen positioniert. Eine Cafeteria, die auch für Präsentationen und interne Feiern genutzt werden kann, und zentrale Server-Räume komplettieren in der Empfangsebene die Infrastruktur.

Um die kleinteilige Wirkung der Gebäudegliederung aufzubrechen, die sich in Lochfassade und vorgegebener Mieterraumstruktur spiegelte, entwickelte BRT ein ‚Schichten-Modell'. Die flexiblen Wände der Einzelbüros, die Veränderungen der Raumstruktur innerhalb eines Tages gewährleisten, sind komplett in Glas ausgeführt. Dadurch wird die Fassade als äußerste Schicht in ihrer Gesamtheit wahrnehmbar. Die nächste Schicht nach Innen bildet ein von BRT entworfenes, durchlaufendes Sideboard als Stauraum. Dann folgen Arbeitsbereiche, Glasflur-

Das Gesamt-Konzept für die Innenraumgestaltung verbindet eine großzügige Raumwirkung mit kleinteiligen, in Augenhöhe abgeschirmten Funktionsflächen. Die Raumelemente und ein Großteil der Einrichtung wurden nach Entwürfen von BRT speziell angefertigt.

Bis zu 30 Personen finden in dem Konferenzgehäuse Platz. Die verglasten und mit lamellenähnlichen Alublechen verkleideten Seitenwände erlauben einen freien Ausblick in den Sekretariats-Großraum und durch die Fassadenverglasung nach außen.

Die Konferenzräume für Kundengespräche sind mit Wandscheiben aus rotem Isolierglas abgeschirmt. Das schafft Transparenz und durch die Farbwahl gleichzeitig das Gefühl von Intimität.

wände, Flure bzw. Großräume und die zentralen Technikblöcke.

Das Farb- und Materialkonzept ist auf das Corporate Design abgestimmt, wobei die ‚Hausfarbe' Gelb sparsam und dadurch besonders akzentuiert eingesetzt ist. Alu-Jalousien und alufarbene Fronten der Sideboards, orangerote Kunststofflaminatflächen der Schränke, lackiertes Plexiglas und Edelstahl am Empfangstresen, Edelstahlgewebe an den Technik- und Sanitärblocks, transluzente Abschirmungen aus rotem Isolierglas für die Kundenbereiche, hellgrauer Teppichboden in den Büros und dunkelblaues Linoleum in den Verkehrs- und Sondernutzungsflächen – alle Materialien, Formen und Farben ergeben im Zusammenspiel mit einem ausgeklügelten Beleuchtungskonzept eine faszinierende Atmosphäre, die technologische Präzision mit Optimismus und Modernität verbindet. Spektakuläres ‚Herzstück' des Unternehmens ist im bis zu 5,50 m hohen siebten Obergeschoss – der Vorstandsetage – ein von der Decke abgehängter ‚Konferenz-Container', der auch über ein vorhandenes, separates Treppenhaus begehbar ist. Er besteht aus einer Stahlkonstruktion, die mit Alublechen verkleidet ist und über raumhohe Glaselemente verfügt. Ausgestattet mit modernster Konferenztechnologie bietet er bis zu 30 Personen Platz.

Das neue Domizil von Scholz & Friends am Hamburger Hafen ist für 300 Arbeitsplätze ausgelegt. Die derzeit etwa 280 Mitarbeiter verfügen über nahezu ideale Arbeitsbedingungen an einem äußerst attraktiven Standort – und BRT hat das Kunststück fertig gebracht dafür innerhalb einer eher banalen Gebäudehülle eine unverwechselbare und ausdrucksstarke Arbeitswelt zu schaffen.

Anmerkungen

1 vgl. Büro International, Handbuch moderne Bürogestaltung, Detmold 1984
2 im Vorwort zu: Riewoldt, O.: New Office Design. Ohne Ortsangabe, 1994
3 Streitz, N., Remmers, B. u. a. (Hrsg.), Arbeitswelten im Wandel – fit für die Zukunft?, Stuttgart 1999, S. 13f
4 Duffy, F. in: Riewoldt, O.: New Office Design. Ohne Ortsangabe, 1994, S. 12ff
5 siehe dazu das Vorwort von: Wiener, A.: Das Warenhaus. Kauf-, Geschäfts-, Büro-Haus. Berlin 1912
6 ebenda, S. 325ff
7 siehe dazu: Fritz, H.-J.: Menschen in Büroräumen. München 1982
8 siehe dazu: Seeger, H.: Bürohäuser der privaten Wirtschaft. Leipzig 1933, S. 7
9 Franz, W.: Das Bürohaus. Eine Sammlung von Verwaltungs-Gebäuden für Behörden, für Handel und Industrie. Leipzig 1924, S. 61
10 Gottschalk, O.: Flexible Verwaltungsbauten. Entwurf Ausbau Einrichtung Kosten Beispiele, Quickborn 1963, S. 14
11 Geberzahn, W. O./Redemann, P.: Der Arbeitsplatz im Büro. Aspekte moderner Bürogestaltung, Landsberg/Lech 1994, S. 33
12 siehe dazu: ebenda S. 34
13 in: Novotny, F. (Hg.): Bürogestaltung + Gesundheit. Baden-Baden 1982, S. 180ff
14 siehe dazu: Geberzahn, W. O. (Hrsg.) Arbeiten in der Gruppe, Konzeption und Wirklichkeit des ÖVA-Bürohauses in Mannheim, Braunschweig/Wiesbaden 1995
15 Helmut Striffler, in: IHK Berlin, Deutscher Werkbund Berlin e.V (Hg.): Büroarbeit von morgen in den Büros von heute?, Berlin 1997, S. 205
16 vgl. dazu: Büro International: Handbuch moderne Bürogestaltung/The Manual of Modern Office Design/Le manuel de l'aménagement moderne de bureau, Detmold 1984.
17 Zukunftsstrategie Kombi-Büro. Chancen für Architektur und Organisation. München 1994, S. 37
18 Geberzahn, W. O./Redemann, P.: Der Arbeitsplatz im Büro. Aspekte moderner Bürogestaltung. Landsberg/Lech 1994, S. 36f
19 Zukunftsstrategie Kombi-Büro. Chancen für Architektur und Organisation. München 1994, S. 31
20 siehe dazu: Rolf Fehlbaum, in: Branzi, A./De Lucchi, M./Sottsass, E.: Citizen Office. Ideen und Notizen zu einer neuen Bürowelt, Weil am Rhein 1994, S. 8
21 Ebenda, S. 28
22 siehe dazu: Englich, G., Remmers, B.: Edition Wilkhahn, konferieren, diskutieren, lernen, Einrichtungs-Handbuch für Kommunikationsräume, Bad Münder, 1998
23 siehe dazu: Riewoldt, O.: New Office Design. Ohne Ortsangabe, 1994.
24 Burkhard Remmers, in: IHK Berlin, Deutscher Werkbund Berlin e.V (Hg.): Büroarbeit von morgen in den Büros von heute?, Berlin 1997, S. 83ff
25 „Commuting to office work is obsolete. It is now infinitely easier, cheaper and faster to do what the nineteenth century could not do: move information, and with it office work, to where the people are." in: Riewoldt, O.: New Office Design. Ohne Ortsangabe, 1994.
26 Burkhard Remmers, in: Streitz, N. u. a. (Hrsg.): Arbeitswelten im Wandel – fit für die Zukunft?, Stuttgart 1999, S. 39
27 siehe dazu: Barbara Tietze, in: IHK Berlin, Deutscher Werkbund Berlin e.V. (Hrsg.): Büroarbeit von morgen in den Büros von heute?, Berlin 1997, S.134f
28 Norbert Streitz u. a., in: Streitz, N. u. a. (Hrsg.): Arbeitswelten im Wandel – fit für die Zukunft?, Stuttgart 1999, S. 22
29 siehe dazu: Norman, D. A.: The invisible Computer, Cambridge, Massachusetts, London, 1998
30 Norbert Streitz u. a., in: Streitz, N. u. a. (Hrsg.): Arbeitswelten im Wandel – fit für die Zukunft?, Stuttgart 1999, S. 27ff
31 siehe dazu: Streitz, N., Konomi S., Burkhardt, H.-J. (Hrsg.), Cooperative Buildings, proceedings CoBuild'98, Darmstadt, Germany, February 1998, Berlin/Heidelberg/New York 1998 und: Streitz, N. A., Siegel, J., Hartkopf, V. (Hrsg.), Cooperative Buildings, proceedings CoBuild'99, Pittsburgh, USA, Oktober 1999, Berlin/Heidelberg/New York 1999
32 aktuelle Informationen dazu unter: www.ambient-agoras.org
33 siehe dazu: Flagge, I. (Hrsg.): Boehringer Ingelheim Center, Tübingen/Berlin 2001
34 siehe dazu: Steidle + Partner: Wacker-Haus, München, Stuttgart/London 1998

Alle Abbildungen Seite 48/49: Klaus Frahm, artur, Köln

Peter Lorenz
Dr. Ing., Freier Architekt
1955 geboren in Stuttgart.
1977–82 Studium der Architektur und Stadtplanung an der Universität Stuttgart und der University of California, Berkeley.
Seit 1982 Tätigkeit als Architekt in mehreren Planungspartnerschaften.
Arbeitsschwerpunkte: Büro- und Gewerbebau, Wohnungs- und Siedlungsbau sowie Planen und Bauen für alte Menschen.
1985 Promotion zum Dr. Ing. und Preis der Freunde der Universität Stuttgart.
Seit 1988 zahlreiche Fachbuchveröffentlichungen (u. a. ‚Banken und Sparkassen' Verlagsanstalt Alexander Koch GmbH), Beiträge zu Fachzeitschriften und Fachvorträge zu Themen des Planens und Bauens.
Seit 1999 Planungsbüro Dr. Lorenz Architekten, Esslingen/Stuttgart.

Banking

Banken und Sparkassen

Ursprünglich war Innenarchitektur kein Thema für den Geldmarkt – es gab keine eigenen Innenräume hierfür. Geldgeschäfte wurden im Altertum auf Messen unter freiem Himmel getätigt, auf der ‚banca', dem Tisch des Geldwechslers. Im Mittelalter empfingen die Privatbankiers aus dem Hause Medici oder Fugger ihre erlesenen Privatkunden in den Salons ihrer Paläste. Erst mit der industriellen Revolution im 18. und 19. Jahrhundert entwickelten sich eigene Funktionsgebäude und eigene Innenräume für das Geldgeschäft, deren elitärer Repräsentationsanspruch sich zumeist in klassische Formen kleidete: Schwere Säulenordnungen und Anleihen bei griechischen oder römischen Tempelbauten charakterisieren die Bankpaläste dieser Zeit. Otto Wagner setzte mit seinem klar strukturierten und ornamentreduzierten Innenraum für die Kundenhalle des Postsparkassenamtes in Wien kurz nach der Wende zum 20. Jahrhundert hierzu einen Gegenimpuls im Vorfeld der Moderne.

In der Innenarchitektur von Banken und Sparkassen der letzten 50 Jahre in Deutschland lassen sich unterschiedliche Phasen der Entwicklung erkennen, die jeweils auch in engem Bezug zu gesellschaftlichen und wirtschaftlichen Entwicklungen stehen. Hierbei setzen Bankgebäude aufgrund der Zeiträume, die für Planung und Bau benötigt werden – vielleicht aber auch aufgrund einer eher konservativen Vorsicht der Bauherren – Zeitströmungen meist erst mit Zeitverzug in neue Formen um – zu einem Zeitpunkt, an dem nicht selten der Zeitgeist schon wieder neue Wege geht.

Die spezifische Innenarchitektur des ‚banking' lässt sich dabei in erster Linie an der Gestaltung und Ausformung der Kundenhalle ablesen, die Bankgebäude von anderen Büro- und Verwaltungsgebäuden unterscheidet.

In der Folge wird die Entwicklung der Innenarchitektur von Banken beschrieben, wie sie sich in den westlichen Bundesländern vollzog. Auf dem Gebiet der früheren DDR unterblieb diese Entwicklung bis 1990. Banken und Sparkassen entwickelten sich hier nicht in dem Maße wie im Westen in der Konkurrenz am freien Markt, sie erfuhren keine tief greifenden organisatorischen Veränderungen, die zu veränderter Innenarchitektur geführt hätten, sie mussten auch nicht ein breites Beratungs- und Serviceangebot vorhalten, sondern beschränkten sich auf Geldverwaltung und Zahlungsverkehr. Für Banken wurden in der DDR kaum Neubauten errichtet, bis 1990 prägen in der Regel durchlaufende Tresen mit strikter Trennung zwischen Kunden- und Personalbereich die Kundenräume. Kassen wurden nicht gesondert gesichert – Bankraub war kein Thema. Ab 1990 erfolgte dann nach der ‚Wende' auf dem Gebiet der ehemaligen

Kreissparkasse Aachen 1958
Architekt: S. Reitz

Sparkasse Seligenstadt 1956
Achitekt: G. Balser

Der Internationale Stil der Moderne prägt die Innenräume vieler Bankneubauten der 50er und 60er Jahre, wenngleich die Plüschgemütlichkeit so manchen Direktorenzimmers im Widerspruch steht zu den klaren Linien in den Schalterhallen.

DDR eine sprunghafte Weiterentwicklung im Bankenbau. Es wurde massiv in Neubauten investiert, Organisationsformen des Geldverkehrs und das Dienstleistungsangebot wurden dem neuesten Stand in den alten Bundesländern angeglichen, Innenarchitektur und Innenarchitekten erhielten einen völlig neuen Stellenwert.

Die Phase der internationalen klassischen Moderne der 50er und 60er

Das Geldwesen war in Deutschland in den ersten Jahrzehnten nach dem Zweiten Weltkrieg geteilt wie das Land selbst. Grundlage des Bankenwesens in den westlichen Bundesländern war die 1948 durchgeführte Währungsreform mit der Bank Deutscher Länder, die später in die Deutsche Bundesbank übergeführt wurde. Auf dem Gebiet der DDR wurde zunächst die Deutsche Notenbank etabliert, die 1968 in die Staatsbank der DDR gewandelt wurde.

Nach erster Not und Wiederaufbau setzte überraschend schnell das westdeutsche ‚Wirtschaftswunder' ein mit steigendem Konsum und Wohlstand. Ab 1957 konnten Bankunternehmen auch ohne behördliche Genehmigung Filialen eröffnen. Mit der Einführung des bargeldlosen Zahlungsverkehrs – unter anderem auch für Lohngelder – kam das Mengengeschäft. So verdoppelte sich im Westteil Deutschlands von 1957–1977 die Zahl der Bankzweigstellen.
In den 50er und frühen 60er Jahren setzte sich die moderne Architektur des Internationalen Stils in Deutschland vor allem im Geschäftshaus- und Bürobau weit gehend durch. Den Schatten der Blut- und Boden-Zeit sollte ein neues Bauen entgegengesetzt werden – Einflüsse der Siegermacht USA waren auf allen Gebieten unübersehbar.

Auch ein Großteil neuer Bankbauten dieser Zeit steht im Zeichen der klaren Formen der Nachkriegsmoderne. Büroräume sind geprägt von durchlaufenden Fensterbändern im Skelettbau, die Innenräume der Schalterhallen zeigen zumeist klare rechtwinklige Grundkonzeption und Übersichtlichkeit sowie klassische Reduzierung. Deckenuntersichten sind meist flächig-eben als Putzdecken ausgebildet, Wand und Boden von sehr zurückhaltender Farbigkeit: Weiße Putzflächen und die Materialfarbe von Natur- oder Kunststeinbelägen herrschen vor. Raumhoch verglaste Fassaden und schlanke Stützen verhelfen den Innenräumen der neuen Banken der 50er und 60er zu Helligkeit und Leichtigkeit.

Die Inneneinrichtung steht zumeist noch in Kontrast zur neuen Offenheit der Architektur: In den Schalterhallen trennen massiv-durchlaufende Tresen Kunden und Mitarbeiter streng voneinander ab – dunkler Nussbaum oder Teak betont die Barrikaden. In den Direktionszimmern und Sitzungsräumen herrscht gutbürgerliche deutsche Wohnzimmerstimmung: Kronleuchter erhellen rundliche Holztafeln, Satinvorhänge rahmen die Fenster, die obligatorischen Gummibäume füllen Raumecken.

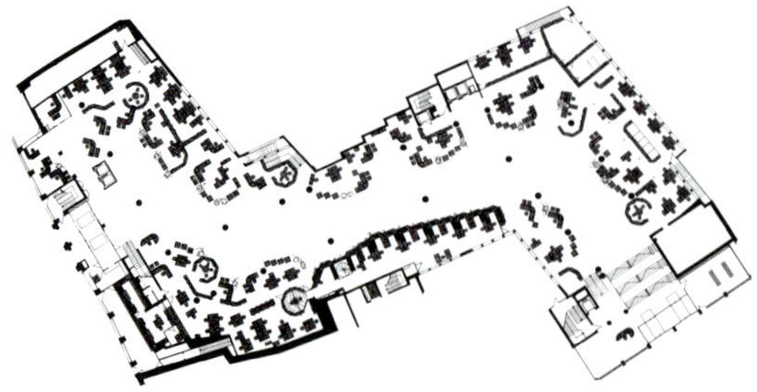

Sparkasse Aachen 1968
Architekt: J. Rohner/
Bauabteilung der Sparkasse Aachen

Sparkasse Schwelm 1972
Achitekt: Prof. Deilmann

Bunte Farben, neue Formen – die strenge Klarheit der klassischen Moderne wird auch in der Innenraumgestaltung abgelöst.

Kieler Sparkasse 1970
Architekten: Zerbe + Oesterreich

Neue Formen-, Farb- und Materialvielfalt in den 60er und 70ern

Seit den 68er-Studentenunruhen wuchsen zwar kritische Stimmen an der „Wirtschaftswunderzeit" und auch die Energiekrise 1973/74 setzte ein Warnzeichen, aber noch immer wurde alles Neue begierig und unkritisch konsumiert. Es war die Zeit der bunten Pop-Kultur und des endgültigen Abschiedes von Kriegs- und Nachkriegszeit. Man gönnte sich, was man konnte. Auch im Bauen wurden der neue Wohlstand und der Wunsch nach neuer Vielfalt umgesetzt: Die klaren Formen der Moderne mit ihrem reduzierten Farb- und Materialkanon wurden überformt mit dem 45-Grad-Winkel und neuer Baustoffvielfalt. Ein neuer Stil konnte dabei jedoch nicht entstehen – eher eine neue Vielheit.

Die Banken blühten auf angesichts des wachsenden Wohlstandes, hatten aber auch Probleme mit neuen Begehrlichkeiten: Die Zahl von Banküberfällen hatte drastisch zugenommen, weshalb 1966 die „Unfallverhütungsvorschrift Kassen" erlassen wurde mit der Forderung nach hermetisch vom Kunden durch schusssicheres, unübersteigbares Glas abgetrennten Kassenblöcken. Diese bildeten fortan neue Raumelemente der nun nicht mehr Schalter-, sondern Kassenhalle genannten Öffentlichkeitsbereiche der Bank. Die Einführung der marktorientierten Aufbauorganisation (MAO) führte dann Mitte der 70er Jahre zu einem weiteren Aufbrechen der durchlaufenden Schaltertresen: Lockere Einrichtungs- und Arbeitsinseln entwickelten sich in der Kassenhalle nach den Modellen der 1er-, 2er- oder 3er-Lösung, die sich in der Zusammenfassung der Funktionen Beratung, Bedienung und Kassengeschäft unterschieden. In der Abkehr vom rechten Winkel wurden für die Kassenhallen freiere, fließende Innenräume gesucht, weiche 45- und 60-Grad Winkel überspielten Ecken und Kanten, auch im Schnittbild wurde die klare Raumkante aufgehoben durch Schrägverglasungen, Oberlichter und Raumtragwerke.

Zur Auflockerung der Raumformen trat die neue Vielfalt der Materialien: Textile Wandverkleidungen und großformatige, offene Rasterdecken verdrängten die guten alten Putzflächen, kräftig gemusterte Teppichböden ersetzten zurückhaltenden Naturstein. Neue exotische Hölzer hielten Einzug in die Kassenhalle und traten neben die Vielheit der anderen Materialien, die nun auch nicht mehr nur in ihrer eigenen Materialhaftigkeit wirkten, sondern vielfach verfremdet, gebeizt, eloxiert oder auch kunststoff-kaschiert wurden.

Stadtsparkasse Köln 1975
Innenarchitekt: Prof. Lederbogen

Raiffeisenbank Hammelburg 1982
Architekten: Bieler, Schick, Wlodarsch

Formale Beruhigung und abgestimmte Gesamtkonzepte in den 70ern und 80ern

Um die Mitte der 70er Jahre geriet die Euphorie des Nachkriegswirtschaftswunders ins Stocken, Alternativbewegungen kritisierten die Sinnleere des Materialismus, Bürgerinitiativen wiesen hin auf vergessene Lebensqualitäten.

In der Architekturszene provozierten die ersten selbst ernannten ‚Postmodernen'. Sie setzten sprechende Formen – oft allzu platt übertragen aus anderen Zusammenhängen oder Zeitepochen – gegen die ausufernde und gesichtslose Formen- und Materialvielfalt der Nachmoderne. Die Rationalisten forderten klare Strukturierung, Maßstab und Typus. Im Städtebau wurde die Notwendigkeit zur Schaffung von Zusammenhang und Ort wieder entdeckt, auch zur Weiterentwicklung vorhandener historischer Bausubstanz im kulturellen Kontinuum – die ursprünglichen Grundansätze der Moderne mit dem Typus des Solitärs waren im verdichteten Bauen gescheitert.

Die Grenzen des Individualismus erkannten auch viele Banken: Sie verfügten nun teils über eine Vielzahl von Filialen, die es als ‚Firmenfamilie' gegen die Mitbewerber abzugrenzen galt, mit eigenem Wiedererkennungswert – erste Corporate Design Konzepte wurden ab etwa 1975 umgesetzt. Buntheit und Vielfalt der Materialien wurden dabei im guten Sinne wieder reduziert und harmonisiert in Farbreihen. In der stilistischen Verunsicherung der Zeit entstanden leider meist Kompromisse: Trübe beige-braune Töne ziehen sich durch die Inneneinrichtungen von Banken dieser Mooreichezeit. Die einzige Frische zeigten noch die Aluminiumprofile der Systemmöbel.

Die Besucher/-innenräume der Bank wurden nun endlich Kundenhallen genannt – durch die Einführung neuer Techniken der Geldsicherung waren baulich gesicherte Kassenblöcke vielfach nicht mehr nötig. Die neuen Kundenhallen zeigten trotz Auflockerung der Möblierung in Kundeninseln zunehmend das Bedürfnis nach neuer Klarheit und innerer Mitte durch Beruhigung der Raumgeometrie auf ein Zentrum hin anstatt der frei fließenden Räume der Vorphase.

Ein Detail sei nicht unerwähnt: Pflanzen treten seit dieser Zeit vermehrt als wichtige Elemente der Innenraumgestaltung auf und dies nicht nur in Einzelkübeln, sondern auch in richtigen Pflanzinseln.

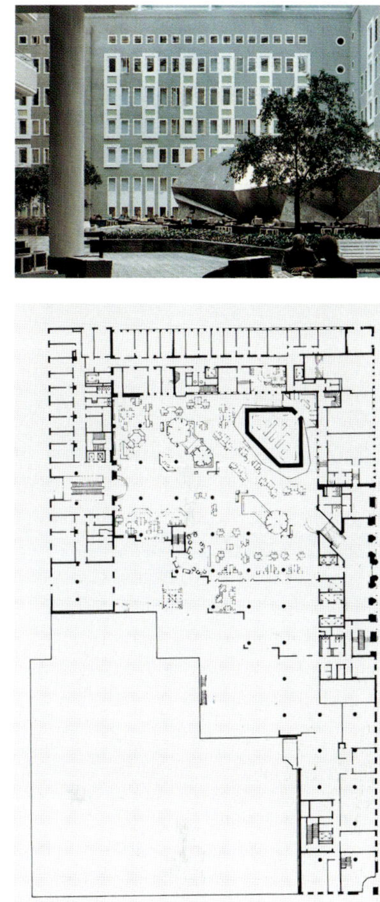

Dresdner Bank Düsseldorf 1985
Architekten: KSP Kraemer, Sieverts + Partner
Innenarchitektin: Birkelbach

Landeszentralbank Hessen Frankfurt 1988
Architekten: Jourdan, Müller, Albrecht, Berghof, Landes, Rang

Durchgängige Gestaltkonzepte (Corporate Identity) und die Setzung von Schwerpunkten beeinflussen die Innenraumgestaltung von Banken in dieser Zeit.

Sparkasse Kirchheim 1986
Architekten: Beyer, Weitbrecht, Wolz

Sparkasse Leinfelden 1985
Architekten: Vogel + Vonnak

Raiffeisen- und Volksbank Mutterstadt 1985
Architekten: Lorenz + Unold

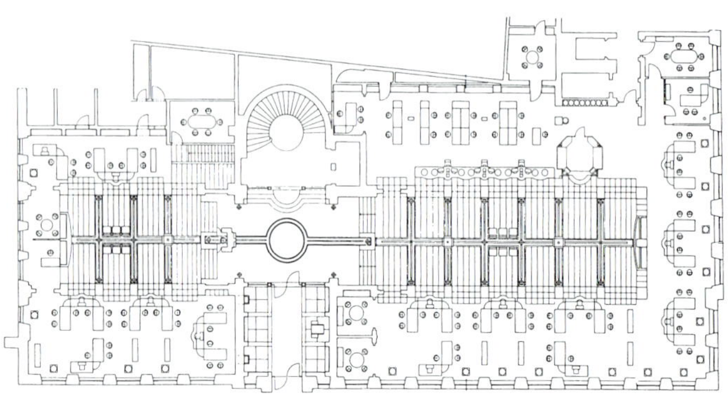

Dresdner Bank Stuttgart-Schloßplatz 1985
Architekten: Kammerer + Belz, Kucher + Partner

Reduktion der Formenvielfalt, Einbeziehung von Tageslicht und die Wiederentdeckung der Farbe Weiß prägen Innenräume der 80er und 90er Jahre im Bankenbau.

Wiederentdeckung von Materialcharakter, Licht und Klarheit in den 80ern und 90ern

In den 80er und 90er Jahren haben sich so manche Werte im Vergleich zur Nachkriegszeit einschneidend gewandelt: Aus steilem Wachstum wurde Stagnation, zunehmendes Natur- und auch Gesundheitsbewusstsein erwuchsen aus verstärkter Sensibilisierung für die Umwelt, wie viele andere Institutionen gerieten auch Banken immer wieder in die Kritik einer misstrauischeren Öffentlichkeit. Der Fall der Mauer und der anschließende „Aufbau Ost" wurden zum herausragenden historischen Ereignis der Zeit mit großen Bauaufgaben auch für die Banken in Folge.

In der Architektur entwickelten sich unterschiedliche Stilmoden nebeneinander, unter anderem Dekonstruktivismus, Minimalismus oder postmoderner Formalismus. Fast allen gemein ist die Suche nach bewusster formaler Gestaltung mit neuen Mitteln. Im Städtebau setzte sich das Bauen im Kontext weiter durch, auch Banken bemühten sich zunehmend um Einbindung und Ortsbezug für ihre Bauten, auch um sensiblen Umbau historischer Bausubstanz. Den divergierenden -Ismen der Architekturmoden folgten sie klugerweise nur selten bis ins Extrem, sondern suchten in aller Stilunsicherheit der Zeit eher einen modernen Mainstream für die Eigendarstellung.

Neue organisatorische Impulse für die Innenarchitektur der Bank kamen unter anderem aus der Einführung der neuen Unfallverhütungsvorschrift Kassen 1988 mit weiteren Freiheiten für die Kassengestaltung infolge optischer Raumüberwachung, aber auch durch den weiteren Ausbau der Kundenselbstbedienung. Der SB-Bereich ist seither eine wichtige Raumgruppe mit Gestaltungsanspruch im Eingangsbereich der Bank, darüber hinaus entstanden neue Bautypen mit den SB-Filialen der Banken in Geschäftszentren oder an Verkehrsknotenpunkten.

Die Innenraumgestaltung von Banken und speziell von Kundenhallen dieser Zeit zeigt die Fortsetzung der Entwicklung zu klareren Grundgeometrien des Raumes, nun aber angereichert durch kontrastierende Sekundärkonstruktionen: Es finden sich zunehmend transparente und mehrschichtige Raumteilungen, Stege kreuzen die Lufträume von Kundenhallen. Bei der Inneneinrichtung setzen gelegentlich frei geschwungene Mobiliarinseln Kontraste zur beruhigten Grundform des Raumes und der übrigen ruhigen Mobiliaranordnung in rechtwinkligen Formen.

Die oft schwere Farbstimmung und Künstlichkeit der Materialoberflächen früherer Jahre verschwindet: Die Farbe Weiß hält wieder Einzug in die Räume der Bank, naturbelassene Materialien wie Stein oder helle Hölzer werden bevorzugt, schlanke Metall/Glas-Konstruktionen sorgen für Frische. Pflanzen umwerben die wieder naturbetonten Kunden unter großzügigen Oberlichtverglasungen in den Kundenhallen.

Dresdner Bank Berlin-Pariser Platz 1997
Architekten: gmp von Gerkan, Marg + Partner
Klare Geometrie und filigrane Konstruktion prägen den großzügigen, zentralen Innenraum dieser Bank als Identifikationspunkt für Mitarbeiter und Kunden.

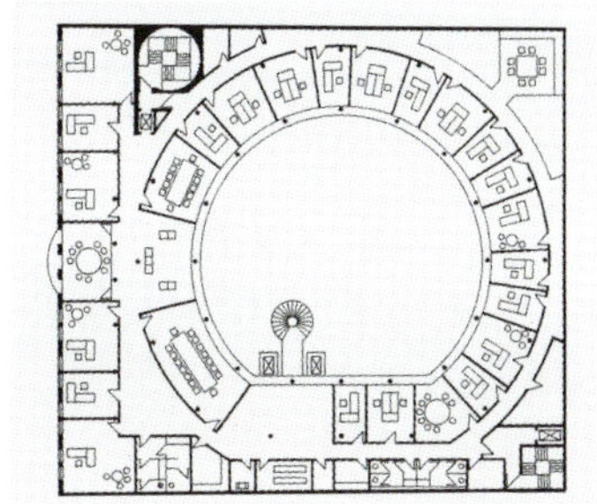

Hightech, Reduktion und Neue Expressivität – Elemente und Vielfalt der Innenarchitektur von Banken am Beginn des 21. Jahrhunderts

Am Anfang des 21. Jahrhunderts sprechen viele schon davon, dass die – in Deutschland doch noch gar nicht fertig entwickelte – Dienstleistungsgesellschaft sich nun schon zur neuen Informationsgesellschaft gewandelt habe. In der Tat sind Kommunikation über Computer und Informationsaustausch über neue Medien zur Selbstverständlichkeit geworden – auch das online-banking und erst recht der schnelle Stopp am ‚Geldautomaten', der größere Aufenthalte in Bankgebäuden für Routinegeldgeschäfte gar nicht mehr erfordert. Information im Überfluss alleine kann jedoch keine produktive Grundlage für das Überleben einer Gesellschaft sein, sondern nur die Nutzung von Informationen und neuen Medien für effektive Dienstleistungen und moderne, Umwelt erhaltende Produktion und Lebensraumsicherung für die Menschheit ganz generell. Dienstleistung am Menschen ist ein Grundpfeiler des ‚banking', dessen Angebot von den führenden Unternehmen beständig ausgebaut wird – man denke nur an gegenwärtige Fusionen mit Versicherungen. So wird es neben dem privaten Internet-Anschluss immer auch der Bauten und Räume bedürfen zur persönlichen Beratung und Dienstleistung von Fachleuten in den existenziell wichtigen finanziellen Fragen des Privat- und auch des Firmenkunden.

Auch zur Jahrtausendwende entwickeln sich noch mehrere Architekturtendenzen parallel zueinander, die allzu formalistischen -Ismen der Postmoderne wurden jedoch abgelöst durch eine Formensprache, die an die Moderne in ihren Anfängen anzuknüpfen sucht und sie weiterentwickelt mit Hightech-Elementen, Motiven des ökologischen Bauens, teils aber auch mit expressiven formalen Elementen. Transparenz ist ein Leitziel der Gestaltung, coole Optik liegt im Trend. Oft wird dies – auch bei Banken – in einem Spagat zwischen Einordnung und Selbstdarstellung realisiert, denn in der städtebaulichen Haltung zeigen sich nun neben angepassten Blockstrukturen vermehrt auch wieder Solitärbauten – auch dies ein Anknüpfungsmerkmal an die klassische Moderne.

Die Kundenhallen zeigen die Trends der Zeit im Bankenbau: Über meist mehrgeschossigen Innenräumen mit klaren Grundgeometrien spannen sich schwerelose Glasdächer, Transparenz durch Stahl-/Glas-Konstruktionen wird insgesamt zum Leitmotiv der Innenarchitektur: Bedruckte Glaselementwände trennen Büros wie leichte Schleier ab, selbst Brücken und Stege erhalten Glasböden. Edelstahl und Naturstein sind weitere bevorzugte Materialien, kontrastiert wird die Hightech-Coolness durch körperhafte Sichtbeton- oder Putzflächen sowie durch reichlich Holz in hellen Tönen. Möbelklassiker im Stile von Breuer oder Eames betonen die neue Eleganz – Einzelstücke in plüschigem Retrodesign bestätigen diese Regel als Ausnahme und Eye-catcher.

Mehr denn je werden repräsentative Innenräume von Banken nach strategischen Zielen und ausgeklügelten Corporate Identity Programmen gestaltet und dies wird sich in Zukunft noch verstärken. Innenarchitektur für Banken muss heute über die pure Funktionalität hinaus den Ausdruck der Unternehmensphilosophie treffen, das gewünschte und idealisierte Selbstportrait, abgestimmt auf die Zielgruppen der Bank.

In den Innenräumen neuer Banken wird gerne Umweltbewusstsein im Trend der Zeit als Merkmal für Verantwortlichkeit demonstriert – Lichtlenksysteme, warmes Naturholz und ganze Pflanzenbäume sollen die Botschaft übertragen. Kundennähe, soziale Einbindung und Schwellenfreiheit vermitteln neue Bankmarkthallen, bei denen die Geldgeschäfte ein selbstverständlicher Stopp beim zwanglosen Shopping sind. Die banktypischen Leitmotive von Solidität und Kompetenz werden heute dargestellt durch klassische Klarheit und präzise Reduktion, durch Qualität. Aufwändige Hightech-Konstruktionen wie hauchdünne und ‚atemberaubende' Glasdächer sind die neuen Mittel der Repräsentation. Zukunftsfähigkeit wird darüber hinaus gezeigt durch aufwändige (Medien)Technik: Videoscreens und Monitorbildwände sind Blickfang so mancher neuen Multimedia-Kundenhalle. Schließlich gibt es wie immer einzelne Unternehmen, die das Gegenteil vom Trend suchen und Individualität oder auch eigenkulturellen Anspruch durch spektakuläre und expressive Innenraumelemente mit hohem Wiedererkennungs- und Identifikationswert realisieren.

Volksbank Ludwigsburg 2000
Architekten: Kerker, Müller, Braunbeck

Sparkasse Senftenberg 1999
Architekten: Heinle, Wischer + Partner

Mehrgeschossige Innenräume und transparente Hallen erhalten ihre besondere Atmosphäre oftmals durch Einsatz natürlicher Materialien wie Holz oder Stein bei der Bodengestaltung oder durch großzügige Durchgrünung; Glasdächer werden durch Einsatz filigraner Tragelemente zu hauchdünnen Konstruktionen.

Sparkasse Düsseldorf 2000
Architekten: Ingenhoven + Partner,
Innenarchitektin: Hülser-Stöhr

Sparkasse Kiel 1996
Architekten: Bothe, Richter, Teherani

Präzise, technisch geprägte Architektur wird zu neuem Ausdruck von Repräsentation, Raumbegrenzungen – unter anderem für Selbstbedienungsbereiche – erhalten durch großflächige Ganzglaskonstruktionen fast immaterielle Transparenz.

Investment Center München 2000
Architekten: Ramseier + Associates

Präzision und Klarheit sowie die Reduktion auf wenige, körperhafte Elemente werden vielfach zur Richtschnur der Gestaltung, wenn banktypische Leitmotive wie Solidität, Kompetenz oder Qualität verkörpert werden sollen.

Hypobank Magdeburg 1995
Architekten: Busse + Geitner

Commerzbank Frankfurt 1997
Architekten: Foster + Partners

High-Tech-Architektur und präzise Konstruktionen werden zum Markenzeichen vieler Bankbauten zu Beginn des 21. Jahrhunderts. Mit der Commerzbank in Frankfurt entsteht ein neuer Hochhaustypus mit mehrgeschossigen ‚Stockwerksgärten' und hoher Arbeitsplatzqualität.

Vereinsbank Grünwald 1998
Architekten: Landau + Kindelbacher

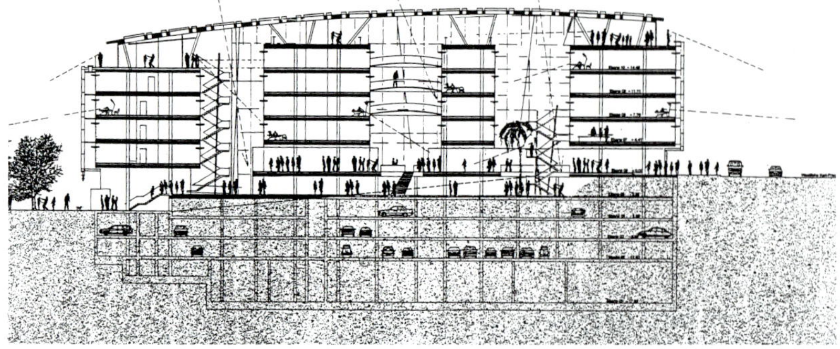

Volksbank Pforzheim 1997
Architekten: Kaufmann, Theilig + Partner

Transparenz der Architektur und ‚Market Banking': Geldgeschäfte in der schwellenlosen Bank werden zum zwanglosen Stop beim Shopping.

Thurn + Taxis Bank München 1991
Architekt: V. Albus/Thurn + Taxis Rentkammer

DZG Bank Berlin-Pariser Platz 1999
Architekt: Frank O. Gehry + Associates

Körperhafte Formen, kräftige Farbvolumina und biomorphe Strukturen setzen neue, expressive Akzente gegen immaterielle High-Tech Architektur.

Fazit und Perspektive

Die Innenarchitektur von Banken und Geldinstituten wird stark bestimmt vom Selbstverständnis des Unternehmens und vom gewünschten Selbstbild – man vergleiche nur die früheren Säulenhallen der Bank mit Repräsentationsschwelle mit dem heutigen offenen Kundenbankmarktplatz mit größtmöglicher Transparenz. Aber auch technische und organisatorische Entwicklungen verändern Innenräume und Innenraumelemente – man denke nur an die Einführung der Unfallverhütungsvorschriften für Kassen, der marktorientierten Betriebsorganisation oder der neuen Räume für die Selbstbedienung.

Darüber hinaus unterliegt die Innenarchitektur wie die Architektur gewissen Moden. Diese Moden lassen sich durchaus in Bezug setzen zu gesellschaftlichen Entwicklungen und sie zeigen wechselnde, sich in gewissen Zyklen auch wiederholende Pendelausschläge: mal kühler und klarer, mal sinnlich-verspielter, mal experimentell nach vorne gewandt, mal eher retrospektiv. In der Innenarchitektur von Banken der letzten 50 Jahre zeigt sich dies bereits deutlich: Von der Klarheit, Disziplin und Frische der Moderne in den 50ern über die bunte Vielfalt und gelegentlich auch düster-schwammige Unförmigkeit in den 70er und 80er Jahren zieht sich die Entwicklung hin zu heutigen hellen, klaren Innenräumen, oft mit Hightech Elementen, oft auch reduziert und diszipliniert, wenngleich mit edlen Materialien. Und schon heute zeigen sich erste Vorboten einer die Sinne wieder neu und anders ansprechenden Innengestaltung mit kräftigerer Farbigkeit oder Körperhaftigkeit bis hin zu hochkomplexen, computerentwickelten neuen Formen und Strukturen, die aus der Disziplin des rechten Winkels und der Klarheit wieder ausbrechen mit biomorphen Strukturen.

Die gegenwärtigen, teils gegenläufigen Entwicklungen und individualistischen Moden in ihrer Relevanz für die künftige Entwicklung einzuschätzen scheint schwierig – fast alles scheint bautechnisch möglich und machbar, wenngleich nicht immer sinnvoll oder Ausdruck höherer Baukunst. Eines aber scheint sicher: Banken werden immer wichtige Plattformen der innenarchitektonischen Weiterentwicklung sein, da die Innenraumgestaltung für sie ein wesentliches Element der Selbstdarstellung, Imagevermittlung und Werbung ist, für das sie auch entsprechende Mittel aufzuwenden in der Lage und bereit sind. Banken werden dabei immer das Bedürfnis haben zur Repräsentation mit Überdurchschnittlichem – sei es die kühne und aufwändige Hightech-Konstruktion, seien es besonders kostbare und ausgewählte Materialien.

Und trotz aller Neuentwicklungen des online- und home-banking: Die allermeisten Banken werden sich auch künftig in ihren Bauten und Innenräumen darstellen, wo sie die Chance zur Begegnung und zur Bindung des Kunden nutzen.

Räume für Politik

Rudolf Schricker
Prof. Dipl. Ing. Innenarchitekt und Designer
1955 geboren in Marktredwitz. Studium der Innenarchitektur und Design an der Staatlichen Akademie der bildenden Künste in Stuttgart.
Seit 1984 Freiberufliche Tätigkeit als Innenarchitekt und Designer.
1983–94 Dozent in Stuttgart an der Staatlichen Akademie der Künste und an der Fachhochschule für Technik.
1993 Berufung zum Professor an der Hochschule Wismar, Standort Heiligendamm, Fachbereich Design / Innenarchitektur.
Seit 2002 Professor an der Fachhochschule Coburg im Fachbereich Innenarchitektur/ Design ‚Entwerfen und Konstruieren'.
Rudolf Schricker ist Vizepräsident des Bundes Deutscher Innenarchitekten BDIA und Landesvorsitzender des BDIA in Baden-Württemberg.
Publizist und Autor zahlreicher Bücher und Beiträge.

Politik

Räume der gesellschaftlichen Repräsentanz

Architektur war schon immer äußerer Ausdruck von Selbstdarstellung. Gebaute Monumente sind die weit hin sichtbaren Zeichen von Macht und Bedeutung. Insofern ist Architektur stets auch ein gesellschaftliches Ereignis und politisch. Innenräume dagegen sind nicht so häufig öffentlich, und noch viel seltener sind sie Ausdruck gesellschaftlicher Repräsentanz.
In den 50er Jahren hatten die Verantwortlichen in Deutschland offensichtlich andere Sorgen als die der Selbstdarstellung. Die politischen Gremien und Entscheidungsträger versammelten sich genügsam in den wenigen intakten Palais und Villen der Vorkriegszeit; manchmal mussten sogar notdürftig hergerichtete Kinos und Theater dafür herhalten. Große Säle für mehrere hundert Menschen waren selten. Parlamente, Gemeinderäte und sogar Ministerien tagten in Provisorien.
Nachdem 1949 Bonn zur provisorischen Hauptstadt der neuen Bundesrepublik gewählt wurde, plante Hans Schwippert eher bescheiden den An- und Umbau der Pädagogischen Akademie zum neuen Plenarsaal.
Erst in den 60er und 70er Jahren konsolidierte die innenarchitektonische Situation der staatlichen und repräsentativen Räume.
Auf Pomp und Überschwang verzichteten beide deutsche Staaten überraschend und wohl tuend. Bemerkenswert ist in diesem Zusammenhang, dass besonders die Bonner Situation zu erstaunlichen Innenräumen fähig war. Der Bundestag tagte sogar zeitweise in einem Wasserwerk bevor schließlich der damals neue Bundestag in Bonn als Ort gebauter Demokratie seiner Bestimmung übergeben werden konnte. Eine kurze Episode, wie wir heute wissen; dennoch wesentlich für die Erkenntnis, dass ein moderner Staat mit seinen gesellschaftsrelevanten Räumen auf sichere Trutzburgen verzichten und sich weltoffen, transparent und einsichtig zeigen kann.
Die eigentliche Leistung der Planer in jenen Zeiten liegt darin, dass die Repräsentation des Staates auf menschlichen Architektur-Maßstab konzipiert ist. Die Innenarchitektur allerdings musste all zu oft hinter der großen Geste des politischen Ausdruckswillen zurücktreten; womöglich war der Innenraum noch nicht als wichtig erkannt.
Zwanzig Jahre vorher erschien der ebenfalls in Bonn errichtete Kanzlerbungalow als Sensation, da gläsern, flexibel, wenig manifestiert, mit fließendem Grundriss, eher bescheiden. Die verschiedenen Bundeskanzler demonstrierten denn auch sehr heterogene Akzeptanz bzw. Abneigung, je nach Gestaltungs- sprich Lebensauffassung.
Da muteten die Räume der SED und der DDR geradezu muffig und bieder an.
Erichs Lampenladen im damaligen Ost-

Plenarsaal Bonn 1958

berlin war in der Hinsicht noch das Revolutionärste, wenngleich die immense Glasfassade nur Einblick vorgaugelte, letztlich aber weit mehr verbarg als das später entdeckte Asbestdebakel.
In der alten Bundesrepublik leistete sich nahezu jede Kleinstadt Rathäuser und Gemeindezentren; manche verloren dabei Übersicht und Maß.
Seit der Wiedervereinigung gleichen sich nicht nur Gebäude in Ost und West immer mehr an, auch die Innenräume werden zunehmend öffentlicher und geraten damit automatisch in den Bann repräsentativer Überlegungen. Politisches Gewicht hat offensichtlich Auswirkungen auf Architektur. In diesem Zusammenhang kommt der ausgleichenden, manchmal auch korrigierenden Wirkung der Innenarchitektur besondere Bedeutung zu.

Die Berliner Republik stellt sich neu dar: Die meisten Gebäude fungieren innen wie außen zunächst als Zeichen der Größe, jedoch ohne Überschwang, häufig eher sachlich, fast schon kühl, edle Materialien ohne Aufdringlichkeit, teuer zu meist, steinern mit wenig Leben. Lichtdesign steht hoch im Kurs. Der Klang der Räume scheint noch keine große Rolle zu spielen und wirkt häufig zufällig. Die oft allzu langen Nachhallzeiten täuschen nicht hinweg, dass sehr viel Geld bewegt worden ist und immer noch wird, und dass viel zu wenig Innenarchitekten mit der Planung dieser Räume tangiert sind; was eigentlich verwundert, denn Politiker sind als Menschen doch ebenso mit Emotionen und Bedürfnissen ausgestattet. Erste Anzeichen in

Kanzlerbungalow Bonn 1964
Architekt: Sep Ruf

Palast der Republik, großer Saal 1976
Architekt: M. Prasser

dieser Hinsicht und dafür, dass das Defizit menschenorientierter Innenarchitektur offensichtlich ist, sind in den Reaktionen auf das neue Bundeskanzleramt in Berlin festzustellen. Hier wäre Innenarchitektur als Symbiose mit der Architektur sicher mehr gewesen als nur Raumausstattung.

Allgemein leiden die politischen Würdenträger mittlerweile unter eklatanter Geldknappheit. Sehr viele gesellschaftlich repräsentative Räume werden womöglich auf absehbare Zeit nicht mehr gebaut werden. Die Hoffnungen der Innenarchitektur ruhen auf den ersten anfallenden Raumsanierungen und Umbaumaßnahmen, die hoffentlich nicht nur nach politischen Wechseln stattfinden.
Staatliches Bauen wird sich in zunehmendem Maße in bereits gebauten Strukturen abspielen. In wie weit es gelingen wird, neben der aus Alibigründen ohnehin schon immer vertretenen Kunst und neben der stets auf dem Laufenden gehaltenen Technik in Zukunft auch mehr menschlichen Maßstab, und nicht nur das, sondern auch Empfindsamkeit, Spielräume individuellen Verhaltens, wechselnde Bedeutungen, Neugierde und Freude – manch einer spricht in diesem Zusammenhang leichtfertig von Bürgernähe – in diese Räume zu bringen, vermag heute niemand zu sagen. Zu wünschen wäre es den Repräsentanten dieser Gesellschaft. Sie würden ihre ohnehin schwere Verantwortung leichter, zumindest mit mehr Freude tragen. Gestaltung von Räumen könnte auch die Kluft zwischen der Gesellschaft und ihren Repräsentanten überwinden helfen.

Räume, in denen die Repräsentanten unserer Gesellschaft ihr Arbeitsumfeld und nicht selten auch die ideale Ebene der Selbstdarstellung finden, drücken bei weitem mehr aus als die subjektive Geschmacksrichtung Einzelner. Ein gewisses objektivierendes Gestaltungsbestreben zeichnet diese Räume der gesellschaftlichen Repräsentanz schon aus, schließlich soll in diesen staatlichen Gebäuden eine Haltung, ein Prinzip, manchmal auch Ideologie zum Ausdruck kommen. Die geschärfte Aufmerksamkeit und die jüngste geschichtliche Erfahrung lassen unschwer erkennen, dass den meisten dieser Staatsräume zweierlei Hoffnungen innewohnen: Nach außen gerichtet oft die große Geste, für Besucher, Medien, und für Menschen von außerhalb, die temporär in diesen Räumen sich bewegen, Ausdruck einer politischen Philosophie – sie sollen einen möglichst repräsentativen Eindruck mitnehmen und auch in Erinnerung behalten; zum anderen die innere Gestaltungsabsicht, entwickelt für Menschen, die in diesen Räumen diskutieren, sich informieren, streiten und Meinungen austauschen, um Lösungen ringen. Diese innere Gestaltung bildet häufig den Rahmen für politische Entscheidungsfindung und macht diese manchmal erst möglich. Denken wir in diesem Zusammenhang an die intensiven Auseinandersetzungen um die ‚richtige' Sitzanordnung der Parlamentarier in den verschiedenen Plenarsälen unterschiedlicher Epochen und Systeme. In der Runde oder sich gegenüber sitzen; die Regierenden exponiert oder integriert in die Schar der Volksvertreter? Scheinbar handelt es sich dabei nur um funktionale oder gar gestalterische Fragen. Unbewusst

Wasserwerk Bonn 1985
Parlament des Deutschen Bundestages

Palast der Republik, Plenarsaal 1976
Architekt: W. R. Eisentraudt

Plenarsaal Bonn 1989
Architekt: G. Behnisch

spiegeln sich in der Raumstruktur der Handlungsspielraum und die Möglichkeiten menschlichen Umgangs; Innenarchitektur in diesen Räumen ist äußeres Sinnbild einer politischen Streitkultur, zumindest aber eines politischen Selbstverständnisses. Sobald die Innenraumgestaltung es zulässt, dass politische Gegner sich während ihrer verbalen Auseinandersetzung in die Augen sehen können, hat dies Auswirkungen auf die Tragweite der Ausführungen und der Schärfe der Stoßrichtung. Menschen streiten anders in der Verbindlichkeit der persönlichen Bezugnahme als in räumlichen Situationen, die das adressierte Wort in die anonyme Leere richtet. Die unmittelbar körperliche Nähe sich streitender Menschen gibt dem politischen ‚Ringkampf' ebenfalls eine verbindliche und menschliche Note.

Gesellschaftliche Räume beschreiben den Spielraum, innerhalb dessen Menschen miteinander umgehen; sie beschreiben, wie viel Kommunikation notwendig und möglich sein soll und sie bestimmen die äußeren Spielregeln.

Vor 50 Jahren war in Deutschland die Unsicherheit darüber, wie sich eine Gesellschaft, die gerade eine politische Katastrophe überlebt hat, darstellen kann und soll, gewiss sehr groß. Die gesellschaftliche Pubertät und die materielle Not in den 50er Jahren hat die staatliche Repräsentanz zunächst Zuflucht suchen lassen in Provisorien und notdürftig hergerichteten Zwischenstationen.
In Folge ist sowohl in der alten Bundesrepublik als auch in der DDR zunehmendes Selbstbewusstsein und gestalterische Eigenständigkeit zu entdecken. Es ist letztlich bis 1989 nicht nur ein Wettbewerb der politischen Systeme, der da in diesen Räumen des zweigeteilten Deutschlands zum Ausdruck kommt, auch die gestalterischen Ambitionen sind doch sehr unterschiedlich. Erhoffte Transparenz ringt mit dem Sicherheitsbestreben; Einigkeit versus Individualität; materielle Wertigkeit gegen ästhetischen Minimalismus; Tradition contra Moderne; kollektive Ideologie oder Freigeist; gesellschaftliche Anonymität und individuelle Persönlichkeit; Autonomie oder Fraktionszwang etc.

Innenarchitektur kann niemals unpolitisch sein. Mögen die gestalterischen Prinzipien und die Ästhetik Objektivität suggerieren, sobald sie den Anspruch erheben, für den Einzelnen wie auch für den Menschen in der Gesellschaft definiert worden zu sein, beeinflusst die Gestaltung den Denk- und Handlungsspielraum dieser tangierten Menschen. Die Wahrnehmungen im Raum strukturieren Reflexion und Erkenntnis. Wie Menschen andere Menschen wahrnehmen, welche Bedeutung sie ihnen beimessen, wie sie miteinander umgehen, wird charakterisiert durch die Optik, durch die Akustik, durch den Geruch, durch körperliches Empfinden. Die räumlichen Bedingungen können diese Rezeptionen und die daraus abgeleiteten Erfahrungen spürbar beeinflussen. Der Mensch ist erst, wenn er sich als Wesen im Raum begreift; der Politiker ist erst, wenn er sich im politischen Raum bewusst wahrnimmt; eine Gesellschaft ist erst, sobald sie sich im räumlichen Spiegel erkennt.

Bundespräsidialamt Berlin 1998
Entwurf: Gruber + Kleine-Kraneburg Architekten

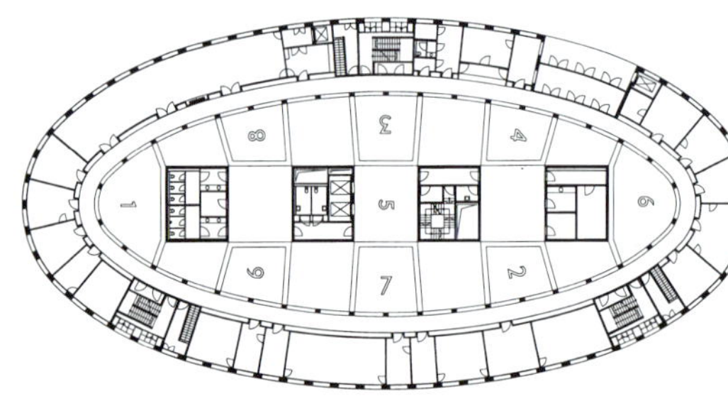

Die Signifikanz des Innenraums (Lichthalle) wird nicht nur durch seine thematische sondern auch durch seine materialhafte Konzeption bestimmt und charakterisiert.
Die Einfachheit der Materialien und deren handwerkliche qualitätvolle Verarbeitung bilden die Grundlage der architektonischen Aussage.
Terrazzo für den Hallenboden, Stucco Toscana auf Putzgrund für den Riegel, Gipsputz für die Galerien und Brücken – diese Materialien unterstützen die räumliche Wirkung.
Der mit Stucco ausgeführte Riegel dient als ‚Lichtakkumulator' und lenkt das an ihm abfließende Tageslicht in den Innenraum und die ihn umgebenden Galerien, die weißen Putzflächen verstärken diese Wirkung, so dass das natürliche Licht die bestimmende, atmosphärische Komponente des Raumes wird.

Haus der Konrad Adenauer-Stiftung Berlin 1998
Architekt: Architekten van den Valentyn
Bauherr: Konrad-Adenauer-Stiftung

Der dreigeschossige Kubus, vollständig mit Tivoli-Travertin verkleidet, ist ein Haus für temporäre Zwecke. Ein Ort für allerlei Aussprachen, Ansprachen, Vernissagen und Stehempfänge.
Während sich das Haus nach außen zunächst verschließt und eher ausgewählte Ausblicke in das Laub und Astwerk der Gärten ringsum, auf den Park und die Silhouette der Stadt erlauben, lebt das Innere von der Dialektik der Materialien und stereometrischen Grundformen, Würfel und vor allem Zylinder, aus deren Ineinander Säle und Seminarräume geformt sind. Das runde Herz des Baukörpers ist eine zweigeschossige Sichtbetonrotunde, die leicht außermittig im weiten Foyer steht. Sie beherbergt den würfelförmigen Saal. Die hufeisenförmige Sitzordnung in diesem zentralen Forum bietet Platz für 199 Zuhörer.
Schlichte Einbauten aus Ahorn und Räuchereiche, rostrote Bezüge aus Kavallerietuch sowie eine Betonkassettendecke, in der leuchtende Milchglasscheiben zu schweben scheinen, prägen den hoch konzentrierten Raum. Es ist ein in sich gekehrtes Parlatorium, von der Außenwelt durch schwere Wände abgeschottet, ganz auf die Debatte fixiert.
Leichter wirken die kleineren Seminarräume, die sich um den Plenarsaal gruppieren. Überwiegend weiß gehalten, nur hier und da mit den Materialien von Ahornbekleidungen, hellem italienischem Kalkstein- oder Parkettboden und Sichtbetonflächen akzentuiert, schaffen sie im Zusammenhang mit klarem und mattem Glas sachliche Gesprächsatmosphäre.

Landratsamt Freiburg 1998
Architekturbüro: Wolf
Kirchzarten

Architekt, Verwaltung und Kreistag haben bei der Planung des neuen Landratsamtgebäudes nicht nur auf Architektur und Städtebau, sondern auch auf eine bürgerfreundliche und funktionelle Lösung Wert gelegt. Mit ihrem ‚Kreishaus' als Verwaltungsmittelpunkt des Landkreises sollten sich auch die Kreiseinwohner jetzt und in Zukunft identifizieren können. Das neue Verwaltungsgebäude sollte den Mitarbeiterinnen und Mitarbeitern des Landratsamtes gute Arbeitsbedingungen bieten und schließlich auch die Voraussetzungen für eine effiziente und leistungsfähige Verwaltungsorganisation ermöglichen. Eine helle und freundliche Atmosphäre sollte herrschen, ein gediegener Ausbaustandard sollte künftig Unterhaltungs- und Betriebskosten einsparen.

Reichspräsidenten-Palais 1999
Entwurf: Architekten van den Valentyn

Ausschlaggebend für die neue Nutzung war die Restaurierung der bestehenden Substanz sowie die Wiederherstellung der alten Raumstrukturen mit ergänzendem zeitgenössischem Ambiente sowie der Einbau praktischer funktioneller Notwendigkeiten.

Die Ausstattung der neuen Räume zeichnet sich durch langlebige, haltbare Materialien und freundliche, helle Farben aus. Wandverkleidungen in Ahorn, aber auch Nussbaum, werden als Referenz zum historischen dunklen Charakter der früheren Räume eingesetzt. Ein Stabparkett aus europäischem Nussbaum durchzieht alle Gesellschaftsräume. Unifarbene Wollteppiche definieren die zentralen Bereiche der einzelnen Zimmer in angenehmer Proportion. Nach historischem Vorbild findet man rote Teppichläufer in den Fluren und auf den Treppen. Klassisch moderne Möbel, zum Teil aus der Bauhauszeit, unterstreichen das funktionale und zeitlose Ambiente.
Zur Beleuchtung der Räume wurden neue Leuchten aus Muranoglas entwickelt. Sie bestehen aus zwei ineinander gehängten, abgependelten Glaselementen.

POLITIK

Bundesministerium für Wirtschaft und Technologie Berlin 1999
Generalplanung:
Baumann & Schnittger, Berlin
Lichtplanung:
Jan Dinnebier, Dinnebier Licht, Berlin

Der Sitz des Bundesministeriums für Wirtschaft und Technologie ist ein historisches Ensemble besonderer Art. In Gebäuden aus drei Jahrhunderten zwischen dem Berlin-Spandauer-Schifffahrtskanal und er Scharnhorststraße sowie an der Invalidenstraße ist das Ministerium untergebracht.
Als erster Teil des Ensembles entstand auf Anweisung Friedrich des Großen in den Jahren 1746–48 ein Invalidenhaus mit zwei Kirchen und mehreren Wirtschaftsgebäuden. 1905–10 wurde auf dem Gelände der Gärten des Invalidenhauses die Kaiser-Wilhelm-Akademie für das militärärztliche Bildungswesen errichtet.
Das friderizianische Invalidenhaus wurde 1945 durch Bomben so schwer beschädigt, dass von der dreiflügeligen Anlage nur die beiden Seitenflügel erhalten blieben.
Während Umbauten vor und nach dem Ersten Weltkrieg die Struktur des Hauses respektierten, kam das Ensemble als Regierungs- und Diplomatenkrankenhaus der DDR (1973–90) zu weitgehenden baulichen Veränderungen.
Ziel des Umbaus für die Belange des Bundeswirtschaftsministeriums war in erster Linie vom ursprünglichen Zustand des Hauses möglichst viel wieder herzustellen. Erhaltenswerte zeitgeschichtliche Zwischenphasen wurden in enger Abstimmung mit dem Denkmalschutz sichtbar belassen. Der ehemalige Internatstrakt eignet sich durch seine Struktur besonders für die Nutzung als Bürogebäude. Weitere Nutzungen finden Raum ein einem Neubau, der als neuer Mitteltrakt das historische Ensemble des Invalidenhauses städtebauliche wiederherstellt. In Größe, Fassadenstruktur und Dachform am historischen Vorgänger orientiert, gliedert er sich harmonisch in den Bestand ein, bleibt aber zugleich als moderner Bau kenntlich.
Mit dem Neubau des Mitteltraktes und damit Komplettierung des Invalidenhauses als Dreiflügelanlage gelang auch die Rekonstruktion des historischen Kanonenhofes nach den Plänen des Gartenarchitekten Peter Josef Lennée.

Deutscher Bundesrat Berlin
1996 – 2000
Entwurf:
Architekten Schweger + Partner, Berlin
Prof. Peter P. Schweger, Hartmut Reifenstein, Bernhard Kohl, Wolfgang Schneider, Prof. Wilhelm Meyer

Generalplaner:
GGP Gesellschaft für Gesamtplanung mbH, Berlin
Lichtplanung:
Bartenbach Lichtlabor GmbH, Berlin

Nach der Entscheidung im Jahr 1996, auch den Sitz des Bundesrats in die Hauptstadt zu verlegen, fiel das Augenmerk auf die Leipziger Straße 3/4, das ehemalige Preußische Herrenhaus nahe dem Leipziger Platz. Das bedeutendste Werk des Architekten Friedrich Schultze.
Ausgangspunkt der Planungen für das Herrenhaus war eine umfassende und präzise denkmalpflegerische Bestandsaufnahme, denn Ziel des Umbaus war die Wiedergewinnung der charakteristischen historischen Raumfolgen und Nutzungsstrukturen des Gebäudes.
Eine der besonderen Qualitäten des Herrenhauses, die klare, vom Tageslicht bestimmte Wegeführung in der Achse Ehrenhof – Eingangshalle – Wandelhalle – Plenarsaal sowie das funktionale System von Raumfolgen und Erschließungen, war durch bauliche Eingriffe aus mehr als sieben Jahrzehnten nahezu unkenntlich geworden. Veränderungen unterschiedlicher Epochen wurden als Zeitdokumente insoweit erhalten, als sie mit der künftigen Nutzung des Hauses in Einklang gebracht sind.
Der Plenarsaal des Preußischen Herrenhauses war als geschlossener, introvertierter Raum Ausdruck einer elitären politischen Ordnung. Neu sind: Großflächige, umlaufend gleichmäßig angeordnete Wandöffnungen und eine transparente Dachkonstruktion.
Das Konzept für den Ausbau basiert auf der Neuinterpretation des historischen Zustandes wobei eine Synthese angestrebt wird zwischen einer ‚Architektur der Erinnerung' sowie einer zeitgemäßen Architektur die den veränderten Bedürfnissen Rechnung trägt. Dabei werden für das Gebäude charakteristische Prinzipien wie Symmetrie, Axialität, Rhythmisierung, Zonierung und Plastizität aufgenommen und in eine neue Materialisierung der Oberflächen transformiert.

Bundesgeschäftsstelle der CDU
Berlin 1997–2000
Entwurf:
Petzinka Pink Architekten, Düsseldorf
Grundstücksfläche: 2440 m²
Lichtplanung: Spectral

In dem Gebäude befindet sich die Bundesgeschäftsstelle der CDU. Es handelt sich um ein nicht öffentlich zugängliches Büro- und Verwaltungsgebäude.
Im EG befinden sich Konferenzräume, in den Obergeschossen Büro- und Besprechungsräume. Das innere Atrium ist nicht nur als gestaltetes Raumvolumen, sondern als Ausdruck einer konsequenten Funktionszuweisung im Rahmen des technologischen Gesamtkonzeptes zu sehen.

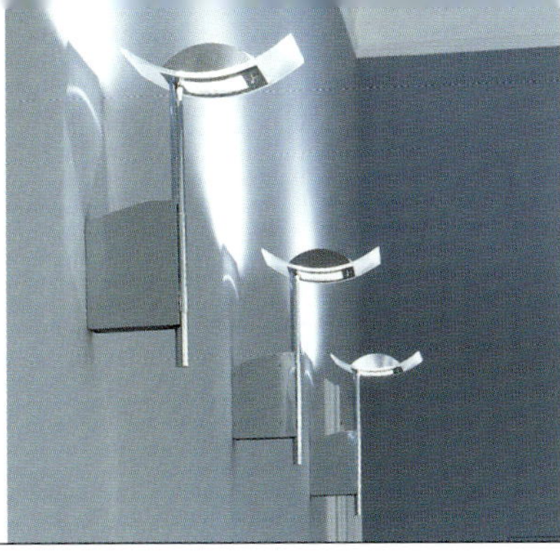

Bundesgerichtshof Palais Karlsruhe 1999
Architekt:
Freier Architekt Armin Lang, Karlsruhe
Elektro- und Lichtplanung:
TOP Lichtplaner Tomaschewski und Partner, Karlsruhe

Das Großherzogliche Palais wurde 1892–96 von dem Heidelberger Architekten Josef Durm in neobarockem Stil erbaut. Heute befindet sich in diesem Gebäude der Bundesgerichtshof. Es ist Sitz des Präsidenten des Bundesgerichtshofes. Das Gebäude wurde 1944 stark beschädigt und 1948–50 wieder aufgebaut bzw. ergänzt.

Im Zuge des 50-jährigen Jubiläums des Bundesgerichtshofes wurden die Innenhalle und der Eingangsbereich von allen Einbauten, die in den vergangenen 50 Jahren vorgenommen wurden, befreit. Die noch verbliebenen historischen Bauteile wurden wieder freigelegt. Die Innenhalle des Gebäudes wurde renoviert, mit einer neuen Beleuchtung und technischer Ausrüstung versehen sowie farblich in Anlehnung an das historische Vorbild gestaltet.

Räume für Kultur

Kultur

Rudolf Schricker
Prof. Dipl. Ing. Innenarchitekt und Designer
1955 geboren in Marktredwitz. Studium der Innenarchitektur und Design an der Staatlichen Akademie der bildenden Künste in Stuttgart.
Seit 1984 Freiberufliche Tätigkeit als Innenarchitekt und Designer.
1983–94 Dozent in Stuttgart an der Staatlichen Akademie der Künste und an der Fachhochschule für Technik.
1993 Berufung zum Professor an der Hochschule Wismar, Standort Heiligendamm, Fachbereich Design / Innenarchitektur.
Seit 2002 Professor an der Fachhochschule Coburg im Fachbereich Innenarchitektur/ Design ‚Entwerfen und Konstruieren'
Rudolf Schricker ist Vizepräsident des Bundes Deutscher Innenarchitekten BDIA und Landesvorsitzender des BDIA in Baden-Württemberg.
Publizist und Autor zahlreicher Bücher und Beiträge.

Theater, Konzerthäuser, Museen

Deutschland genießt in der Welt trotz zahlreicher Vergangenheitsfalten neben anderen Attributen in aller Regel den Ruf eines kulturell sehr hoch stehenden Landes. Viele denken in diesem Zusammenhang sofort an Komponisten, an Dichter oder Maler. Aber auch die Denker aus diesem zentraleuropäischen Landstrich haben die Welt nachhaltig beeinflusst. Der Begriff der Kultur ist wohl in Deutschland der Tradition folgend sehr eingehend diskutiert und definiert worden. Die kulturell unterlegten, vor allem die kulturell ambitionierten Bauten, im besonderen Maße die Innenräume, in denen diese vielfältige und heterogene Kultur zum Ausdruck kommen soll, zeigen schon sehr früh die später immer wieder geforderte Anpassungsfähigkeit der Räume und die Flexibilität der Nutzung.
Wenig erstaunlich ist vor dem Hintergrund der massiven Zerstörungen deutscher Städte während des Zweiten Weltkrieges, dass in der Aufbauphase bis Mitte der 50er Jahre primär an der Errichtung von Wohnräumen gearbeitet wurde und kaum jemand an Konzerthäuser, Theater und Museen dachte. Das physische Überleben war wichtiger – zunächst.

Kulturelle Leistungen definieren sich aber nicht nur über die angewandten und bildenden Künste, auch nicht durch Musik und Dichtkunst allein. Überleben an sich ist auch eine Kunst und die Schaffung einer Umwelt, die dem Leben wieder Bedeutung, Sinn, Freude und Erfüllung verleiht, ist eine kulturelle Errungenschaft höchster Güte.
Der Theaterbesuch war mehr noch als der Konzertabend Teil des Bildungsprogramms. Bildung erschien für eine junge, auf individuelle Freiheit ausgerichtete Gesellschaft als Voraussetzung. Kabarett, Satire, aber auch Malerei und Theater waren lange Zeit einziges Ventil kritischer Opposition. Literatur bekam Bedeutung: Zu sagen ohne auszusprechen, zu verstehen ohne zu hören. Der intellektuelle Bildungsbürger verlangte nach neuen Räumen der Versammlung und des Austauschs. Es wurde mitunter sehr heftig gestritten: Neubau oder Rekonstruktion. Nur allzu oft hat man sich zu den programmatischen Argumenten der Moderne bekannt und die restlichen vorhandenen Trümmer und Gebäudefragmente beiseite geräumt und begonnen zu betonieren, in Stahl zu strukturieren sowie mit großen Glasflächen zu experimentieren.
Fast schien es, als wollte man mit dem Bürgerlichen ebenso wenig zu tun haben wie mit der Vergangenheit: Leichtigkeit und Transparenz ersetzten zu Beginn der 50er Jahre die tradierte Schwere des traditionellen Musentempels. Hierarchiefrei sollte die Kunst vermittelt werden. Theater wurden zu Räumen einer demokratischen Gesellschaft ohne Klassenschranken. Logen waren fortan verpönt; die Auditorien erhielten neue Strukturen und Erscheinungsformen. Das Publikum

Deutsche Staatsoper Berlin 1955 (1742)
Architekt: v. Knobelsdorff 1742
Rekonstruktion: R. Paulik 1955

Semperoper Dresden 1985 (1878)
Architekten: G. Semper 1878
N. Hänsch 1985

wurde zur städtischen Öffentlichkeit; Kunsträume wurden öffentlich.
Harald Deilmanns Stadttheater in Münster entstand in dieser Phase, ebenso Paul Baumgartens Konzertsaal in der Hochschule für Musik in Berlin, Sep Rufs Akademie der bildenden Künste in Nürnberg oder Max Bills Hochschule für Gestaltung in Ulm.

Fernsehen und Computer waren in den 50er Jahren noch unbekannt; Radio war das Ohr zur Welt. Die ersten Kinos öffneten schon kurz wieder nach Kriegsende in Hinterhöfen, Tanzsäle in notdürftig hergerichteten Turnhallen boten für ein paar Stunden Abwechslung. Konzerte in Kirchen wurden akustisch denen unter freiem Himmel vorgezogen.
Es waren in der Regel die Kulturschaffenden selbst, die in den 50er Jahren auf die Errichtung von entsprechenden Räumen drängten, selbstlos sammelten, um Spenden baten und die aufkeimende Wirtschaft an ihre Verantwortung für Pflege und Förderung von Kultur erinnerten. Orchester, Künstlervereinigungen, Kulturverbände, Verlage und weitere schöpften aus der gewonnenen Kraft des Wiederaufbaus und setzten vorsichtig Ideen zur Konzeption neuer Konzert- und Theaterhäuser, zeitgemäßer Museen und Bildungseinrichtungen, Sport- und anfänglich noch zaghaften Freizeiträumen in die Welt.
Das Leben in den 50er Jahren war hart, es wurde lange und anstrengend gearbeitet. Wenigstens in der knapp bemessenen Freizeit wollte man Sinnvolles erleben. Dies war die Geburtsstunde der ersten kulturellen Innenräume, die meist noch in freiwilliger Eigenleistung durch unzählige Helfer und Helferinnen in endloser Handarbeit errichtet wurden.

Neue Bautechnik hat während der 50er und 60er Jahre mit einem Mal größere und anders geformte Räume ermöglicht. Spannbeton und statisch ausgereifte Metalltechnologien konnten die oft lästigen Stützen im Auditorium vergessen lassen. Akustische Erkenntnisse formten die Räume in neue Profile.
Für die Musik bedeutsam und Weg weisend in der alten Bundesrepublik sind, neben anderen, die Liederhalle in Stuttgart Ende der 50er Jahre federführend von Rolf Gutbrod und natürlich die Philharmonie in Berlin zu Beginn der 60er nach Hans Scharoun. Beiden Konzerthäusern ist gemein, dass die Akzeptanz bei Publikum, Musikern und Architekten gleichzeitig und spontan verlief und bis heute anhält. Die hervorragende Akustik ist zeitlos, wie auch die Innenarchitektur. Die formal ungewöhnliche Raumgestaltung passt nicht so recht in den rechteckigen Kanon vor-

Neues Gewandhaus Leipzig, Großer Saal 1981
Architekt: R. Skoda

Philharmonie Berlin 1963
Architekt: H. Sharoun

Oper Leipzig 1966
Architekt: K. Nierade

herrschender funktionaler Architektur. Musik steht im Mittelpunkt und wird als Gemeinschaftserlebnis empfunden. Die Räume wirken organisch entwickelt; sie sind menschlich und zeigen Qualitäten, die nicht mehr mit dem rechten Winkel in Einklang zu bringen sind.
Bezeichnenderweise sind es die Musikräume, die Ost und West über alle Grenzen hinweg stets miteinander verbanden. In der DDR waren es die Semperoper in Dresden, relativ spät restauriert, und das Gewandhaus in Leipzig, die neben vielen anderen ausgezeichneten Musikräumen heute die Musikraumlandschaft in Deutschland auf höchstes Niveau heben.
Neben Theater- und Musikräumen entwickelten sich in den 60er Jahren und später mit hoher Intensität neue, bislang unbekannte Veranstaltungsräume, flexibel und ohne fixierten Inhalt. Stadthallen und kulturelle Zentren, die die räumliche Hülle für stets wechselnde Ereignisse vor großes Publikum stellten.
Die Meistersingerhalle in Nürnberg war eine der ersten Hallen, die Mitte der 60er Jahre ein neues Zeitalter im Bereich der Veranstaltungsräume einläutete.
Allerdings leiden diese auf Massenveranstaltungen ausgerichteten Hallen bis zum heutigen Tag mit ihren Superdomes und Ereignisarenen unter einem gravierenden Missverständnis beziehungsweise einem Unverständnis akustischer Zusammenhänge. Womöglich als Folge der kritiklosen Technologiegläubigkeit ist die Vorstellung an Machbares gigantisch gewachsen. So war der Schritt zur Forderung nach Räumen, die alles können und jedes Ereignis zulassen – in der Hauptsache von Politikern und Kulturschaffenden formuliert – denkbar gering. Architekten sind dieser Illusion der Berechenbarkeit räumlicher Atmosphäre längst erlegen und haben häufig Schiffbruch erlitten. Von den zahllosen schlechten Mehrzweckhallen spricht heute fast niemand mehr. Die meisten wissen noch nicht einmal, dass sie an einem natürlichen Phänomen gescheitert sind: Die Raumakustik gehorcht physischen Gesetzmäßigkeiten und menschlichen, beziehungsweise neuronalen, Bewertungskriterien. Die einen finden im konkret gebauten Raum statt, die anderen

Friedrichstadtpalast Berlin 1984
Architekt: M. Prasser

in den Köpfen der Menschen. Zumindest im konkreten Raum verlangt die Musik nach langen Nachhallzeiten, die Sprachverständlichkeit dagegen fordert kurze Nachhallzeiten. Der Mensch braucht für seine Stimme andere Räume als für seine Musikinstrumente. Sie müssen sehr differenziert geformt sein und sind nicht zu vereinen. Ein guter Musikraum ist ein ungeeigneter Theaterraum und umgekehrt. Die schlechten Kompromisse in der Mehrzweckhalle führten zu ebenso katastrophalem Musikgenuss wie zu unzureichender Verständlichkeit der menschlichen Sprache.
In den 80er Jahren ist die Planung und Gestaltung von Räumen für Musik und Theater offensichtlich zu komplex geworden, als dass sich die alte Vorstellung vom Generalisten hätte aufrechterhalten lassen können. Womöglich waren aber auch die geänderten Vorstellungen der Projektentwickler schuld, die in der Bundesrepublik den Kulturgemeinden mit Rat und Tat, vor allem aber mit neuen Finanzierungs- und Durchführungskonzepten zur Seite standen. Diese stellten plötzlich neue so genannte Planungsteams, bestehend aus lauter Spezialisten, zusammen. Neben dem Architekten fanden sich meist technische Fachingenieure, aber auch Innenarchitekten, die zunehmend koordinierende Aufgaben bei der Raumgestaltung übernahmen. Die Disziplinen vereinen und unter ein Gestaltungsziel motivieren, das war die neue Devise.
Der Raum gewann an Bedeutung. Städte und Gemeinden trachteten immer mehr danach, nicht nur ein schönes Gebäude zu errichten, sondern Räume zu konzipieren, in denen Kunst und menschliche Bedürfnisse sich gegenseitig steigern und sowohl für das Publikum als auch für die Kulturschaffenden ein Gesamtereignis zulassen.
Das Forum am Schlosspark in Ludwigsburg von 1987 und der Neubau des Kultur- und Kongresszentrums Liederhalle Stuttgart 1991 sind die ersten kulturellen Großraumprojekte, die sowohl in der Projektentwicklung als auch in der Projektdurchführung, zwar nach wie vor auf einem architektonischen Entwurf basierend, jedoch unter starker Gestaltungs-

Stadttheater Münster 1955
Architekt: H. Deilmann

Schauspielhaus Berlin, Großer Konzertsaal 1984
Architekt: M. Prasser

koordination und Zielorientierung der Innenarchitektur realisiert wurden.
Die Kooperation von Architekt und Innenarchitekt ist bei diesen Projekten beispielhaft. Beide entwickelten gemeinsam mit den Lichtdesignern, Raumakustikern, Bühnentechnikern, Kommunikationstechnikern und weiteren die Räume und ließen innen wie außen zu einer glaubwürdigen Symbiose reifen.
Diese neue Dimension der Raumgestaltung ist nicht nur quantitativ, sondern primär qualitativ unterlegt und erfährt einen deutlichen Schub durch den professionellen Einsatz von Modellbau und Simulation, später auch durch Computertechnologien. Solche Räume entstehen heute unter enormem Termin- und Kostendruck. Schon allein aus diesen Gewährleistungsgründen ist eine Partnerschaft zwischen Architektur und Innenarchitektur ratsam.

Räume für die Kultur stehen in der absoluten Öffentlichkeit, müssen hyperflexibel sein, niedrig in den Folgekosten und sich ständig verändern können. Kulturräume sind hoch emotional und leben von der besonderen Atmosphäre. Räume, in denen Kultur stattfindet, sind erstklassige Innenarchitekturen, da sie die Disziplinen vereinen, Rationalität und Emotionalität zusammenbringen, moralisierend wirken und der Gesellschaft permanent einen Spiegel vorhalten.

Das öffentliche Interesse zeigen auch die vielen Ausstellungen und Museen, die sich gewissermaßen neben den darstellenden und angewandten Künsten in den Theater- und Konzertsälen eher leise und relativ spät etablierten. Ein Signal in dieser Hinsicht ist gewiss Ludwig Mies van der Rohes Nationalgalerie in Berlin, just in dem Jahr, das durch studentische Revolte 1968 der westdeutschen Gesellschaft ihren Stempel aufdrückte. Ein neues Verständnis vom Bauen wurde da in Berlin sichtbar sowie die in Vergessenheit geratene Sozialverpflichtung der Innenarchitektur. In der Nationalgalerie wird die Aufgabe eines modernen Museums deutlich: funktionale Zeitlosigkeit, Raum für Veränderungen, Wechselausstellungen, strukturelle Architektur, die wirkliche Fühlung mit unserer Zivilisation zulässt. Der Bau und der Innenraum und damit auch die wechselnden Exponate scheinen unberührt durch die Zeitläufe zu gehen.
Seither streiten sich Galeristen, Künstler und Museumsfachleute, sobald ein neues Museum konzipiert werden soll: viele Wandflächen zum Hängen der Bilder oder doch lieber veränderbare Schiebeflächen? Einblick von außen oder Abgeschlossenheit intimen Kunstgenusses? Unveränderbare Lichteinflüsse auf Kunstwerke oder Veränderungen analog des Tagesverlaufs? Künstliche Räume für die Kunst oder Räume des Alltags mit Kunst? James Stirling hat Mitte der 80er Jahre eine für ihn eigentümliche, in der Gesellschaft höchst umstrittene Konzeption für den Erweiterungsbau der Staatsgalerie in Stuttgart vorgelegt. Genau genommen haben jedoch nur Architekten gestritten, die Bürger haben den Bau sofort akzeptiert. Gesundes Menschenempfinden hat sich hier wieder einmal als zukunftsorientierter erwiesen als intellektuelle Gestaltungskritik des so genannten Sachverstandes. Natürlich war es eine geistige und abstrakte Auseinandersetzung: Moderne oder ‚postmoderne' Architektur? Kaum jemand hat die Begriffe wirklich verstanden, nur streiten ließ sich trefflich.
Die Menschen suchten, ihrem Instinkt folgend, sich ihrer Vergangenheit zu ver-

Neue Staatsgalerie Stuttgart 1984
Architekt: J. Stirling

gewissern, um in einer Zeit der Unsicherheit aus der Tradition heraus ihre Zukunft zu sichern. Im modernen Museum der Postmoderne kann man sich der eigenen Existenz vergewissern, indem man sich mit der ausgestellten Unsterblichkeit des menschlichen Geistes auf höchst emotionale Art auseinander setzt. Formal erinnert Sterling bei der Staatsgalerie an zahlreiche Zitate baugeschichtlicher Größen und Konzepte, er provoziert und lässt ehedem intellektuelles und damit elitäres Denken menschlich normal und emotional umgesetzt empfinden. Seither darf man die Kunst nicht mehr verstehen müssen und trotzdem sehr viel Spaß am Museumsbesuch empfinden.
Einige Kunst- und Kulturverantwortliche haben ihre Lehren daraus gezogen. In Folge sind zahlreiche Museen entstanden, die das Kunstverständnis, aber auch den Einbezug von Kunst in moderne Freizeitgestaltung Events suchender Menschen dokumentieren. Beispielhaft seien an dieser Stelle nur einige, vor allem in Frankfurt am Main in den 80er Jahren entstandene Museen genannt: Museum für Kunsthandwerk von Richard Meier, Museum für Vor- und Frühgeschichte von Josef Paul Kleihus, das Deutsche Postmuseum von Günther Behnisch, die Erweiterung des Städel-Museums von Gustav Peichl, das Deutsche Architekturmuseum von Oswald Mathias Ungers sowie das Museum für Moderne Kunst von Hans Hollein. Festzustellen ist, dass bei den meisten dieser Bauten die Eigenständigkeit und die charakteristische Stilistik einer Entwurfspersönlichkeit besonders hervorgehoben wird und damit die Kunst, für die man diese Gebäude eigentlich errichtet hat, weit gehend in den Hintergrund rückt. Mittlerweile pilgern Generationen von Architekturstudenten gerade zu den stählernen, betonierten, gläsernen Zeugen und Monumenten der Architekturikonen; die Inhalte und die Exponate sind nur noch hübsche Dekoration eines ansonsten reinen Architekturdogmas. Vielleicht ist das auch der Grund dafür, warum heute zahlreiche dieser einst gefeierten Bauten von Schließung und mangelndem Interesse bedroht sind.

Eine ganz andere Auseinandersetzung kultureller Innenräume ist bei den Kirchenräumen zu finden. Obwohl die Zahl der Konfessionsgläubigen nach dem Krieg in Deutschland zum Teil drastisch abnahm, wurden in den 50er und 60er Jahren so viele Kirchen gebaut wie nie zuvor. Die Architekten entdeckten den meditativen Raum als Experimentierfeld, auf dem sich der weltlichen und rationalen Kritik elegant entgleiten ließ. Zahlreiche Architekten erspürten im Kirchenraum ihre verschütteten künstlerischen Ambitionen. Kirchenräume sind aber mehr als Resultate angewandter Kunst. Sie verinnerlichen Spiritualität, sie sind Orte des Friedens und der Meditation. In Kirchenräumen spielt nicht nur die rationale Optik und damit die berechenbare visuelle Ästhetik eine Rolle; die empfindungsorientierte Akustik ist gleichsam von Bedeutung. Das Zusammenspiel der Sinneswahrnehmungen charakterisiert den Gleichklang von Nachdenken und Empfinden, von Erkennen und Fühlen, von Ergriffenheit und Läuterung. Die Sorgen und Ängste der Menschen erhalten im meditativen Handlungs- und Denkraum der Kirche Linderung und neue Hoffnung. Heute noch, oder besser gerade heute wieder, sind diese Kircheninnenräume Inseln der Ruhe und der Kontemplation in einer sonst hektischen, kalten, unpersönlichen Welt. Die Innenarchitektur von Kirchen trägt wesentlich mehr zur menschlichen Befriedung bei als bislang beigemessen. Der Glaube des Menschen erfährt im Kirchenraum Stärkung und steht im Mittelpunkt, nicht die Architektur und schon gar nicht der Architekt. Diese Innenräume sind im eigentlichen Sinne des Wortes ‚glaubwürdig'.

Alte Liederhalle Stuttgart, Beethovensaal 1956
Architekten: Abel und Gutbrod

Stadttheater Lübeck 1996
Entwurf:
Architekten Chlumsky-Peters-Hildebrand

1752 erhielt Zimmermeister Schröder vom Rat der Stadt Lübeck die Konzession, in der Beckergrube auf dem Grundstück des Lüneburger Hofes ein Theater zu erbauen. Nach mehreren Umbauten wurde das Theater 1799 größer und schöner eröffnet. 1857 wurde dann auf dem Gelände in der oberen Beckergrube das Theater und Konzertgebäude mit mehreren Festsälen und Rängen sowie einer voll funktionsfähigen Bühne gebaut.
Aus Sicherheitsgründen musste dieses Haus 1905 geschlossen werden. An seine Stelle trat ein neues Haus. So kam es zur Ausschreibung eines Theaterneubaus, an dem sich namhafte Architekten beteiligten. In nur 14 Monaten wurde das flächenmäßig größte und technisch modernste Theater Deutschlands unter der planerischen Leitung des Architekten Martin Düfler ‚hoch gezogen'. Ende der 20er Jahre wurde der Jugendstil, prägender Ausstattungsstil im gesamten Haus, durch zeitgerechte Ein- und Verkleidungsbauten ‚modernisiert'.
Durch immer unmoderner gewordene Bühnentechnik und unterlassene Investitionen wurde es 1992 für nicht bespielbar erklärt. Nach gewissenhafter Vorplanung begann die Sanierungsphase des Hauses. Das Theater wurde mit einer rationellen Technik ausgestattet, der vorhandene aber verdeckte Jugendstil wurde restauriert. Drei Bühnen befinden sich heute unter einem Dach.

Beethoven Archiv Bonn 1996
Entwurf:
Architekten Van den Valentyn

Man erreicht die Musikarena auf ihrer oberen Ebene, auf der eine geschwungene, eingestellte Arkade zwischen dem rechteckigen Raum und dem Halbrund der Sitzreihen vermittelt. Hinter der Arenabühne, zwischen zwei schwarzen Stahlsäulen, bildet eine konvexe 45 m^2 große Marmorwand aus fein geädertem Nero Marquinia den Bühnenabschluss. Gegenüber korrespondiert ein großes Fenster zum intimen Gartenhof des benachbarten Beethovenhauses. Ein in der Raumecke plazierter Regieturm bildet ein weiteres frei eingestelltes Element im kleinen Saal. Materialien wie Birnenholz als Vertäfelung, Marmor und Parkett als Fußboden oder Alabaster für Lichtabdeckungen unterstreichen die Atmosphäre des Besonderen und Außergewöhnlichen. Dabei bleibt die Architektur einfach und bescheiden.

Forum am Schloßpark Ludwigsburg 1988
Konzert- und Theaterhaus

Architekt: Ulrich Kohlleppel
Innenarchitekten:
Ulrich Kohlleppel und Rudolf Schricker
Raumakustik: Müller BBM

Das Forum am Schloßpark in Ludwigsburg ist eines der zuletzt realisierten Konzert- und Theaterbauten im Essemble, die den kulturellen Anspruch der Gesellschaft unterstreichen soll. In barocker Umgebung und mit Tradition beladen, stellt das Forum am Schloßpark heute eine feste Institution im Reigen der Musikfestivals und der überregionalen Medienpräsenz von musikalischen Ereignissen dar. Besonders der große Konzertsaal ist mit dem Primat einer hervorragenden Raumakustik konzipiert und wird mittlerweile von allen führenden Dirigenten und Interpreten geschätzt.
Die Innenarchitektur dieses Konzertsaals für annähernd 2.000 Besucher ist konsequent den musikalischen Anforderungen der Raumakustik entsprechend konzipiert und visualisiert den Spannungsbogen musikalischen Hörgenusses. Die Möglichkeiten der Inszenierung eröffnen ein immenses Repertoire an emotionaler Ergriffenheit im Gleichklang des kulturellen Ereignisses. Das Raumergebnis ist Konsequenz aus der intensiven Kooperation von Musikern, Theaterleuten, Bühnenspezialisten, Kulturschaffenden und Innenarchitekten.

Stadttheater Freiburg 1998
Architekten: Hochbauamt Freiburg
Lichtgestaltung: Spectral

Neben den allgemeinen Grundforderungen an einen Zuschauerraum wie gutes Sehen und Hören, bequemes Sitzen, angenehmes Raumklima und ausreichend Sicherheit, ist natürlich der gestalterische Ausdruck dieses Raumes von außerordentlicher Bedeutung für das Wohlbefinden des Publikums. Mit dem Einbau der Beleuchtungsstände hinter den Klappwänden der Proszenienbereiche bleiben störende technische Elemente wie Scheinwerfer-Gestänge, Beleuchtungsapparate und Lautsprecher-Aufhängungen aus dem direkten Sichtlinienfeld des Zuschauers verbannt.

Die ursprüngliche Enge des Foyers erhält an dem wiederhergestellten Ort eine festliche Ausprägung. An der Schnittstelle zwischen dem ursprünglichen Foyer und dem großen zweigeschossigen lichten Raum des ‚Winterer-Foyers' sind die Treppen als Verbindung und Trennung zugleich eingefügt.

Schillersaal

Kultur- und Kongresszentrum Liederhalle Stuttgart 1991
Architekt: Wolfgang Henning
Innenarchitekten: S+H Interior Design
Rudolf Schricker + Wolfgang Henning, Stuttgart

Die Erweiterung des bestehenden Kulturräumekomplexes Liederhalle um das Kultur- und Kongresszentrum Liederhalle Stuttgart stellt sowohl in der Größenordnung als auch in der Durchführung ein Novum in der integrierten Planung dar: Innenarchitektur ist erklärtes Ziel, neben dem städtebaulichen Kontext und dem architektonischen Gestaltungsanspruch. Innenarchitektur wird zum ersten Mal Integrationsfaktor, der die Disziplinen vereint: Lichtdesign, Raumakustik, Bühnentechnik, Kommunikationstechnik, Präsentationskultur etc.
Die Innenarchitektur der beiden Säle – Hegelsaal und Schillersaal – charakterisiert den Versuch, der bis dahin gewohnten Technik und Rationalität zudem emotionale Glaubwürdigkeit und Merkmale der Identifikation hinzuzufügen.
Die Gestaltung des Inneren dieses Gebäudekomplexes erfolgte am ‚runden Tisch' unter der Koordination sämtlicher Spezialisten und der Moderation der Innenarchitekten.
Architekten und Innenarchitekten sind zu Partnern generiert. Das Ergebnis ist ein Mehrwert gegenüber der Summe der Einzeldisziplinen.

Hegelsaal

Georg-Friedrich-Händel-Halle Halle (Saale) 1998
Halle A
Architekten: Braun & Schlockermann und Partner

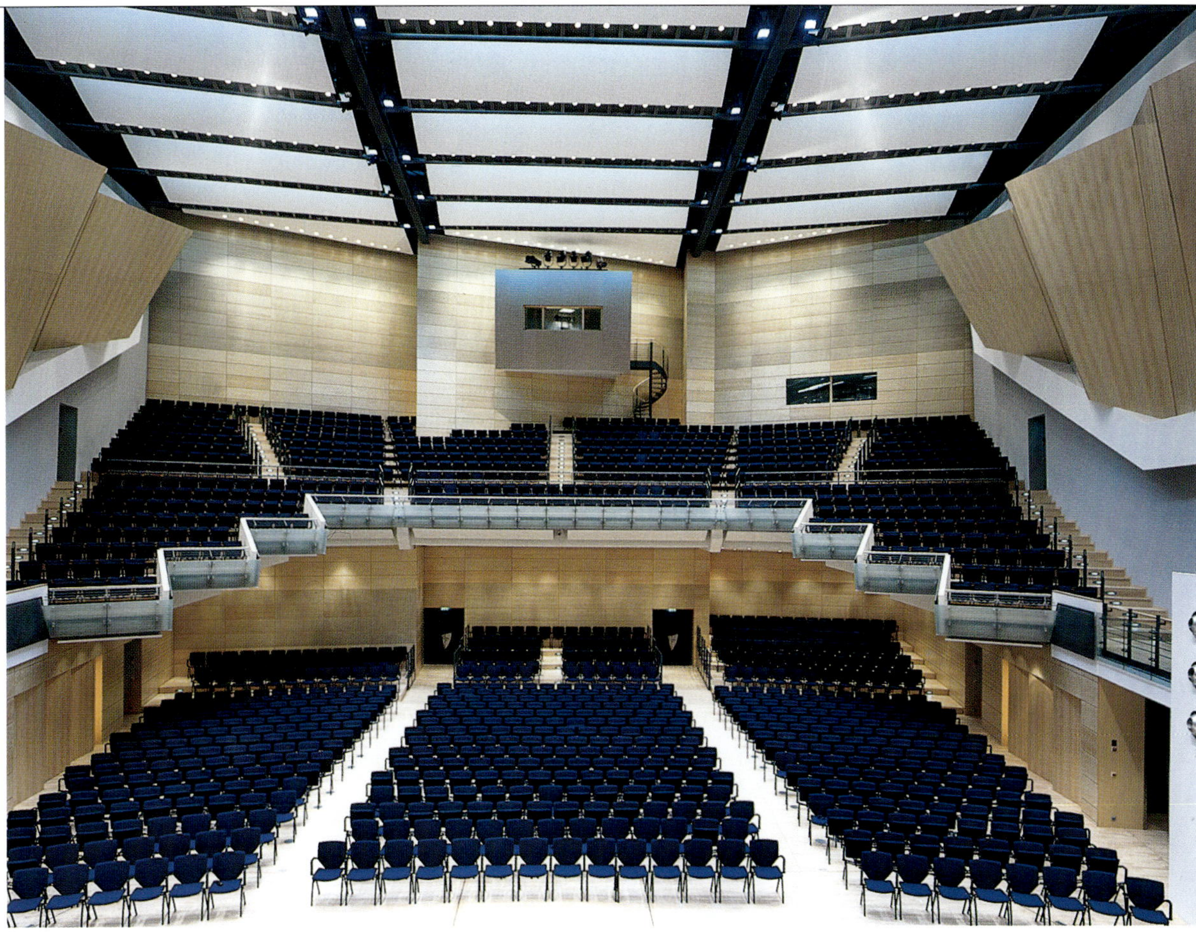

Für die Planung der Konzerthalle stand die Spitze des dreieckigen Baukörpers zwischen Hallmarkt und Salzgrafenplatz zur Verfügung. Deshalb wurde für dieses öffentliche Gebäude eine ausdrucksstarke, herausragende Form gewählt, die zur Dominante des Salzgrafenplatzes wird.
Die Anordnung der Foyers in Galerien um die Fächerform des Großen Saales verdeutlicht die Verschneidung der Formen.
Die Publikumsbereiche sind als Bereiche des gesellschaftlichen Erlebens zurückhaltend gestaltet und bieten so der vielfältigen Nutzung entsprechenden Raum.

Das Prägende des Saales als Klangraum sind die für die Akustik notwendigen Elemente und der Orgelprospekt als zentrales Gestaltungselement. Die Saalwände und die Decke als Reflektionsflächen sind entsprechend den Anforderungen als Holzverkleidung oder als Segel in Gipskarton ausgeführt und expressiv gestaltet. Die notwendigen technischen Elemente bilden sich im Raum ab, die Dachträger werden in der Saaldecke sichtbar, die lüftungstechnischen Elemente als gestalterische Elemente erlebbar. Die Veranstaltungstechnik und Beleuchtung ermöglicht vielfältige Nutzbarkeit.

Katholisches Gemeindezentrum Herz-Jesu
Völkingen-Ludweiler 2000
Entwurf: Lamott Architekten

Das Gemeindezentrum besteht aus verschiedenen Funktionsbereichen: Kirche, Gemeindesaal, Jugendräumen, Pfarrverwaltung, Pfarrhaus, Bücherei und Kindergarten.
Vier Betonscheiben umstehen den Pfarrhof, der als innere Mitte die verschiedenen Bereiche der gesamten Anlage erschließt und räumlich verbindet. Den Kirchenraum betritt der Besucher über einen Holzsteg, der ihn über ein Wasserbecken ins Innere führt.
Ein gefasster Außenraum mit dem vergoldeten Kreuz bildet den Endpunkt des Raumes. Rohe Materialien und puristische Gegenstände folgen dem formalen Diktat einer asketischen Raumvorstellung. Der Entwurf ‚lebt' dabei in der Tradition franziskanischer Gedanken bis hin zu Ansätzen, wie sie von Romano Guardini und Rudolf Schwarz formuliert wurden.

„…was die Bildlosigkeit des heiligen Raums betrifft, so ist dessen Leere doch selbst ein Bild. Oder paradox gesagt: Die richtig geformte Leere von Raum und Fläche ist keine bloße Negation der Bildlichkeit, sondern deren Gegenpol: Sie verhält sich zu dieser wie das Schweigen zum Wort. Sobald der Mensch für sie offen wird, empfindet er in ihr eine geheimnisvolle Anwesenheit. Die drückt vom Heiligen das aus, was über Gestalt und Begriff steht…"

Romano Guardini

Musikgymnasium in Weimar 1999
Entwurf: Architekten Van den Valentyn
Bauherr: Deutsche Bank AG, Taunusanlage 12, 60325 Frankfurt
Wettbewerb: März 1994, 1. Preis
Bauzeit: November 1994 bis Dezember 1995
Volumen: 24 500 m^3
Fläche: 4650 m^2

Das Internat des Musikgymnasiums Schloss Belvedere in Weimar wurde in der ehemaligen Dependance des Schlosses untergebracht.
Als Gegenstück scheint der Neubau der Musikschule mit seinem weißen Betonkörper zu schweben – eine Hommage an das in Weimar gegründete Bauhaus.
Der Neubau enthält den Konzertsaal mit 300 Plätzen sowie Seminarräume.

Kulturbahnhof Kassel 1999
Entwurf:
AG AIS; Architekten H. K. Kirchhoff, Rügemer & Partner,
Kassel und crep Dunkelau, Paulun, Schnucke, Umlauff

Der historische Hauptbahnhof, erbaut im ausgehenden 19. Jahrhundert und nach dem Krieg wiederhergestellt im Stil der 50er Jahre, verlor zu Beginn der 90er Jahre die eigentliche Bedeutung als Fernbahnhof. Der neu errichtete Intercitybahnhof ‚Wilhelmshöhe' übernahm diese Aufgabe. Der Bahnhof drohte in eine strukturelle Krise abzugleiten.
Es mussten neue Nutzungen für das unter Denkmalschutz stehende Empfangsgebäude und die Hallen gefunden werden. Private Initiatoren mit wesentlicher Unterstützung der Deutschen Bahn AG und dem Kulturamt der Stadt Kassel erweckten die Mauern und Halle zu neuem Leben. Programmkinos, Restaurants, ein Bistro, eine Disco, Ausstellungsräume, Tagungsräume, Verkaufsflächen und viele weitere Einrichtungen fanden hier Platz.

Musikschule Fellbach 2000
Entwurf: Lamott Architekten

Das Gebäude besteht aus zwei Bauteilen: einem winkelförmigen Rücken, in dem sich die Übungsräume befinden und einem amöbenhaften Solitärbaukörper, dem Orchestersaal. Beide Baukörper sind über ein Foyer verbunden.
Der Saal besitzt eine Innenwandverkleidung, die akustisch optimiert wurde und sich den unterschiedlichen Ansprüchen anpassen lässt.
Auch die Übungsräume wurden entsprechend der akustischen Anforderungen gestaltet.

Räume für Präsentation

Carl Holste
Prof. Dipl. Des., Innenarchitekt
Geboren 1942
Studium der Innenarchitektur in Detmold.
Verheiratet mit der Innenarchitektin Brigitte Holste.
Seit 1976 selbstständig – Atelier Holste in Hannover, Isernhagen.
Spezialisierung auf die Gestaltung von Messen/Ausstellungen und Veranstaltungen, mit den Schwerpunkten Konzeption, Licht, audio-visuelle Medien, Events, gesamte Projektabwicklung.
1984–92 Professor für das Lehrgebiet Messen und Ausstellungen im Fachbereich Innenarchitektur der FH Lippe in Detmold.
1989–95 Präsident des BDIA.
1994 Wahl in den Vorstand des DAZ, Deutsches Architektur Zentrum, Berlin.
1997 Gründung des Instituts für Messekultur&-design e. V., 1. Vorsitzender.
Lehrauftrag an der FH Hannover, Fachbereich Kunst und Design, Messen und Ausstellungen.

Präsentation

Gestern – Raster
Heute – Szenarische Architektur

Es war der 15. Mai 1947, als der Oberbefehlshaber der britischen Zone in Deutschland, Sir Brian Robertson, und der der amerikanischen Zone, General Lucius D. Clay, befahlen, am 15. August 1947 eine Exportmesse in Hannover zu eröffnen. Am 18. August 1947 war es dann so weit: Die Ursprungsmesse des ‚Wirtschaftswunders' öffnete ihre – nein, noch keine Tore – eher Türchen. 1300 Aussteller boten ein buntes Konglomerat von Bekleidung, Maschinenbau, Holz, Stahl, Spielwaren, Nahrungs- und Genussmitteln und Automobilbau an.
Die beiden eigentlichen Urheber der Veranstaltung, General Draper und Sir Cecil Weir, konnten nach 21 Tagen einen Umsatz von 31,5 Mio. Dollar vermelden.

Die Zukunft hatte begonnen – einer der am meisten verwendeten Begriffe im Messewesen bis heute. Gerade begann auf der Cebit 2002 die Zukunft von Blue tooth.

Trotz Zukunft sei es erlaubt, kurz die Tradition von Messen und Ausstellungen in Deutschland zu bemühen: Architekten wie Walter Gropius, Mies van der Rohe, Lily Reich, Gebrüder Rasch, um nur einige zu erwähnen, haben in den 20er und 30er Jahren auf diesem Gebiet Hervorragendes geleistet.

Die Währungsreform 1949 war die entscheidende Voraussetzung für die Entwicklung der Wirtschaft in der Bundesrepublik Deutschland. Die ‚Deutsche Industriemesse Hannover' etablierte sich 1950 auch an den anderen traditionellen Messeplätzen in der Republik, aber auch in Leipzig gab es erste Ausstellungsaktivitäten. Hinderlich waren noch die verschiedenen Besatzungszonen.

In dieser Anfangszeit waren die Messethemen sehr auf den momentanen Bedarf des täglichen Lebens bezogen. Handwerk und Kunsthandwerk stellten aus, Baumessen und sonstige Endverbrauchermessen fanden statt. Das direkte Lebensumfeld, z. B. ‚Die Stadt von morgen' in Berlin 1957, war relevant.
Die Post signalisierte Normalität in einer verhältnismäßig großen Präsentation 1953 auf der Verkehrsausstellung in München.

In dieser Zeit begann aber auch schon die Orientierung der wieder aufgelebten Schwer- und Investitionsgüterindustrie ins Ausland. Siemens präsentierte sich 1957 auf der ‚Deutschen Industriemesse' in Cairo, Rheinstahl, Demag und Mannesmann 1960 in Teheran.

Gestalterisch kann man diese Zeit als sehr ambivalent bezeichnen – es herrschte eher Einfallslosigkeit. Dennoch tauchten

Hannover Messe 1947
‚Modell einer Rheinbrücke'

Raster 1963
Messestand Roto/Greif
Hannover Messe 1963
Atelier Hupka, Hannover

immer wieder die Namen einiger Architekten, Innenarchitekten und Grafiker auf, die anfingen, sich mit dieser Disziplin auseinander zu setzen.

Prägend war die konventionelle Bauweise, wie in der Architektur. Es wurde vor Ort, natürlich nach Plan, zugeschnitten, montiert und übergestrichen. Für die Beschriftung war noch der Schriftenmaler, bestenfalls mit Pappbuchstaben, zuständig, reine Handwerksbetriebe, meist Tischlereien, besorgten das Übrige.

Gestalterische Einflüsse kamen sehr stark aus der Schweiz, mit dem Schwerpunkt Grafik und Typographie. Vergleichbar mit dem Möbeldesign kamen auch aus Italien und den skandinavischen Ländern gute Beispiele. Starken Einfluss gewann unter anderem die Ulmer Schule, deren Schwerpunkt auch heute noch im Produktdesign liegt.

1955 entwickelten Otl Aicher und Hans G. Conrad das System ‚D55' für die Braun AG und läuteten damit, sicherlich ungewollt, die Zeit des ‚kubischen Denkens' ein. Bis zur Entwicklung der heute bekannten Messebausysteme sollten aber noch Jahre vergehen.

Außer den genannten Einflüssen gab es einige Beispiele, die andeuteten, wo die Entwicklung hingehen könnte, wie z. B. der Show-Room von Olivetti 1954 in New York sowie zukunftsweisende Messestände von Walter Balmer, ebenfalls für Olivetti. Natürlich auch die Weltausstellung 1958 in Brüssel mit dem Deutschen Pavillon von Egon Eiermann und Sepp Ruf sowie die Weltausstellung in Brüssel 1967 mit dem Philips Pavillon von Le Corbusier und der damals sensationellen Multivision im Tschechischen Pavillon von Josef Svoboda.

Langsam aber kristallisierte sich heraus, dass Messestand-Gestaltung ein eigenständiger Bereich in der Innenarchitektur ist. Das starke wirtschaftliche Wachstum in der Bundesrepublik und das hohe außenwirtschaftliche Engagement der deutschen Industrie erforderten immer mehr Präsentationen, auch im internationalen Rahmen.

Ende der 60er, Anfang der 70er Jahre, hatten wir im Westen Deutschlands wieder eine vollständige, breit gefächerte Messelandschaft. Die Messegesellschaften trugen dieser Entwicklung Rechnung. In Hannover entstand mit der Halle 1 die größte Messehalle der Welt, in der die ebenfalls expandierende Büro- und Informationstechnologie eine neue Plattform erhielt. Auch die anderen Veranstalter, z. B. Düsseldorf, bauten neue Gelände oder erweiterten die vorhandenen.

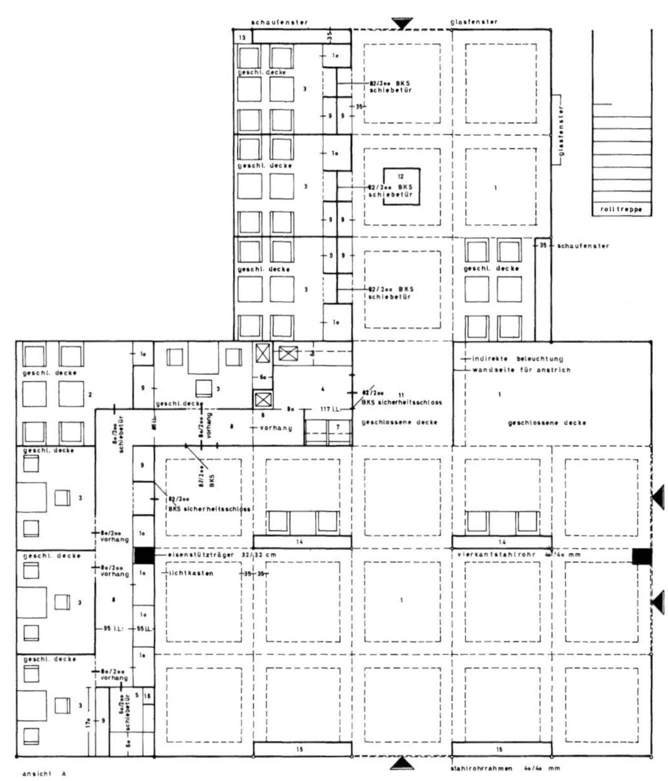

Grundriss zum Messestand Roto/Greif

Konventionell gebaut 1965
Messestand Grundig Werke
Hannover Messe
Atelier Hupka, Hannover

Neue Techniken und Materialien ermöglichen neue Entwürfe 1970
Messestand Unternehmensverband Günther Wagner
Hannover Messe
Atelier Hupka, Hannover

Der Messebau bekam in dieser Zeit vielfältige Impulse durch neue Materialien und Fertigungstechnologien, was auch zu anderen, neuen Konzepten in der Gestaltung führte.

Der Begriff ‚Corporate Identity' hielt Einzug in die Messekonzeption. Otl Aicher entwickelte für ERCO ein völlig neues Erscheinungsbild, Hans von Klier verfasste die berühmten roten Bücher für Olivetti.

Medien und Animationstechniken fanden endgültig Eingang in die Messewelt.

Auch in der Innenarchitektenausbildung bekam das Thema Messen und Ausstellungen mit Gründung der Fachhochschulen einen eigenen Stellenwert.

Messen und Ausstellungen waren auch in der ehemaligen DDR ein viel diskutiertes Thema.
Zitat Rolf Hartmann, Fachschule für Werbung und Gestaltung, Berlin 1983:
„Die so genannte Gestaltungsqualität eines Messestandes ist eine Größe, die von mehreren Faktoren bestimmt wird, so etwa von der Erfüllung politisch-ideologischer, wirtschaftlicher, technisch-wissenschaftlicher, kulturpolitischer und künstlerisch-ästhetischer Ziele ...,
Wer behauptet, auf unserem Gebiet gäbe es ‚Gestaltung an sich', gäbe es die gute, aber unrentable teure Gestaltung, die schöne, aber wirkungslose Ausstellung, der hat nichts begriffen."

Es ist hier durchaus ein hoher Gestaltungsanspruch festzustellen und die Ergebnisse sind, trotz Mangelwirtschaft, durchaus anerkennenswert. Innenarchitekten gab es zu dieser Zeit nicht mehr, Gestalterkollektive erledigten diese Aufgaben.
1983 gab es eine viel beachtete Werkstattausstellung zum Thema ‚Messegestaltung für die DDR' mit angeschlossenem Symposium im Bauhaus in Dessau.

„Der Stand entspricht in seiner Konstruktion der dritten Generation, der systematisierten, konventionellen Bauart“ M + A 1/72
Messestand Grundig AG
Internationale Funkausstellung Berlin 1970
Atelier Hupka, Hannover

Deutschland West ist der Messeplatz in der Welt mit den meisten so genannten Leitmessen, also Veranstaltungen, mit hoher internationaler Bedeutung für die jeweilige Branche – und das gilt bis heute.

Neue, zeitgemäße Messegelände sind entstanden, die den heutigen Ansprüchen, besonders an die globale Kommunikation entsprechen. Wir verfügen über eine hervorragende Infrastruktur und Logistik. Messen und Ausstellungen sind ein bedeutender Wirtschaftsfaktor.

Stand bisher das Produkt oder die zu erbringende Dienstleistung alleine im Mittelpunkt des Messestandes, so kommen heute immer mehr die so genannten ‚added values‘ eines Ausstellers hinzu und müssen konzeptionell berücksichtigt werden. Unternehmensphilosophie, Unternehmenskultur und Hospitality werden immer wichtiger. Die neuen Kommunikationsmöglichkeiten erfordern andere Präsentations- und Kommunikationsformen.

Es entstehen ‚szenische Architekturen‘, die den Besucher emotional ansprechen, Messen und Ausstellungen mit hohem Erlebnisfaktor. So ist es kein Wunder, dass immer mehr Messemacher aus den Bereichen Event, Show, Bühne und Film sich des Themas annehmen.

Beispiele:
Die Expo 2000 in Hannover war zwar keine Messe im üblichen Sinne, ist aber natürlich, wie andere Weltausstellungen vorher, eine Wegmarke in Sachen Präsentation. Kritiker haben sicherlich Recht, wenn sie meinen, auf der Expo sei von allem zu viel da gewesen – zu viel Electronic, zu viel Event. Auf der anderen Seite steht aber dagegen, wie begeistert die Besucher die Menschen, Mischung und Flair innerhalb der Gesamtveranstaltung aufgenommen haben. Diese emotional empfundene Ansprache und Begeisterung,

Ausstellung der DDR Fotoindustrie 1969
Leipziger Herbstmesse
Autorenteam:
Regie und Architektur: Wolf Winkler
Grafik: Jochen Balzer, Siegfried Riemer
Text: P. F. Leopold

‚Silhouette' 1975
Rockwell International
Messe Hannover
Entwurf: Rockwell International, Sunnyvale, USA
Ausführung: Atelier Hupka, Hannover

die Stimmung und die Freude am Dabeisein, machen die Expo 2000 unvergesslich.

Der Mensch ist das Maß! Der sich ständig verändernde Mensch, mit seiner sich ständig verändernden Kultur, verlangt vom Messegestalter höchste Aufmerksamkeit. Sei er nun Aussteller, als Personal auf einem Stand tätig – oder Besucher – jeder hat seine eigenen Bedürfnisse und nur wenn alle zufrieden gestellt sind, ist die Messe ein Erfolg.

„Der Messefachmann sollte etwas vom Seher in sich haben: Vision und Intuition. Er sollte immer auf dem Sprung bleiben. Darum muss er die Zeitsituation zu begreifen trachten, will er an die Zukunft denken. Nur wo Wissen die Zukunft behandelt, kann Wille die Zukunft gestalten. Messefachleute sollten nicht die Letzten von heute, vielmehr die Ersten von morgen sein, also zukünftig leben." Emil Maurer (1973 Missa profana)

VEB Carl Zeiss 1978
Leipziger Frühjahrsmesse
Autorenteam:
Regie und Architektur: Wolf Winkler
Grafik: Jochen Balzer, Siegfried Riemer
Text: Fritz Bierlich

‚Die neue CI' 1980
ERCO-Leuchten GmbH, Lüdenscheid
Hannover Messe
Atelier Holste, Isernhagen

Wanderausstellung 1986
Die Ausstellung ‚Welt Mobil – 100 Jahre Automobil' wurde anlässlich des 100-jährigen Bestehens von Daimler Benz in 5 Städten in Deutschland gezeigt.
Atelier Holste, Isernhagen

‚Große Bilder' 1993
Tyrolia, Wien
ISPO München
Atelier Holste, Isernhagen

‚Electronic Art‘ 1993
Philips Consumer Electronics,
Deutschland
Auf der Internationalen Funkausstellung, Berlin, präsentiert Philips internationale Videokunstwerke. Es entsteht eine Symbiose aus Kunst- und kommerzieller Ausstellung.
Atelier Holste, Isernhagen

‚Hospitality‘ 1998
McCAIN
Intercool, Düsseldorf
Atelier Holste, Isernhagen

Zeichen setzen 1997
A–Motion Tour, Mercedes Benz
Kunst und Kommerz in enger Kooperation.
Ein neuer Autotyp und Avantgardetheater von Fura dels Baus in einem hölzernen Kubus mit weißer Zeltmembran.
Als räumliches Zeichen definiert die Figur in den verschiedenen Orten jeweils einen zentralen, urbanen und charakteristischen Ort.
Kauffmann Theilig & Partner, Architekten BDA, Stuttgart

Innovativ 1999
Gabor Shoes AG
Internationale Schuhmesse, Düsseldorf
Ziel: „Unsere Marktführerschaft und den Imagewert der Marke zu dokumentieren und die Innovativität des Unternehmens zu präsentieren."
d'art Design Gruppe GbR, Neuss

Einprägsam 1998
o.tel.o Communications GmbH & Co.
CeBIT, Hannover
Eine mehr als 50 m lange, autonome, begehbare Großplastik mit high tech Hospitality.
Projektleitung, Kommunikation, Grafik, Fotos: avcommunication, Ludwigsburg
Architektur: Kauffmann, Theilig & Partner, Architekten BDA, Stuttgart

Licht lockt 1998
Monti Crawatte, Krefeld
Herrenmodewoche, Köln
Der dezent, wie originell beleuchtete Messestand, welcher keine einzige Krawatte zeigt, verspricht allein durch seine Aufmerksamkeit erregende Lichtinszenierung und Architektursprache, dass hier mehr zu finden ist, als die bekannte Alltagskrawatte.
Architektur: Büro Bürger, Krefeld
Planer: Innenarchitekten Klaus Bürger und Achim Venzke

Reduced to the max 1999
Montana
Herrenmodewoche, Köln
Klare Formensprache, reduzierte Farbgebung und edle Materialien bilden den Rahmen für hochwertige Mode.
Arno Design, München

‚Elitär & Emotional'

‚Country & Lebensart'

‚Elitär & Emotional'

‚Toskana & Technik'

,Central-Park'

,Grün & Draußen'

Schemagrundriss

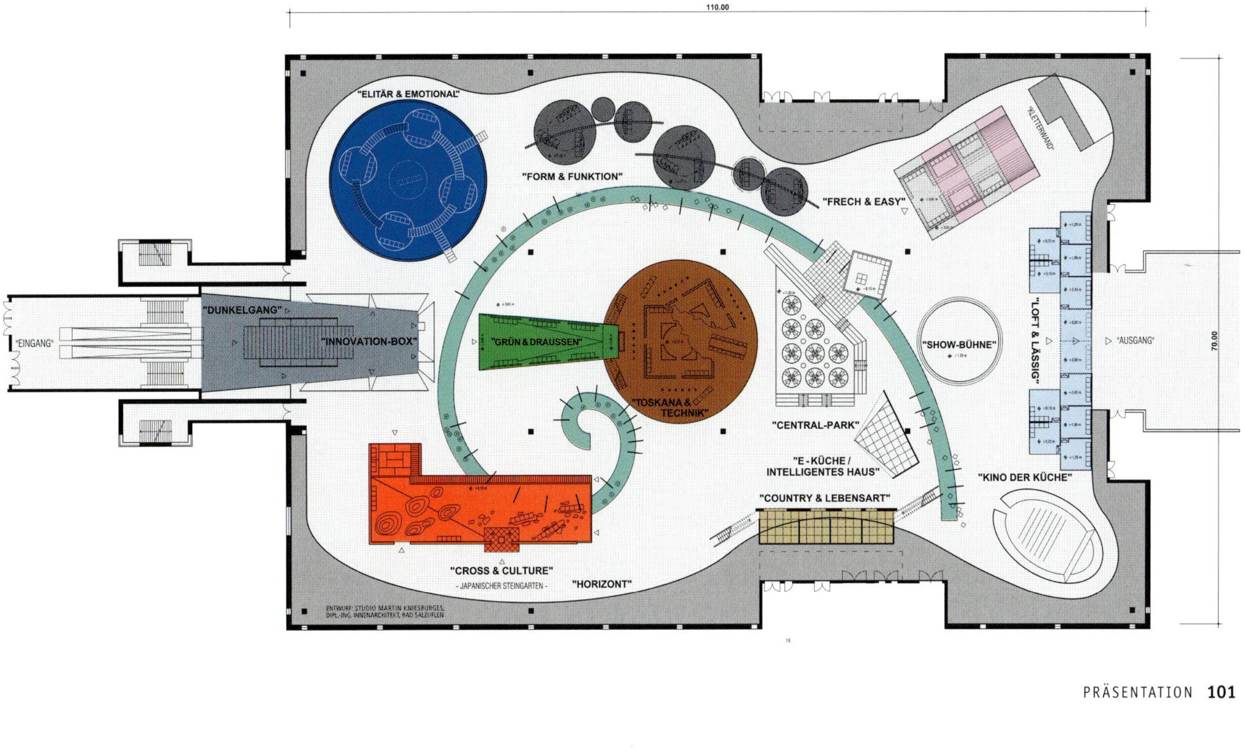

Szenische Architektur 2001
Event ,Living Kitchen' Köln
Bei der ,Living Kitchen' ging es darum, ein strategisches Marketinginstrument für die Messe Köln und die Aussteller zu entwickeln, die mit dieser großen Sonderschau eine völlig neue Plattform erhielten, um ihre Produkte in einer Lifestyle-Erlebniswelt zu zeigen. Dazu wurden in Form von Inseln verschiedene ,Küchenwelten' inszeniert.

Veranstalter: Messe Köln und VddK
Konzeption: Living Media Agentur für Eventmarketing GmbH
Entwurf und Umsetzung:
Atelier Holste, Isernhagen
Studio Kniesburges, Bad Salzuflen
Thomas Pfau, Köln
Show Tech, Köln

Räume für Verkauf

Verkauf

Jutta Blocher
geb. Reischmann,
Dipl.-Ing. (FH) Innenarchitektin
1959 in Bad Mergentheim geboren.
1979–83 Innenarchitekturstudium FH Stuttgart
1983–88 Mitarbeit im Architekturbüro Czermak, Stuttgart und München.

Dieter Blocher
Dipl.-Ing. Architekt BDA
1956 in Heilbronn geboren.
1977–83 Architekturstudium Universität Stuttgart und IIT Chicago, USA.
1984–88 Mitarbeit bei Schultz-Brauns und Partner, München; Schunck und Partner, München; Heinle, Wischer und Partner, Stuttgart.
1986–90 Lehrbeauftragter an der Universität Stuttgart.

1989 Gründung des Büros Blocher, Blocher und Partner, Architekten und Innenarchitekten BDA, Stuttgart.
1996 Partnerschaft mit Wolfgang Mairinger,
1999 Partnerschaft mit Jürgen Gaiser.

Signifikanz der Architektur im Wechsel des Modischen

Beginnen wir mit dem Ende. Im Zeitalter des E-Commerce scheint der klassische Verkaufsraum ausgedient zu haben. Der Zugriff auf die Shopping-Site erübrigt den Umweg ins Geschäft. Die virtuelle Einkaufsmöglichkeit macht den stationären Händler überflüssig. Die Entsinnlichung des Kaufakts, schon vorher oft zur bloßen Bedarfsdeckung in den Selbstbedienungsflächen der Großmärkte an der städtischen Peripherie verkommen, ist damit endgültig an seinem freudlosen Ende angelangt. Doch das Kundenverhalten hat der Euphorie zum Warenhandel über das Internet längst einen Strich durch die Rechnung gemacht. ‚König Kunde' weigert sich nachhaltig, zum Online-Shopper zu mutieren. Die Trendforscher entdecken schon den Gegentrend – und machen sich Gedanken, wie das Kommunikationsmedium ‚Laden' neu zu bespielen ist.

Damit sind wir mitten im Thema, das ein Architekt naturgemäß anders angeht als die Strategen des Marketings. Natürlich muss auch er sich mit den Zauberformeln des Marktes, der Kundenorientierung, differenzierten Kundenwünschen, mit verändertem Kaufverhalten, schließlich auch der Erlebnisqualität des Konsumierens, auseinander setzen – um sich dann wieder seinen ‚festen Größen' zuzuwenden: dem Ort, dem Material, der Konstruktion und der Form.

Bleiben wir einen Augenblick beim Ort. Wer Verkaufsräume plant und gestaltet, plant und gestaltet ein Stück Stadt. Denn in unseren Innenstädten spielt der Handel unter allen anderen Funktionen, die im Stadtraum stattfinden, eine dominante und damit stadtbildprägende Rolle. Verkaufsräume sind angeschlossen an das städtische Wegenetz, mehr noch: Sie sind oft genug Teile des städtischen Wegenetzes, bilden Verknüpfungen, Knotenpunkte, Passagen, Übergänge, Ausbuchtungen und Nischen. Und sie bilden darüber hinaus im direkten Sinne des Wortes ‚eigene Stadträume'.

Die Planungen für Verkaufsräume müssen deshalb mit der Abfolge Stadt – Haus – Raum beginnen und damit ansetzen beim übergeordneten Hochbau und seiner städtebaulichen Einbindung. Versteht man die Stadt als Organismus, dann bilden Läden und Geschäfte Zellen von ganz besonderer Bedeutung: An und in ihnen drängt städtisches Leben verstärkt zusammen. Ein solches Herangehen betrachtet den Innenraum nicht als isoliertes Funktionselement; der Blick richtet sich vielmehr wiederum vom Raum über das Haus auf die Stadt: Stadt als komplexes System von Räumen und deren Nutzung entsteht nur indirekt, über einzelne Baumaßnahmen, verändert sich stetig über eine Vielzahl koordinierter oder nur

Mit den großen neuen Schaufenstern geriet die Tektonik der Steinfassaden aus dem Gleichgewicht.

La Belle Jardinière 1870
Haussmanns Boulevards erforderten Stadthäuser in neuem Maßstab.

lose verknüpfter Raum- und Nutzungsplanungen.

Wir sind damit – gleichsam nebenbei – schon beim Entwerfen gelandet, genauer bei einer bestimmten Entwurfshaltung: Wenn die Stadt stets im Wandel ist, wenn sich also ihre Nutzungen und deren räumliche Organisation und Ordnung stetig verändert, kommt dem Entwerfen, das die Räume auf neue Nutzungen hin verändern, immense Bedeutung (und Verantwortung) zu. Die Anpassung der Räume, speziell der Innenräume, bedeutet eine Veränderung der Elemente und damit des Systems ‚Stadt' selbst.

Spinnen wir diesen Gedanken noch ein wenig weiter, dann wird auch die starre Aufteilung und Scheidung von Innen und Außen wenn nicht hinfällig, so doch transparenter: Es geht nicht nur um die Ausbildung und Zuordnung von Räumen, sondern auch um deren Verflechtung ins Gewebe der Stadt. Damit sind wir auf ein durchaus noch aktuelles Ideal der Moderne gestoßen, das statt den abgekapselten Räumen dem fließenden Kontinuum der Innen- und Außenräume mit offenen Übergängen den Vorzug gibt. Folgen wir diesem fließenden Übergang von außen einmal nach innen, treffen wir auf einen noch älteren Architekturtopos, der sich schon bei Palladio findet: Das Haus mit seinen Innenräumen als Abbild der Stadt, eine Ordnung, aber auch Nutzung der Räume, die eine gewisse Analogie zu denen der Stadt hat, oder in unserem Zusammenhang auf einen kurzen Nenner gebracht: Der Verkaufsraum als idealisierter Stadtraum.

Und damit sind wir bei einer Entwurfsphilosophie, die sich aus unseren bisherigen Überlegungen wie selbstverständlich ergibt: Wege, Häuser, Plätze, oder allgemeiner: Raumfolgen, Situationen, Orte und Orientierungsmarken als komplexes Ordnungsgefüge der Stadt lassen sich als belebende Gliederungselemente auch auf die Gestaltung von Verkaufsräumen übertragen. Anders ausgedrückt: Mit dem „Vokabular der Stadt" (Gordon Cullen) lassen sich auch Innenräume neu „buchstabieren". Die Straße ist dann nicht nur Erschließungsweg, sondern eine dynamisch bewegte Laufebene in einer unverwechselbaren Topographie, die sich ausbuchtet, zum Platz erweitert, in Gassen übergeht, Nischen bildet oder einen Durchblick freigibt. Die Raumkanten lassen sich behandeln wie markante Architekturformen im Stadtraum. Der Stadtraum selbst findet seine Übersetzung in Raumfolgen mit unterschiedlichen Milieus, bei denen weite Flächen in überschaubarem Maßstab gegliedert und begrenzt werden.

Aber nicht nur die Komplexität in der Horizontalen als Wesensmerkmal der Stadt, sondern auch die urbane Vielgestaltigkeit in der Vertikalen lässt sich auf Innenräume übertragen. Das Kaufhaus z. B. ist im Gegensatz zur linearen Addition der Geschäftsstraße ein gewissermaßen potenzierter Markt, der die vertikale urbane Schichtung verlangt. Damit rücken die vertikalen Erschließungselemente, vor allem die Treppe, wie im urbanen Raum wieder in den Mittelpunkt. Über ihre bloße (Erschließungs-)Funktion, ihre raumprägende gestalterische Ausbildung hinaus trägt sie wesentlich zur Erlebnisqualität auch in Innenräumen bei. Natürlich sollen Treppen den Benutzer beim Gehen führen, ihm Orientierung geben. Aber beim Begehen der Treppen geschieht noch etwas mehr: Eine Vielzahl von Sichtverbindungen und Perspektiven, Aus- und Einsichten, Überblicke und Blickbegrenzungen lässt den Raum zu einem spannungsreichen, kurzweiligen und anregenden Seherlebnis werden.

Le Tapis Rouge 1870
Bühnenreifer Auftritt: Die hohe Lichthalle ist das Markenzeichen der ersten Warenhäuser in Paris.

Das Kaufhaus Schocken in Stuttgart 1926–28
Erich Mendelsohn gibt der Moderne Schwung: Die Kurven des Treppenhauses und der Schriftzug Schocken verleihen der Fassade Werbewirkung.

Haupthof in Olbrichts Tietz-Bau
Ein mustergültiges Vorbild für viele Kaufhäuser in Deutschland.

Konsumkathedralen
Pfeilerfront des Warenhauses Tietz in Düsseldorf von Josef Maria Olbricht 1906/07.

Mit den Treppen sind wir schon fast bei den Gestaltungsdetails von Verkaufsräumen. Richten wir von hier aus den Blick noch einmal auf ein grundsätzlicheres Problem: Handel und Stadt, das sind bis heute fast Synonyme. Und dennoch gelingt es immer weniger, urbanes Marktgeschehen anschaulich und reizvoll in das Leben der Stadt einzubeziehen. Das hat nicht nur mit der funktionalen und formalen Gleichschaltung der Fußgängerzonen durch Filialisten zu tun; und es ist auch nicht allein den planlos wuchernden, geschichts- und gesichtslosen Einkaufsdepots an der städtischen Peripherie in die Schuhe zu schieben. Es geht im Kern, gerade für Architekten, um die Frage, warum die Verkaufsräume und die Geschäftshäuser das Stadtbild immer weniger im Hinblick auf eine erkennbare und unverwechselbare Identität positiv zu prägen vermögen. Hierauf finden wir kaum Antworten ohne einen kurzen historischen Rückblick.

Wenden wir uns im schnellen Zeitraffer also den Stationen der immer wieder aufeinander angewiesenen, auch voneinander abhängigen Entwicklungsschritte von Handel und Stadt zu – oder einfacher gefragt: Wie haben die Läden als Stadtbaustein auch die Entwicklung der Stadt geprägt?

Seit jeher war der Straßenraum Ort der Warenpräsentation und Verkaufsraum unter freiem Himmel. Die ersten Läden gehen aus den Werkstätten der Handwerker hervor, die sich mit einem aus Brettern und Bohlen gefertigten Klappladen zur Straße öffnen und mit dieser baulich primitiven Einrichtung eine höchst wirkungsvolle Warenpräsentation erreichen. Diese in das Stadtleben ganz selbstverständlich integrierten Verkaufsluken mit hölzernen Läden finden sich übrigens weltweit, manchmal mehr an die fliegenden Buden eines Jahrmarkts erinnernd oder ohne baulichen Abschluss nach draußen in den Basaren des Orients. Wie viele städtischen Funktionen, die lange Zeit auf „offener Straße" stattfanden, wird dann auch der Warenaustausch mehr und mehr „domestiziert", zieht sich ins Innere der Gebäude zurück, in denen sich Ladenlokale ausbilden, die durch eine verglaste Fensteröffnung Licht und Präsentationsflächen nach außen erhalten: Das Schaufenster trat so auf den Plan. Folgen wir der Entwicklung des Schaufensters bis zum Ende des 19. Jahrhunderts, fällt auf, dass sich trotz aller technischer und konstruktiver Fortschritte – die vor allem eine erhebliche Vergrößerung der Glasflächen zulassen – die Fassaden der frühen Kaufhäuser zunächst noch der Anschaulichkeit der alten Kaufmannsläden folgen. Bis in die 70er Jahre des 19. Jahrhunderts existieren Läden und kleinere Kaufhäuser vor allem im Erdgeschoss von Wohnhäusern. An höher gelegene Geschäftsräume konnte sich das deutsche Publikum zunächst nicht gewöhnen. Erst um die Jahrhundertwende sprengt der Handel dann die alte Kleinteiligkeit, die Betriebsflächen dehnen sich auf das ganze Gebäude aus, nutzen die gesamte Hausparzelle und beziehen auch Nachbargrundstücke mit ein, während die Wohnflächen zunehmend verschwinden. Und damit verändert sich auch das Straßenbild und wird zum Spiegel der veränderten Funktion.

Der Prototyp des Warenhauses, der für alle europäischen Metropolen zum musterhaften Vorbild wurde, entstand im Paris des Zweiten Kaiserreiches. Die wichtigste stadtstrukturelle Voraussetzung für das Aufkommen und die Prosperität der ‚Grands Magasins' seit 1860 waren die neuen breiten Straßen, die Baron Haussmann wie Schneisen durch das verwinkelte Stadtzentrum von Paris schlug. Diese Boulevards bereiteten den Raum für eine monumentale Randbebauung, die wiederum den großen Kaufhäusern Rahmen und Maßstab setzte. Wesentliches Merkmal dieses neuen urbanen, für große Besuchermassen konzipierten Bautyps bildete die mehrgeschossige, von Galerien gesäumte und mit einem Glasdach abgeschlossene zentrale Halle, die einen transparenten Lichthof bildet. Zum ersten Mal taucht dieser Lichthof 1863 im Kaufhaus ‚La Belle Jardinière' auf (entworfen von Henri Blondel). Dass

Die uniforme Einheitsfassade
Mit den Waben von Egon Eiermann zeigen die Kaufhausfassaden der Stadt den Rücken.

man dabei Konstruktionsprinzipien folgt, die auch bei Ausstellungsbauten, Bahnhöfen und Glashäusern Anwendung fanden, zeigen die dünnen Eisenstützen und das voll verglaste Dach des ‚Magasin du Bon-Marché', bei dessen Entwurf nicht zufällig Gustave Eiffel federführend war. Zum architektonischen Hauptmotiv werden in diesen Lichthöfen die großzügig entwickelten, raumgreifenden Treppenanlagen – beim Neubau des ‚Bon Marché' dient die große Treppe der Pariser Oper als Vorbild. Und diese Anklänge zur Theaterarchitektur weisen der Treppe mehr als nur Erschließungsfunktion zu: Die Treppe wird zur Bühne, auf der die Kunden des Warenhauses gleichzeitig Akteure wie Zuschauer in einem Spektakel waren, dessen Kulisse die ringsum entfesselte, überbordende Warenfülle bildete.

Überhaupt bildet diese neue Warenhausarchitektur ein seltsames Zwitterwesen: Fanden, was die Konstruktionsweisen, die Materialien (Glas und Gusseisen) und die technische Ausstattung (künstliche Beleuchtung) betrifft, die neuesten Bautechnologien rasch und zumindest im Inneren sichtbare Anwendung, blieb man beim Außenbau, trotz der großflächigen Verglasung, bei den historistischen Steinfassaden oder Verkleidungen – meist im Stil der an Palastarchitektur anschließende Neurenaissance oder in Barockformen mit imposanten Ecktürmen. Gerade diese Spannung zwischen dem modernen Inneren, das sich zur Straße in immer größeren Schaufenstern öffnete, und dem historistischen Formenkanon der Steinfassaden und -verkleidungen außen stellten die Architekten vor erhebliche gestalterische Probleme. Und diese Spannung wird in der Warenhausarchitektur dann schließlich erst mit den voll verglasten Fronten der Curtain-Wall-Fassaden aufgelöst – Riesenschaufenster, die keiner historistischen Nobilitierung mehr bedürfen.

Die neuen Warenhäuser – in Deutschland wurden die von den Architekten Bernhard Sehring und Alfred Messel für die Berliner Warenhäuser Tietz und Wertheim entworfenen Gebäude vorbildhaft – trugen gleichzeitig auch entscheidend dazu bei, eine neue Konsum-Mentalität auszubilden, die den prosaischen Vorgang des Warenerwerbs zu einem gleichsam süchtig machenden Erlebnis steigert. Emile Zola beschreibt in seinem Roman ‚Au bonheur des dames', wie vor allem die weiblichen Käuferschichten der Lockung der kunstvoll arrangierten und raffiniert aufgetürmten Warenfülle erlagen – das Warenhaus wird zum Ort der Verführung. Inszeniert wird diese Verführung durch das Raffinement der Warenhausarchitektur, die die Versatzstücke früherer Stilepochen zwanglos mit modernen Konstruktionen und Materialien mischt, ein Raumerlebnis mit dem Genuss des Warenangebots so geschickt kombiniert, dass die Architekturhülle und Warenfülle ein alle Sinne fesselndes Gesamterlebnis stimulieren.

Das war ein Inszenierungshöhepunkt, dem bald die Ausnüchterung der Warenhäuser folgen sollte – vielleicht auch in der Einsicht, dass derartig faszinierende Innenwelten die notwendige Aufmerksamkeit für die Ware auch stören konnten.

Die volle Verglasung der Warenhausfront und damit die starke Betonung der Vertikalen (das Riesenfenster des Berliner Kaufhauses Tietz war 26 Meter breit und 17,5 Meter hoch) wurde bald schon durch Brandschutzbestimmungen unmöglich gemacht, die über den der Ausstellung von Waren dienenden Fenstern eine geschlossene Wand von mindestens einem Meter vorsahen. Diese vorgeschriebenen Streifen führten zwangsläufig dazu, die horizontal geschichteten einzelnen Geschosse wieder zur Geltung zu bringen. Besonders deutlich ist dies an Erich Mendelsohns Kaufhäusern, vor allem dem für Schocken in Stuttgart, abzulesen. Verloren gegangen sind dieser

Raumerlebnis beim Treppengehen
Perspektivenwechsel für Flaneure

Urbane Öffnung
Das Innen und Außen des Stadtraums im Fluss – Kaufhaus Konen in München

Modehaus Konen München 2001
Bauherr: Konen Bekleidungs KG
Planung Architektur + Innenarchitektur:
Blocher, Blocher und Partner, Stuttgart

Der dynamisch gerundete Eckbau als transparente Klammer eines stadtbildprägenden Ensembles.
Am Kunden orientiert: deutlich ablesbare, leicht verständliche Raumerschließung.

Architektur die großzügigen Raumbildungen im Inneren und die Öffnung zur Stadt hin. Geblieben ist die Werbewirksamkeit der Architektur: Bei Mendelsohn wird die Front mit dem riesigen Schriftzug ‚Schocken' zur plakativen Architektur.

Machen wir einen Zeitsprung in die fünfziger und sechziger Jahre: In einer Zeit stürmischer Bauentwicklung und blühender Prosperität wurde um das Warenhaus kein großes architektonisches Federlesen mehr veranstaltet. Die Bauaufgabe ‚Kaufhaus' sei an sich sehr einfach, schreibt Otto Völckers in seiner 1949 erschienen ‚Gebäudelehre': „Sie läuft bloß darauf hinaus, in den baupolizeilichen Grenzen möglichst viel zusammenhängende und beliebig benutzbare Verkaufsflächen mit möglichst wenig Stützen zu schaffen, wie es ähnlich auch im Fabrikbau die Regel ist." Damit reihte man sich auch in Deutschland in die anglo-amerikanische Tradition ein, die ihren Warenhaustyp aus dem Lagerhaus entwickelte, bei dem irgendwelche architektonische Inszenierung kaum eine Rolle spielte. Die Funktionalität des Fabrikwesens wird nun auch dem Kaufhaus verordnet, wobei es in erster Linie darum geht, die Warenvielfalt schnell und ökonomisch – möglichst mit dem Auto – ausschöpfen zu können. Die Fassaden der Kaufhäuser werden zum Magnet des Massenkonsums, das Innere ist nur noch ein architektonisch banales Warenlager. Unter dem Primat der Nützlichkeit wird das wesentliche Merkmal des Warenhauses die Rolltreppe, die in den

geometrischen Schwerpunkt des Grundrisses wandert und die Käufer an einem Gefüge von gleichgültigen Querräumen vorbeigleiten lässt. Diese ‚Verkaufsschlachtschiffe', wie sie der Architekturkritiker Manfred Sack in den siebziger Jahren nennt, wenden mit ihren meist geschlossenen Fassaden auch der Stadt den Rücken zu, während ihr künstlich belichtetes, belüftetes und klimatisiertes Inneres hermetisch von der Außenwelt abgeschottet ist. Nichts erinnert hier mehr an die differenzierten Raumschöpfungen der ersten Warenhäuser in Paris; die Warenhäuser sind räumlich und architektonisch zum Massenartikel geworden, zur bloßen Addition von Flächen. Resigniert resümiert in den 80er Jahren eine Geschichte der Warenhäuser: „Die Warenhäuser haben an Anziehungskraft verloren, sie sind von einem Symbol zu einem Symptom des 20. Jahrhunderts geworden und scheinen der Betrachtung nicht mehr wert."

Natürlich ist diese Bilanz etwas zu dunkel grundiert. Wir haben sie dennoch an den Schluss unseres kleinen historischen Exkurses gesetzt, weil sie gleichsam einen End-, aber auch einen Wendepunkt markiert. Nicht nur im Städtebau wendet man sich seit den 80er Jahren kritisch gegen den Vulgärfunktionalismus; auch die Konsumenten sind der karg-lieblosen Verkaufskulissen zunehmend überdrüssig. Gerade für die kommerzielle Architektur stellt sich damit eine alte Aufgabe neu, die in den Anfängen der Warenhaus-Architektur beeindruckend gelöst wurde: Zur Identität der Stadt beitragen, den Stadtbewohnern Erlebnisräume schaffen, in denen städtisches Leben aktiviert wird, und dennoch zugleich daran verdienen.

Es ist höchste Zeit, dass wir uns etwas konkreter und im Detail mit dem Entwurf heutiger Verkaufseinrichtungen widmen. Wie also sieht Architektur aus, die ein Vehikel des Verkaufs sein soll?

Leitmotiv
Die Ellipseform der Abteilungszentren wird vom Deckenfeld unterstrichen und findet sich als Anklang auch in gebogen ausgeführten Möbeln.

Lederfachgeschäft Horstmann + Sander
Hannover 2000
Bauherr: Horstmann + Sander GmbH & Co. KG
Planung Architektur + Innenarchitektur: Blocher, Blocher und Partner, Stuttgart

Innovation, die nach außen ausstrahlt
Nachts leuchtendes Objekt, tags mit Transparenz und Spiegelung. Der zentrale glasüberdachte Luftraum mit der vertikalen Treppenachse bietet spannungsreiche Perspektiven für den Auftritt des Kunden

Vor falschen Illusionen muss hier allerdings gleich gewarnt werden: Es gibt keine Architektur aus dem Geist des Marketings. Wir müssen vielmehr die Frage anders ausrichten: Worin besteht der Mehr-Wert der Architektur, der sich in den Dienst des Marketings stellen lässt.

Die Auskunft der Trendforscher am Markt kann uns dabei etwas weiterhelfen: Die Zeiten sind vorbei, dass sich der Kunde mit der Minimalfunktion Geld-Ware begnügt. Es heißt Abschied nehmen vom klassischen Konsumenten, der, in erster Linie materiell orientiert, nur seine Versorgung und seinen Bedarf deckt. Das Konsumieren hat sich aus seiner alten Zweckbindung gelöst und ist Teil der Freizeitgestaltung geworden. Und damit rückt für den Käufer die Erlebnisqualität in den Vordergrund. Dabei ändert sich die Funktion der Waren, deren Produktnutzen vom Erlebniswert überlagert wird. Der nüchterne Kaufakt verwandelt sich in einen Lifestyle-Event, bei dem es um Selbstdarstellung, Hebung des Lebensgefühls, um emotionale Stimulanz und Befriedigung usw. geht. Das Kauferlebnis wird so zum positiven Beitrag zur Lebensqualität.

Schon aus diesen wenigen Einsichten heutiger Verkaufspsychologie lassen sich die Anforderungen, die heute an die Architektur von Verkaufsräumen gestellt werden, ableiten. Zur bloßen Nutzenerfüllung durch die bautechnische Struktur und ihren ökonomischen Funktionswert kommen zwecküberschreitende Aufgaben hinzu. Und die wohl wichtigste dabei ist die Inszenierung eines erlebnisreichen Raums, die Vorbereitung einer Bühne für den Auftritt des Kunden, des Verkäufers und der Ware.

Wir sind auf die Bühnenmetapher schon bei den ‚Grands Magasins' des 19. Jahrhunderts gestoßen. Wichtiger als die Metapher ist uns aber das Modell, an das es heute wieder anzuknüpfen gilt: Befreit man die damalige Warenhausarchitektur von ihrem zeittypischen Kulissenzauber und dem Glamour des Dekors, kommt der architektonisch durchgebildete Raum zum Vorschein – ein Raum, der die innovativste Bautechnologie zur Befriedigung der Schaulust, zur Fesselung der Sinne, zum Spiel mit den Emotionen einsetzt, konzipiert für eine Erlebnisgesellschaft, der die Integration von Unterhaltung und Einkaufen mühelos schafft und gleichzeitig den festen Rahmen bildet für die Begegnung mit der fassbaren Attraktion der schönen Dinge. Und schließlich ein Raum, in dem der potenzielle Kunde zum Akteur wird und nicht nur passiver Zuschauer ist angesichts eines nackten Warenangebots.

Inszenierter Hintergrund
klare und eindeutige Formensprache für Lederwaren und Reiseaccessoires.

Inszenierung von Räumen meint so die Schaffung von Räumen mit starker emotionaler Persönlichkeit und Identität. Statt um vordergründige Reklamekulissen und durchschaubaren Fassadenglanz geht es hier um die Sinnlichkeit der klaren, ruhigen und eindeutigen Form, transparent und materialgerecht gestaltet. Das ‚less is more' der klassischen Moderne bietet gerade in unserer reizüberfluteten Umwelt genügend Potenzial, im wahrsten Sinne des Wortes wieder Raum für Wahrnehmung zu schaffen.

Wenn wir von Inszenieren sprechen, dann meinen wir Hintergründe bilden, die sich nicht in den Vordergrund spielen. Das gilt auch für die Warenpräsentation. Die Welt der Waren lebt vom schnellen Wechsel und Wandel, von der Kurzfristigkeit der Trends, Moden und Stile. Das ästhetische Verfallsdatum von Architektur folgt hier längeren Intervallen. Gerade darin aber liegt gerade auch beim Präsentieren ihre Stärke. Denn Präsentieren meint heute nicht nur das Vorzeigen und Darbieten von Novitäten. Gezeigt wird noch etwas anderes: Nämlich das Image des Produktes, die Produktphilosophie und nicht zuletzt die Selbstdarstellung des Herstellers oder Händlers. Die Architektur vermittelt hier die visualisierte und konzentrierte Botschaft, die ‚message' eines Unternehmens. Und diese Botschaft muss über die aktuelle Warenkollektion hinaus Gültigkeit haben. Der Architektur kommt hierbei die Aufgabe zu, eine Balance zu finden zwischen der Kontinuität der Unternehmensphilosophie und der Innovation des Warenangebots. Die Signifikanz der Architektur gegenüber dem ephemer Modischen zu behaupten – das scheint uns als Architekten eine Entwurfshaltung, die auch durch die Trends von morgen nicht überholt sein wird.

Aurelia Apotheke Baden-Baden 1998
Bauherrin: Petra Welk
Planung: Innenarchitekturbüro Klaus Bürger, Krefeld
Projektbeteiligter: Dipl. Des. Achim Fenzke

Blick durch das Schaufenster

Sichtwahl

Handverkaufstisch mit Cortain-Stahlplatte

Der Entwurf für diese Apotheke in Baden-Baden musste das enge Raumangebot in einem alten Postgebäude intelligent ausnutzen, was nur durch die Einbeziehung der Raumhöhe von 4 m zu erreichen war. So entstand über den Apotheken-Ziehschränken eine weitere Ebene für einen Besprechungsraum und die Rezeptur.
Die 2,50 m breite und 4 m hohe rostige Cortain-Stahlplatte leitet die Hereinkommenden zum Verkaufstisch. Durch die Platte erhält auch der dahinter liegende Arbeitsraum die notwendige Intimität.

Aluminiumwand

Offizin

‚Garderobe'-Designermode Wiesbaden 2000
Bauherren: Claudia und Günther Windel
Planung: Rainer Lucas, Ulrike von Wysocki-Lucas, Krefeld

Streng lineare Materialien, wie die fünf Meter hohen dunklen Holzwände aus Palisanderholz und der Bodenbelag aus hellem portugiesischem Naturstein, bilden den reduzierten Hintergrund der präsentierten Mode und Accessoires. Das Hauptaugenmerk lag auf dem Verbinden der zwei unterschiedlich proportionierten Räume zu einer zusammenhängenden Verkaufsfläche. Einheitliche Materialien wie der helle Naturstein in der Horizontalen und das Palisanderholz der Wandscheiben in der Vertikalen schaffen optischen Halt und Zusammenhang.

Modegeschäft Düsseldorf 1999
Bauherr: Toni Gard-Fashion GmbH
Planung: Annette Hülser-Stöhr, Düsseldorf
(in Zusammenarbeit mit Peter Schmidt-Studios, Hamburg)

Zwei Vorgaben prägten das Entwurfskonzept entscheidend:
Einmal die Forderung nach flexibler Nutzung, die sowohl eigenständige Läden als auch ‚Shop in Shop' oder ‚Shop in Store' ermöglicht; zum anderen die Corporate Identity der Marke, die ein einheitliches, wiedererkennbares Auftreten auf globalen Märkten gewährleistet und in sehr präzise formulierten architektonischen Vorstellungen zum Ausdruck kommt. Eine schlichte, geradlinige Formensprache mit zurückhaltenden Grautönen und hochwertigen Materialien schafft einen anspruchsvollen, zeitlos-puristischen Rahmen für die Modepräsentation. Die Eingangsbereiche sind als ‚Laufstege' ausgebildet, auf denen sich der Kunde als Model erlebt und in die Welt der Mode hinübergeleitet wird. Raumhohe Fotowände am Ende des Stegs nehmen die aktuelle Kampagne der Marke auf und bilden ein optisches Highlight des Stores.

Galerie für zeitgenössischen Schmuck München
1997
Bauherrin: Isabella Hund
Planung: Landau + Kindelbacher, München
Projektbeteiligte: Lene Jünger

Die in einem Nachkriegsbau gelegenen Ladenräume umfassen die Schmuckgalerie und die zugehörige Goldschmiedewerkstatt. Um die ungünstig gelegene Werkstatt mit dem Verkaufsraum zu verbinden, wurde die trennende Wand aufgebrochen. Der klare hohe Verkaufsraum wird geprägt von einem zentralen Raumteiler mit ausfahrbarem Thekenkubus, Kasse und integrierter Vitrine. Das liegende, lang gezogene Rechteck ist Thema auch der anderen, skulptural in den Raum gestellten Vitrinen: einmal bei dem an einer Edelstahlstange befestigten Ahorn-Holzkubus; zum anderen bei den drei übereinander angeordneten Edelstahlvitrinen, die vor einer raumhohen Glasschiebetür angeordnet sind.

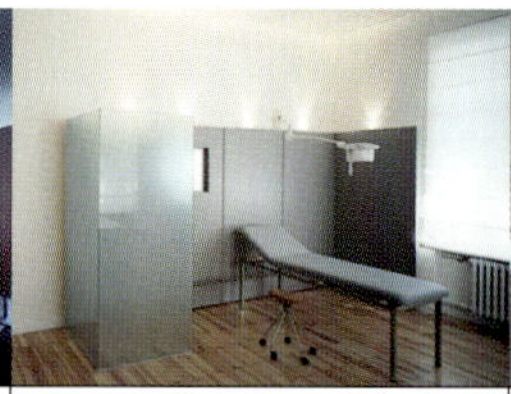
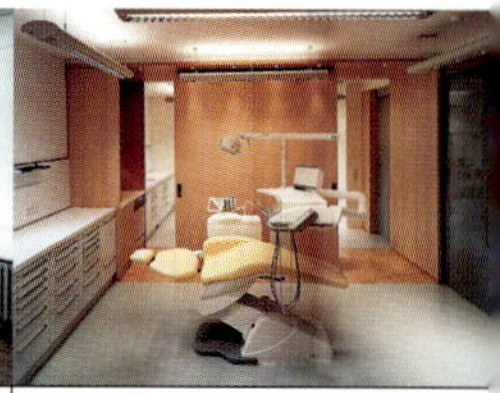

Räume zum Heilen

Gerhard Landau
Dipl. Ing. Architekt
1965 geboren in Rodalben.
1990 Diplom Architektur FH München.
1990–92 Michael Hopkins + Partners, London.
1992 Eigenes Büro in München.
1993 Partnerschaft mit Ludwig Kindelbacher.
1998–2000 Lehrauftrag FH Rosenheim.
2001 Gastkritiker an der ESAG Paris.

Ludwig Kindelbacher
Dipl. Ing. Architekt
1965 geboren in München.
1990 Diplom Innenarchitektur FH Rosenheim.
1989–93 Schmidt-Schicketanz + Partner, München.
1993 Partnerschaft mit Gerhard Landau.
1994 Diplom Architektur FH München.
1999 Berufung in den BDIA.
2000–2001 Lehrauftrag FH Rosenheim.

Zahlreiche Auszeichnungen, Veröffentlichungen und Ausstellungen im In- und Ausland.

Heilen

Arztpraxen und Krankenhäuser

Die aktuelle formale und inhaltliche Entwicklung der Innenarchitektur ist besonders bei Arztpraxen sehr dem ‚Zeitgeist' unterworfen. Bei der Betrachtung der Veröffentlichungen und der ausgeführten Beispiele lassen sich fast bis auf das Kalenderjahr genau die aktuellen Trends hinsichtlich Material und Farbgebung datieren.

Grund dafür ist die Vielzahl der Praxisgründungen und die Kompaktheit der Baumaßnahme. In der Regel vergehen von der Planung bis zur Fertigstellung weniger als ein Jahr.

Bei der geschichtlichen Betrachtung ist auffällig, dass die Entwurfsaufgabe ‚Arztpraxis' in der Nachkriegszeit bis in die frühen 70er Jahre nahezu nicht existiert. Die Innenarchitektur der Arztpraxen wird in dieser Zeit fast ausschließlich durch die Medizineinrichter mit ihren Standardmöbelprogrammen übernommen. Ganzheitlich gestaltete Praxen durch Architekten und Innenarchitekten stellen bis in die späten 80er Jahre eher eine Ausnahme dar.

In dieser Zeit lassen sich einige postmodernistische Beispiele für Praxisgestaltung finden, die oft über eine reine Dekoration bzw. eine gewisse Materialverliebtheit nicht hinauskommen.

Ganz anders die Situation heute. In allen Fachrichtungen der Medizin lassen sich eine Vielzahl konsequent durchgeplanter Praxen finden. Hier werden durchgängige Konzepte vermittelt, die vom Behandlungsansatz der Ärzte bis hin zum Grafikdesign stimmig sind. Eine enge Zusammenarbeit zwischen dem Arzt als Bauherr und seinen Planern ist deutlich erkennbar.

Gründe für diese positive Entwicklung der Baukultur im Praxisbereich dürften unter anderem die zunehmende Konkurrenzsituation der Ärzte sein, die in einer indivduell gestalteten Praxis eine verbesserte Chance sehen sich auf dem heutigen Markt zu behaupten und eine qualitativ hochwertige medizinische Versorgung dem Patienten auch gestalterisch zu vermitteln.
Zudem erweckt die Bauaufgabe der Praxisplanung immer mehr das Interesse der selbstständigen Architekten und Innenarchitekten, die in den fetteren Jahren der Nachkriegszeit diesen ‚kleinen' Bauaufgaben weniger Beachtung schenkten.

Bei den hier beispielhaft gezeigten Krankenhausbauten lässt sich die positive Entwicklung der letzten Jahren zu einem menschlicherem Maßstab erkennen. Ebenso gewinnt die Qualität und Aussage der eingesetzten Materialen immer mehr an Bedeutung.

Klinikum Kassel
Entwurf: Bieling + Bieling, Kassel
Architekten BDA
Bauzeit: 1999 – 2000

Die Zielvorstellung der Aufenthaltsqualität der Innenräume geht deutlich in die Richtung der Hotelatmosphäre.
Ein Bestreben zur Reduzierung des Energieverbrauchs schon in der Entwurfsplanung ist erkennbar.

Bei der inhaltlichen und formalen Betrachtung dieser Großbaumaßnahmen muss immer die enorme Zeitspanne zwischen Entwurf und Fertigstellung sowie die komplexen technischen und planerischen Zusammenhänge berücksichtigt werden.

Ziel des Entwurfs war es, der Gesamtanlage des Klinikums Kassel einen angemessenen Schwerpunkt innerhalb der weitläufigen Pavillionbauweise der einzelnen dezentral organisierten Klinikgebäude zu verleihen und gleichzeitig die seit den 50er Jahren bestehende Eingangssituation neu zu organisieren.
Das gläserne Empfangsgebäude fügt sich leicht und unaufdringlich in die leichte Hanglage ein und bildet durch seine transparent gestaltete Außenhülle einen fließenden Übergang von Innen- und Außenraum.
Neben seiner Empfangs- und Informationsfunktion beinhaltet der Neubau ein Cafe, das im Sommer durch Öffnen der Glas- und Holzlamellenfassade in den Außenbereich erweitert werden kann.
Der Mittelpunkt der Halle bildet ein dreigeschossiger massiver Baukörper, der gleichzeitig den zentralen Informations- und Treffpunkt sowie eine Verbindung zum Kellergeschoss darstellt.
Durch die leichte und transparente Gestaltung der Außenfassaden entsteht im Inneren der Halle ein wohltuendes Spiel aus Licht und Schatten, welches sich auf den hellen Bodenbelägen sowie auf den Fassaden der eingestellten farbigen Baukörper abzeichnet.
Eine subtropische Vegetation im Innenraum unterstreicht die lebendige Atmosphäre und lässt eine hohe Aufenthaltsqualität entstehen.
Die Außenhülle des Gebäudes ist durch eine vorgelagerte Haut aus Zedernholzlamellen gestaltet. Sie sind Teil des umfangreichen Klimakonzeptes und sorgen durch ihre automatische Steuerung für ein optimales Verhältnis zwischen Verschattung und Ausblick in den Außenraum.
Die horizontale Dachverglasung erhält innen liegend eine Schicht steuerbarer Glaslamellen. Durch eine großflächige Bedruckung dienen sie der Tageslichtlenkung und regulieren den Einfall solarer Wärmestrahlung in den Innenraum.

Kreiskrankenhaus Meißen
Entwurf: Wörner + Partner, Frankfurt
Freie Architekten BDA
Bauzeit: 1994 – 98

Universitätsklinikum Aachen

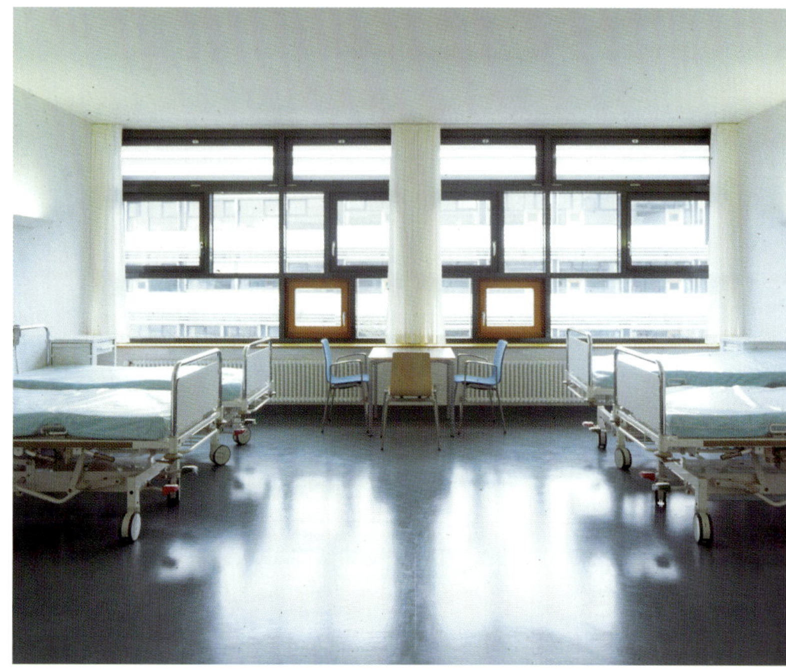

Die Lage und Größe des leicht abfallenden Grundstücks in der Nassauischen Auenlandschaft am Meißener Stadtrand erlaubte die Planung eines niedrigen, raumgreifenden Gebäudes, das an allen Ecken und Enden einen Dialog mit seiner Umgebung eingeht. Für eine verständliche Architektur und eine einfache Orientierung innerhalb des Hauses sorgt die Gliederung der Gesamtanlage in mehrere untereinander verbundene Baukörper. Eine lebendige Fassade aus Holz, Stein, Beton, Glas, Spiegelflächen, Aluminium und Putz, die sich innerhalb des Gebäudekomplexes immer wieder neu zu stabilen, transparenten oder wohnlich wirkenden Baukörperteilen zusammensetzt, wiederspiegelt nach außen die Aufgaben der verschiedenen Bereiche im Inneren des Krankenhauses.
Denn um die einmalig schöne Lage des Krankenhauses optimal zu nutzen, wurden alle Patientenzimmer im Normalpflegebereich an ihren Stirnseiten bis auf einen kleinen Sockel raumhoch verglast, sodass heute die herrliche Umgebung von den Patienten auch aus einer liegenden Position jederzeit wahrgenommen werden kann. Kleine, in die großflächigen Fensteröffnungen integrierte Holzflügel und eigenhändig steuerbare Stoffmarkisen motivieren die Patienten zu einer individuellen Klimatisierung ihres Raumes. Licht, Luft und die reizvollen Farbenspiele der Natur dringen von draußen durch die französischen Fenster bis in den letzten Winkel der Zimmer und unterstützen deren freundliche Atmosphäre, die durch ein Farbkonzept aus den Farben Grün, Gelb und Orange und einem Materialkonzept ruhigen, harmonischen Grundcharakters geprägt sind.
Die großen Fensterflächen, die schlichten weißen Wände und die weiß getünchten Decken geben den Patientenzimmern eine überraschende Großzügigkeit und Weite. Deshalb sorgen dunkel getönte Linoleumböden wiederum bewusst für Begrenzung und Dimensionierung, gewissermaßen für den festen Halt unter den Füßen der Patienten.
Patienten oder Besucher, die die Zimmer durch Türen aus Ahornholz betreten, werden in einem kleinen Vorraum, der sich durch die Lage der Patientenduschbäder zum Flur hin ergibt, warm empfangen. Diesen Effekt erzielen die, in diesem Bereich der Zimmer abgehängten Decken und die dezente Beleuchtung der in die Decke integrierten Mini-Down-Lights. Die Belichtung des Haupträume erfolgt tagsüber auch an trüberen Tagen mithilfe der hellen, gut reflektierenden Wände vorwiegend natürlich über die großen Fenster. Auf Deckenleuchten wurde jeweils verzichtet. Ihre Aufgabe übernehmen Wandleuchten über den Bettenplätzen, die atmosphärische Lichtfächer ausbreiten. Weitere Leuchtkörper, wie das Nachtlicht, die Notbeleuchtung und blendfreie kombinierte Lese- und Arbeitsleuchten sind Bestandteile von je nach Nutzerwunsch vertikalen oder horizontalen Versorgungseinheiten.

Universitätsklinikum Großhadern

Krankenhaus Agatharied
Entwurf: Nickl + Partner, München
Bauzeit: 1994 – 98

Die große Baumaßnahme gliedert sich in einen Behandlungstrakt, vier pavillonartige Bettenhäuser und die Psychiatrie, die Elemente der Bettenhäuser aufnimmt und variiert. Das umfangreiche Bauprogramm wurde wie eine kleine Stadt gegliedert.
Die Gestaltung der Grundrisse geht wesentlich auf die Entscheidung zurück, den Weg vom Pflegenden zum Patienten so kurz wie möglich zu gestalten, die Verkehrswege immer natürlich zu belichten und so wieder neue Qualitäten für das Spazieren, Verweilen und Gesundwerden zu erreichen.

Bei der Entwicklung der Patientenzimmer wurde ein neues Konzept beschritten: Je 17 Bettenzimmer gruppieren sich um einen Innenhof und sind im Stationszentrum mit einer gleichartigen Station verbunden.
Alle Zimmer haben einen Klima- und Lärmpuffer, die Ausstattung mit fahrbarem Mobiliar, Parkettfußböden sowie Wandschutz aus Holz ist ebenso eigens für diese Zimmer entwickelt wie die neuartige Medienführung am Bett. So ist weit gehend die übliche Krankenhausatmosphäre vermieden.

Informationstafel an der Tür zu einem Patientenzimmer

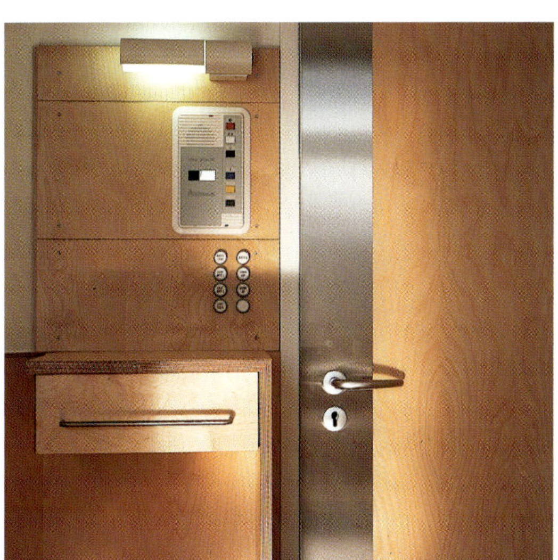

Waschbecken und Badebecken in einem Geburtszimmer

Ambulantes Herzzentrum Kassel
Entwurf: Bieling + Bieling, Kassel
Architekten BDA
Bauzeit: 1999 – 2001

Das ambulante Herzzentrum gliedert sich in zwei Gebäudeteile:
Ein l-förmiger Sockel bildet die massive Grundstruktur des Gebäudes, auf die ein gläserner, mit vertikalen Aluminiumtafeln überzogener Baukörper aufgelegt ist.
Im Sockelbaukörper sind der Klinikbereich in den unteren Geschossen sowie die Funktionsräume der oberen Geschosse organisiert. Feine horizontale Fugenprofilierungen sowie tief liegende Aluminiumzargen gliedern den Sockel und unterstreichen gleichzeitig seine Massivität.
Der zur Straße hin orientierte Kubus beinhaltet die Untersuchungs- und Praxisräume in den Obergeschossen.
Seine feinteilig gegliederte Außenhülle spiegelt durch Materialien wie Glas und Aluminium den technischen Inhalt des Gebäudes wieder. Die vorgehängten Aluminiumtafeln sind Bestandteil des Heizungs- und Lüftungssystems und tragen zur streng vertikalen Gliederung des Gebäudes bei.
Reduzierte Holzoberflächen setzten gestalterische Kontrapunkte im Außenbereich und leisten eine thematische Überleitung zum Gebäudeinneren.
Der Innenraum wird geprägt durch warme Holzoberflächen in der Fassadenkonstruktion sowie den Bodenbelägen.
Farbig gestaltete Wandflächen stärken den warmen Charakter im Inneren und helfen Ängste der Patienten abzubauen.
In den Obergeschossen entfaltet sich das Haus unter einem gläsernen Dach. Frei auskragende Galerieebenen und leichte Treppen- und Geländerkonstruktionen wandeln den Aufenthalts- und Wartebereich zu einem spannungsvollen Raum.

Müritzklinik in Klink
Entwurf: Thomas Schindler
Architekt BDA
Bauzeit: 1995–97

Die Form des Gebäudes folgt der Höhenlinie eines Geländeversprungs. Mit dieser der Landschaft entlehnten geschwungenen Linie, erhält die Müritzklinik eine geschützte, einladende Eingangsseite und eine sich zum See hin öffnende Gebäudefront.
Die gesamte Anordnung der Gebäudeteile innerhalb des organisch in die Landschaft eingefügten Gesamtkomplexes erleichtert den Patienten die Orientierung und vermittelt Geborgenheit.

Die Patientenzimmer sind als öffnende Räume geplant. Es sind Einzelzimmer mit Bad und WC. Sie dienen während des Aufenthalts als Rückzugsmöglichkeit in die Privatsphäre. Die großzügigen Balkone ermöglichen die Verbindung zur Natur.
Die Therapie mit Seminar-, Aufenthalts-, Gymnastik-, Büro- und medizinischen Räumen sind im massiven, festen Gebäuderücken untergebracht.

Die hotelähnliche Atmosphäre der Patientenzimmer entsteht durch das elegante Mobiliar und die raumhohen Fenster.

Wellness- und Saunabereich

Zahnarztpraxis Wolfenbüttel

Privatpraxis für Zahnheilkunde in Dachau 1999
Entwurf: Landau + Kindelbacher Architekten – Innenarchitekten BDIA

KFO Praxis in Oppenheim am Rhein 1998
Entwurf: Landau + Kindelbacher Architekten – Innenarchitekten BDIA

Raumkonzeption
Entwurf: Landau + Kindelbacher
Architekten – Innenarchitekten BDIA

Die Grundlage der Planungen für Praxisneugründungen stellen oft ehemalige Wohnungsgrundrisse im Alt- bzw. Neubau oder nutzungsneutrale Gewerbeeinheiten mit starren Fassadenraster und Gebäudetiefe dar, nur in den seltensten Fällen lässt sich bei einem Neubau der Idealplan für eine Praxis verwirklichen.
Das Raumprogramm der Praxen verlangt jedoch stets nach unterschiedlichen, teils sehr kleinteiligen Raumgrößen, durch den Behandlungsablauf des Arztes sind die Funktions- und Raumzusammenhänge weit gehend festgelegt.
Um dennoch eine großzügige Raumwirkung zu erzielen, werden hier tradierte Vorstellungen von komplett abgeschlossenen Bereichen überarbeitet und durch fließende Räume ersetzt, frei eingestellte Elemente für die öffentlichen Bereiche wie z. B. Empfang und Warten und transparente bzw. mattierte Bauteile gliedern die Räume und erzeugen wo gewünscht Intimität.
Bewusst wird der Ausbau von der Gebäudehülle gelöst.
Die einfachen Formen verlangen eine präzise Detailierung und Fügung der Bauteile. Eine strenge funktionale Ausrichtung der Gestaltungsmittel und die Reduktion auf wenige materialgerecht eingesetzte Baustoffe prägen die Ausbauten und erzeugen die angestrebte zeitlose Atmosphäre.
Die Beleuchtung akzentuiert den Entwurfsgedanken und verhilft den eingesetzten Materialien zur ihrer Wirkung.

Dermatologische Praxis in München 1996
Entwurf: Landau + Kindelbacher, München
Architekten – Innenarchitekten BDIA

Eine 3-seitige Faltung aus Buchenholz charakterisiert den zentralen Empfangs- und Wartebereich. Die hölzernen Wandelemente übernehmen die Abgrenzung zu den Behandlungszimmern und dem OP und dienen als Stauraum in der kleinen Praxis. Oberlichtbänder und Bullaugen versorgen den Innenbereich mit Tageslicht. Die stringente Zonierung der Funktionen und minimierter Materialeinsatz verleihen den Räumen Ihre Großzügigkeit.

Praxis für Zahnheilkunde in München 1999
Entwurf: tools.off architecture

Das Innenraumkonzept besteht aus einem erlebbaren Raumkontinuum mit weichen, fließenden Formen und einem Spiel aus Positiv- und Negativräumen.
Kräftige Farben bestimmen die Räume und kontrastieren mit herkömmlichen Sehgewohnheiten im medizinischen Bereich. Der currygelbe Zentralkörper nimmt untergeordnete Funktionsräume auf und ist vorwiegend geschlossen. Umso einladender wirkt die großzügige Geste der sich öffnenden Empfangsbereiche.
Die verwendeten transparenten und opaken Materialien sind auf die jeweiligen Raumnutzungen abgestimmt.

KFO Praxis in Sulzbach 1998
Entwurf: Landau + Kindelbacher, München
Architekten – Innenarchitekten BDIA

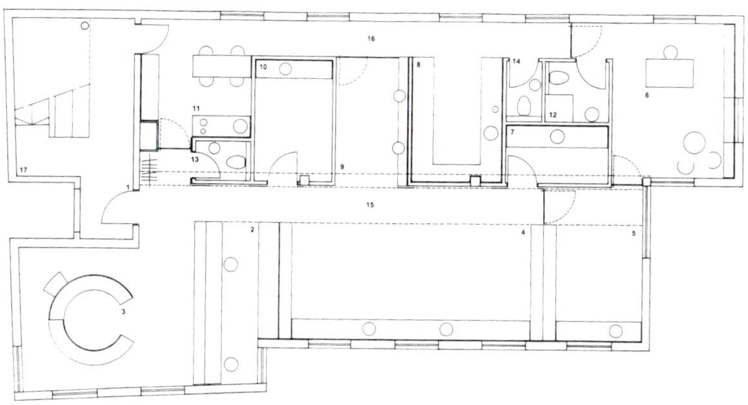

KFO Praxis in Wiesbaden 1998
Entwurf: Landau + Kindelbacher, München
Architekten – Innenarchitekten BDIA

Flur vor dem Umbau

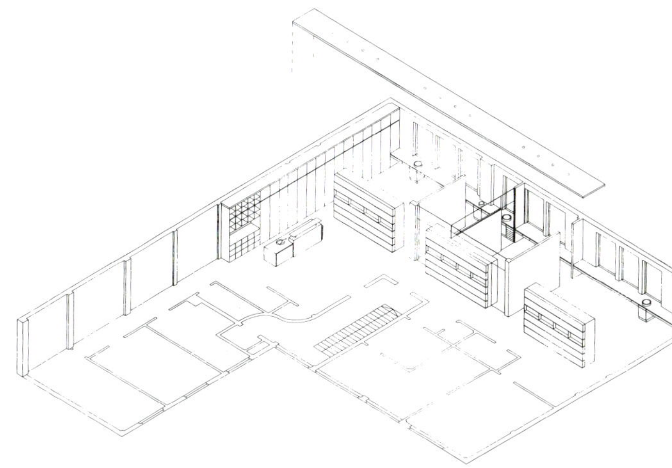

Doctor Blacks Surgery

Verbesserte Technologien und neue Forschungsergebnisse ermöglichen der Medizin unkonventionelle Wege zu gehen. Der Entwurf für die Low-level-Lasertherapie versucht formal diesen Fortschritt dem Patienten zu verdeutlichen.
In der Audiometriekabine wird ein Hörtest durchgeführt. Um eine möglichst geringe Schallübertragung von innen nach außen und umgekehrt zu gewährleisten, wurde der komplette Raum inklusive der Sitzflächen in der Wandnische mit Schaumstoff ausgepolstert und mit weißem Kunstleder überzogen.

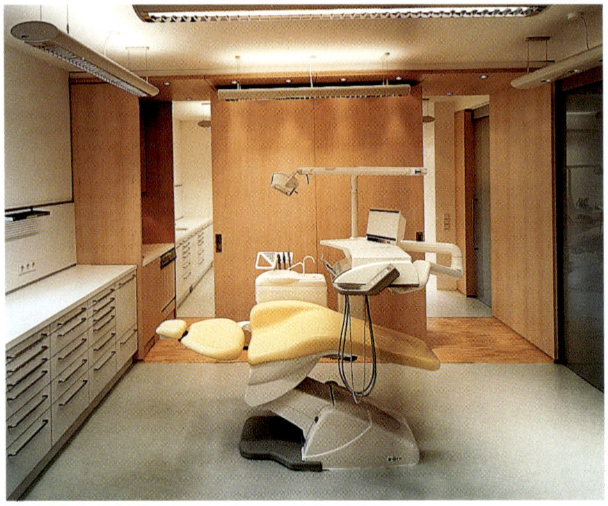

KFO Praxis in Aindling
2000
Entwurf:
Landau + Kindelbacher, München
Architekten – Innenarchitekten

Behandlungseinheit

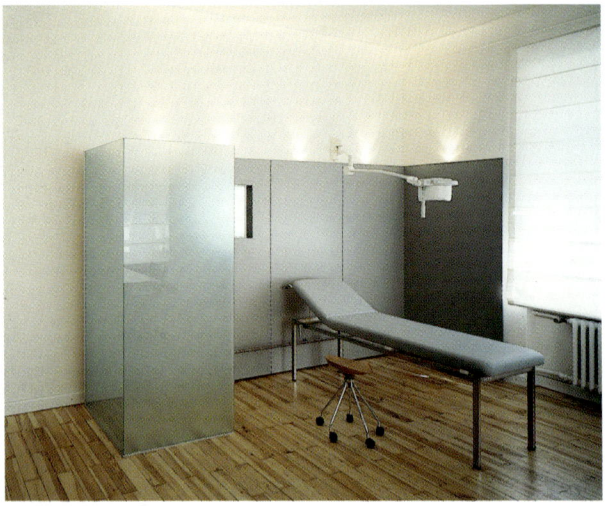

Praxis für plastische Chirurgie in München
1999
Entwurf:
Landau + Kindelbacher, München
Architekten – Innenarchitekten

Umkleidekabine aus mattiertem Glas mit Untersuchungsliege

KFO Praxis in Oppenheim 1998
Entwurf:
Landau + Kindelbacher, München
Architekten – Innenarchitekten

Hinterkopfzeile als Raumbildendes Element

Praxis für Lasertherapie in Bad Füssing 1998
Koubek + Hartinger, Passau
Innenarchitektur

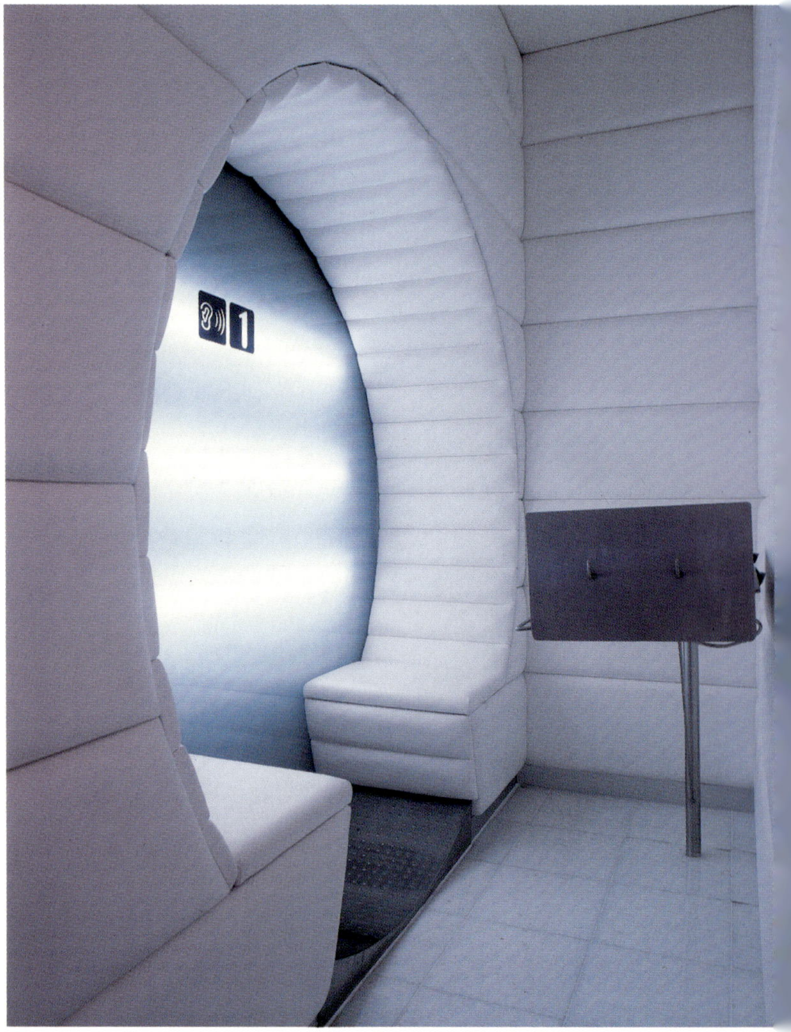

Klinik in Nürnberg 2000
Entwurf: Etschmann + Noack, Fürth
Innenarchitekten

OP in einer Praxis für plastische Chirurgie. Hinter den gläsernen Wandverkleidungen des OP werden wechselnde Lichtmotive als flexibles Gestaltungsmittel eingesetzt und dienen zur Ablenkung der Patienten. Elektronisch regelbares farbiges Licht in den Raumkanten wechselt zwischen Gelb und Orangetönen und wird überlagert von wellenförmig angeordneten sich bewegenten Leuchtdiodenpunkten in Sichthöhe des Patienten.

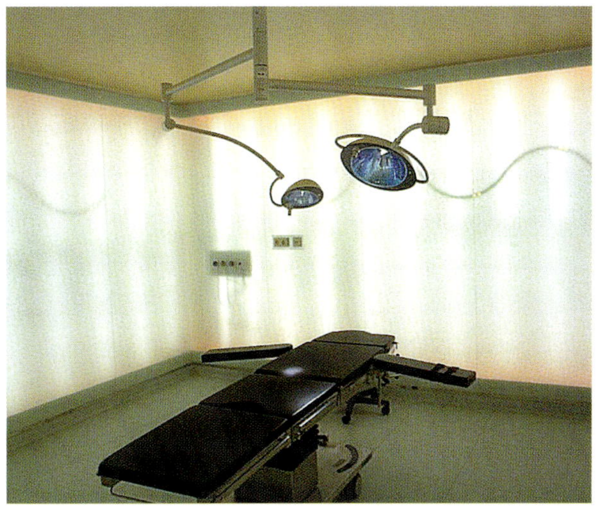

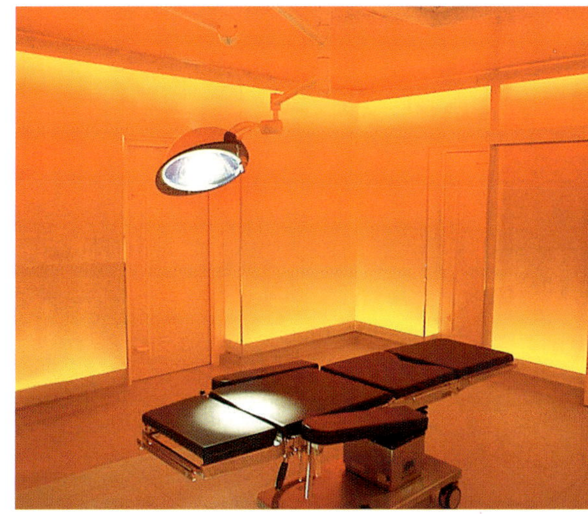

KFO Praxis in Senden 1998
Entwurf: Weber + Hummel, Stuttgart
Architekten

Das inhaltliche und räumliche Zentrum der KFO-Praxis wird durch den Wartebereich gebildet. Von diesem Atrium aus kann der ‚Patient im Mittelpunkt' durch offene Ärztebereiche und semitransparente Behandlungszimmer am Praxisgeschehen teilhaben. Um ein gewisses Maß an Intimität in den Behandlungszimmern sicherzustellen erhalten die raumhohen Glaswände eine Mattierung in Form eines durchlaufenden Textbandes.

Johanne Nalbach
Hon. Prof. Dipl. Ing. Architektin
1961–1969 Studium der Architektur an der Technischen Hochschule Wien.
1966 ‚Schule des Sehens' bei O. Kokoschka, Sommerakademie Salzburg.
1975 Gründung des gemeinsamen Architekturbüros Nalbach Architekten in Berlin, inzwischen mit Partner-Büros in Dortmund, Salzburg und Kuala-Lumpur.
1992 Verleihung des österreichischen Ehrenkreuzes für Wissenschaft und Kunst.
1995–96 Mitglied des Gestaltungsbeirates des Landes Oberösterreich.
Seit 1996 Adjunct Professor an der State University of Kansas in Lawrence, USA.

Gernot Nalbach
Prof. Dipl. Ing. Architekt
1961–1968 Studium der Architektur an der Technischen Hochschule Wien.
Seit 1970 ordentlicher Universitätsprofessor für Entwerfen an der Universität Dortmund.
Seit 1975 gemeinsames Architekturbüro mit Johanne Nalbach in Berlin.
Gastprofessuren in Brasilia, Moskau, Amsterdam, Utrecht.
1992 Verleihung des österreichischen Ehrenkreuzes für Wissenschaft und Kunst.
1993–96 Mitglied des Stadtforums der Stadt Berlin.
Seit 2002 Mitglied des Gestaltungsbeirates des Landes Oberösterreich.

Räume für Gäste

Der Begriff ‚Hotel' lässt nur noch den Unbedarften an Großstadt, Luxus, Abenteuer und interessante Begegnungen denken und ist bebildert durch Filme und Bücher, seltener durch eigene Erlebnisse. Eher nüchtern klingt die Definition des Hotels als wirtschaftlicher Betrieb: „Das Hotel ist ein Beherbergungs- und Verpflegungsbetrieb gehobener Art mit entsprechender baulicher Gestaltung und Einrichtung seiner Räume."

Ein Hotel ist heute ein Ort, an dem der Gast entweder kostbare freie Zeit mit längerer Verweildauer oder beruflich bedingte Zeit – oft nur für eine Nacht – verbringt. Die Hotelkategorien reichen vom kleinen Landgasthof mit höchstens 10 Zimmern über das mittelstädtische Hotel bis zu den Häusern großer Hotelketten, die mit ihren bis zu 500 Zimmern eigene Zentren bilden, die der Gast aufgrund ihrer Ausstattung gar nicht verlassen muss.

Ein Hotel gliedert sich in verschiedene Funktionsbereiche, die je nach der Zugänglichkeit für den Gast unterschiedliche Vorgaben für das gestalterische Konzept beinhalten. Hauptschauplatz in einem Hotel ist die Halle, das Entree, dem auch bei einem kleinen Hotel die Bedeutung des ersten Eindrucks sowie des Übergangs vom Außen- zum Innenraum zukommt. Hier erfährt der Gast den ersten persönlichen Kontakt mit dem Hotel. Das Foyer spiegelt das Hotelkonzept wider, gleichsam wie das Hotel selbst repräsentiert sich im Foyer als Treffpunkt auch der Gast, der dort wohnt. Eine repräsentative Bedeutung innerhalb der Hotelkonzeption nehmen alle Bereiche ein, die halb öffentlichen Charakter haben wie z. B. das Restaurant und die Bar, aber auch die Hotelsuiten mit ihren großzügigen Raumfolgen, in denen man nicht nur übernachtet, sondern Geschäftspartner und Gäste empfängt.

Im Gegensatz dazu sind die Standardzimmer dem Gast vorbehalten und weniger auf Repräsentation ausgerichtet, sondern eher im Hinblick auf Komfort und einen angenehmen Aufenthalt multifunktional möbliert und gestaltet. Durch ein Angebot unterschiedlicher Räume können die individuellen Bedürfnisse des Gastes, wie der Wunsch nach einem besonderen Ausblick oder einem größeren Bad, berücksichtigt werden.
Die für den Gast unzugänglichen Service-Räume eines Hotels sind rein funktional konzipiert und gestaltet. In allen Bereichen des Hotels kommt der Materialwahl und Beleuchtung eine große Bedeutung zu – sei es um eine der Funktion entsprechende Atmosphäre zu assoziieren oder einen der Funktion entsprechenden reibungslosen Ablauf zu ermöglichen.

In der deutschen Hotelkultur war Berlin vor dem Zweiten Weltkrieg führend. Grandhotels der zwanziger Jahre waren

Hotel Stadt Berlin Berlin-Ost 1970

Hilton Hotel Berlin Berlin-West 1958

unter anderen das ‚Adlon', ‚Bristol', ‚Esplanade', der ‚Kaiserhof' und der ‚Habsburger Hof'. Die Namen waren international gewählt, verwiesen auf berühmte Reisende, den Besitzer oder Adelsgeschlechter. Sie waren den höheren Gesellschaftsschichten vorbehalten, zur Eröffnung des Hotels ‚Adlon' erschien der Kaiser höchstpersönlich.

Nach dem Zweiten Weltkrieg waren Unterkünfte knapp. In den von Zerstörung verschont gebliebenen Hotels wurden die Besatzer und Flüchtlinge untergebracht. Der Wiederaufbau betraf nicht nur die Hotels und Gaststätten, sondern auch die damit verbundenen Verkehrsmittel und Wege. Zerstörte Hotels wurden meist am alten Standort wieder aufgebaut, bei Neubauten verschob sich dieser durch Flug- und Autoverkehr vom Bahnhof weg – man denke nur an Frankfurt und sein Bahnhofsviertel. Es entstanden Rasthäuser und Airport-Hotels. Das Wirtschaftswachstum und die Verkehrsentwicklung der Nachkriegszeit steigerten die Nachfrage nach Übernachtungsmöglichkeiten und bewirkten einen Hotelboom. In den 60er Jahren gehörten die neu entstehenden Hotels meist internationalen Hotelketten amerikanischen Ursprungs an. Die zu dieser Zeit gebauten freistehenden Großhotels bestanden meist aus einem breiten, flachen Sockelgeschoss und einem daraus emporragenden Turm. Dessen Breite entsprach zweimal der Zimmertiefe plus der Flurbreite. Im Sockel befanden sich Foyer, Restaurant, Schwimmbad, Bar und Konferenzräume. Bezeichnet wurde diese Form in ihrer Entstehungszeit als ‚Breitfußtyp'. Er fand sowohl in der damaligen BRD als auch in der DDR im Hotelbau Anwendung.

Das Merkmal internationaler Hotelketten wie ‚Hilton', ‚Sheraton' und ‚Intercontinental' war ihr standardisiertes Erscheinungsbild. Egal ob Chicago oder Berlin, der Gast fand sich immer zurecht. Die Bettenanzahl wurde in Abhängigkeit des Standortes und der zu erwartenden Gäste bei Ausstellungen, Tagungen und Kongressen zunehmend höher. 1968 wurde in West-Berlin ein japanisch-deutsches ‚Imperial-Hotel' mit 800 Betten geplant. Bis heute garantieren Hotelketten einen immer gleichen Standard unabhängig von ihrem Standort. Das Konzept beinhaltet Tagungsräume ebenso wie Freizeiteinrichtungen, die wirtschaftliche Auslastung solcher Hotels ist von der Fünf-Tage-Arbeitswoche bestimmt.

Verließ der Gast die großzügig bemessenen, sparsam möblierten Foyers dieser Hotels über Aufzüge nach oben, befand er sich auf immer gleichen Etagen mit funktional ausgestatteten Zimmern, rechts und links der Flure. Die Architekten und Innenarchitekten der Hotelketten planten

Foyer Hotel Intercontinental Frankfurt am Main 1946

Standard-Hotelzimmer der 60er Jahre

Räume aus Fertigteilen, eingerichtet mit Serienmöbeln. War ein Teil des Interieurs beschädigt, konnte es für den Gast unbemerkt ausgetauscht werden. Zur Ausstattung der standardisierten Zimmer gehörte inzwischen selbstverständlich das eigene Bad, ein Telefon und ein Fernsehgerät. Die Möblierung bestand aus Bett, Nachttisch, Schreibtisch, Stuhl und Schrank, die Oberflächen waren furniert. Als universelles Möbelstück diente oftmals eine lange Bank entlang der Wand, die in den Höhen variierte, eine so genannte ‚Schreibtisch-Bank-Nachttischkombination'.

Wurde in den 50er und 60er Jahren auf noch selbst organisierten Reisen in Pensionen und auf Campingplätzen übernachtet, forderte der aufkeimende Massentourismus ins Ausland auch hier die Unterbringung in großen Hotelanlagen. Die in den Urlaubsgebieten entstandenen Hotels entsprachen in der Bettenzahl oftmals der Passagierzahl eines Flugzeugs. Die Hotelanlagen waren auf Ferienbedürfnisse ausgerichtet, die Lage, der Ausblick und das Angebot zur Erholung und Freizeit waren entscheidend für ihre saisonabhängige Nutzung. Die Planungsziele waren dieselben: auch hier die Zimmer funktional eingerichtet und auf die Zeit zwischen den Urlaubsaktivitäten reduziert, die kurze Zeit vor und nach dem Schlaf beschränkt. Der Blick in die unbewohnten Zimmer bot immer das gleiche Bild: Effizienz und Wirtschaftlichkeit in Fertigung und Unterhalt bedingten die Planung sowohl bei den geschäftlich genutzten Fünf-Tage-Hotels wie bei den saisonabhängigen Ferienhotels. Ziel war die perfekt funktionierende und auf das Notwendigste reduzierte Übernachtungseinheit. Die Kritik der Gäste an den Bettenburgen nahm zu, der Zusammenhang zwischen Quantität und Qualität wurde jedoch lange nicht wahrgenommen. Das 1979 in Osaka von Kisho Kurokawa fertig gestellte Kapselhotel kumuliert beispielhaft diese Entwicklung.

Kapselhotel Osaka 1979

Der Architekt John C. Portman entwickelte in den 80er Jahren in den USA einen neuen Typ des Großhotels, das ‚Atriumhotel'. Die nach außen spiegelglatten Hochhaustürme der Portman-Hotels lassen nicht erahnen, was den Gast im Inneren erwartet. Hier eröffnet sich ein kathedraler Raum. Glänzende Stein-, Metall-, Glas- und Spiegeloberflächen dominieren das Foyer, assoziieren ein edles Ambiente. Wasserflächen und große Pflanzen bilden die Kulisse. Die Zimmer, auch hier der Übernachtung vorbehalten, liegen an Laubengängen um einen zentralen Platz. Brücken, Passagen und Galerien bilden die Erschließung. Geschäfte und unterschiedliche Restaurants sind integriert. Geboten werden Attraktionen, schillernde Highlights für Freizeit und Erholung. Diese Hotels sind wie Städte organisiert. Sie bilden autarke Einheiten und schließen die sie umgebende Stadt oder Landschaft gleichzeitig aus. Der Besuch des Hotels und nicht des Ortes, an dem es sich befindet, ist wichtig. Auch in Deutschland wurde dieser Einfluss, jedoch in abgeschwächter Form und stärkerer städtebaulicher Einbindung, spürbar, wie das 1987 fertig gestellte ‚Maritim-Hotel' in Köln zeigt.

Die Entwicklung der letzten Jahre zeigt im Hotelbau eine deutliche Tendenz, die Bedürfnisse des Gastes individuell anzusprechen. Dies drückt sich zum einen darin aus, dass auch von großen Hotelketten kleinere Hoteleinheiten gebaut werden, um ihr Angebot in verschiedene Qualitätskategorien zu segmentieren, die von der einfachen Nur-Übernachtung mit Self-Service bis zum individuellen Luxushotel reichen. Ein weiteres Merkmal dieser Entwicklung ist, dass das projektierte Hotel eine Besonderheit aufweist, die es einzigartig und unverwechselbar macht: Die Tradition des Namens – wie deren Inszenierung beim Wiederaufbau des Grand Hotel ‚Adlon' 1997 in Berlin – die besondere Lage – wie die des Hotel ‚Furkablick' in den Schweizer Alpen – der universelle Designer – wie Philipp Starck und das Hotel ‚Paramount' in New York – oder das Werk eines Künstlers – wie beim ‚Art Hotel Sorat' in Berlin, das Wolf Vostell gewidmet ist, wird thematisiert.

Die Bereiche des Aufenthalts und der Übernachtung verändern ihr Aussehen, versuchen zunehmend den Gast persönlich anzusprechen. Die Gestaltung macht nicht länger vor der Zimmertüre Halt, sondern wird in der Wahl der Materialien, durch eigens für das Hotel entworfene Möbel und Details vollendet. Oft zeigen sich diese Hotels als oberflächliche Inszenierungen und offenbaren einen Widerspruch des Hotelbaus zwischen innerer und äußerer Erscheinung. Dieser lässt sich lösen, wenn die bauliche Struktur auf die sie umgebende Stadt oder Landschaft reagiert und im Innenraum als primäres Entwurfselement die Basis der weiteren Gestaltung bildet. Dieser Gedanke setzt sich im Idealfall von der Materialwahl über die Lichtführung bis ins kleinste Detail um. Dies bringt eine Qualität hervor, die authentisch ist, weil sie sich direkt ableitet, einem Prozess unterliegt und nicht an einem vordergründigen Ziel orientiert.

Hotel Hyatt Berlin

Hotel Maritim Köln 1987

Grand Hotel Esplanade Berlin 1988
Architekt:
Jürgen Sawade, Berlin
Innenarchitekten:
Nalbach + Nalbach, Berlin

Der Innenraum mit seinen unterschiedlichen Sinnlichkeiten sollte sich zur Architektur wie die Seele zum Körper verhalten, über ihn war der Anspruch an ein Grand Hotel erlebbar zu machen. Deshalb wurden nur ausgesuchte, echte Materialien verwendet, die selbst im jetzt unsichtbaren Bereich aufwändig, das heißt in der Tradition des Handwerks zusammengefügt wurden. Luxus, den man eher spürt als sieht: Samt, Seide, Gold, Silber, Japanlack, Wurzel- und Maserfurniere und kostbare seltene Steine wurden assoziativ eingesetzt, um von der Funktion definierte Wirkungen zu erreichen. Nicht der Effekt sondern die Stimmigkeit der Anmutungen war das Ziel.

Da die 369 Standardzimmer wegen der multiplikatorischen Wirkung als wichtige Imageträger gesehen wurden, erfuhren sie eine ebenso sorgfältige Gestaltung wie die klassischen Repräsentationsbereiche: So wurden für die Stirnflächen der Bettmöbel und des gegenüberliegenden Sideboards Wurzelfurniere eines Baumes ausgesucht, um im Furnierbild die Zusammengehörigkeit der Einzelmöbel und ihre Einmaligkeit im Gegensatz zur Uniformität kunststoff-

beschichteter Massenware erfahrbar zu machen. Zudem wurde der Verlauf des Wurzelfurniers auf den zu öffnenden Elementen eines Möbels gestalterisch so festgelegt, dass die Aufgehrichtung zu erahnen ist. Durch diese und ähnliche Feinabstimmungen im Detail glauben wir, dem Hotelgast – auch wenn er nur kurze Zeit den Innenraum bewusst wahrnimmt – das Gefühl zu vermitteln, dass man an ihn gedacht, Zeit für ihn aufgewendet hat – vielleicht die einfachste Art, das Gefühl von Luxus, den 5-Sterne-Traum zu vermitteln.

art'otel Ermelerhaus Berlin 2000
Architekten:
Nalbach + Nalbach, Berlin

Das art'otel Ermelerhaus liegt mit dem denkmalgeschützten Bestand des Ermelerhauses am Märkischen Ufer und dem, eine Lücke schließenden, lang gestreckten Hotelneubau an der Wallstraße. Die städtebauliche Grundidee war es, ein wichtiges Element des historischen Stadtgrundrisses – die kleinmaßstäbliche Struktur der alten Blöcke – in neuer Form an der Fassade erlebbar zu machen. Die Fassade des Neubaus nimmt so in drei Bildfeldern, unterschieden in Material und Struktur, subtil die ehemalige Parzellenstruktur auf. Das barocke Ermelerhaus mit seinen Rokokoelementen wurde behutsam restauriert und durch Zeitkomponenten in Architektur und Design ergänzt. Minimalismus als Kontrast zum barocken Ensemble.

Das Ineinandergreifen von Innen- und Außenraum, Neubau und Bestand ist Teil der architektonischen Gesamtgestaltung. Die Eingangshallen beider Gebäude sind über eine axial angelegte Raumfolge so miteinander verwoben, dass sich dem Gast, der die zweigeschossige Halle an der Wallstrasse betritt, ein Blick durch den überdachten historischen Innenhof, jetzt Frühstücksraum, und das verglaste historische Portal des Ermelerhauses auf das gegenüberliegende Ufer eröffnet. Der enge funktionale und gestalterische Zusammenhang zwischen Alt und Neu wird in der Ausformung räumlicher Beziehungen erlebbar. Die art'otels sind jeweils einem Künstler gewidmet, im Ermelerhaus ist es Georg Baselitz, dessen Arbeiten sowohl in den halb öffentlichen, repräsentativen Bereichen, wie auch in den Hotelzimmern ausgestellt sind.

Die Inneneinrichtung der 109 Zimmer, Suiten und Apartments wurden eigens für das Hotel entworfen und durch Möbelklassiker ergänzt. In den Zimmern herrscht das Zusammenspiel von minimalistischem Grunddenken, der atmosphärischen Kraft des Lichtes und der Wärme der Materialität der vier verschiedenen Hölzer. Material, Form und Farbe entwickeln so ihre eigene Ästhetik und wollen für den Gast das oberste Gebot erfüllen: für einen bestimmten Zeitraum Atmosphäre und Privatheit vermitteln.

Auf die Besonderheit der art'otels wird der Gast auch beim Betreten seines Zimmers aufmerksam, findet er dort ein Zitat von Aristoteles zur Kunst auf dem Teppich, das noch heute seine Gültigkeit besitzt und den Gast zum gedanklichen Dialog mit der Kunst fordert: „Ziel der Kunst ist nicht die Darstellung der äußeren Erscheinung der Dinge, sondern ihre innere Bedeutung: Denn die und nicht äußerer Manierismus bzw. Detailarbeit ist die wahre Wirklichkeit."

art'otel Ermelerhaus Berlin 2000

Trotz seiner Modernität bedient sich das Haus straßenseitig der traditionellen Gliederung mit einem Sockelbereich, der durch Schaufenster gebildet wird, fünf aufgehenden Normalgeschossen und einem Staffelgeschoss. Auch in der horizontalen Abfolge ergibt sich durch einen Glaskörper auf der einen und leicht zurückversetzte Fensterlaibungen mit farbigen Brüstungselementen auf der anderen Seite eine rhythmische Gliederung.

Hotel am See
Nakenstorf am Neuklostersee 1993
Architekten:
Nalbach + Nalbach, Berlin

Der Wunsch, ein Haus am Wasser zu besitzen, war der Ausschlag für die Architekten, das Objekt in Nakenstorf, direkt am Neuklostersee in der Nähe von Wismar, zu kaufen. Doch das Anwesen mit ausgebauter Scheune, Bootshaus und dem ehemaligen LPG-Ferienheim erwies sich zur privaten Nutzung als ein wenig zu groß. Man entschied sich, es in ein Hotel umzubauen. So wurden aus dem hotelerprobten Architektenpaar Hotelbesitzer.

In dieses Projekt konnte die Architektin all ihre Erfahrungen einfließen lassen und zum ersten Mal als eigener Hotel-Bauherr agieren. Im Grunde blieben von dem romantisch gelegenen Reetdach-Haus nur die Außen- und die tragenden Mauern stehen.

Jedes der 13 Zimmer inklusive Bädern wurde individuell gestaltet. Dabei inspirierte das ländliche Ambiente die Innenarchitektur: ‚Acker und Furche' durchziehen den Boden des Hauses. Die Architektin modifizierte den Teppichboden und verlieh ihm, passend zur Wand des jeweiligen Gästezimmers, verschiedene Farben.

Eigene Entwürfe, klar in ihrer Form, doch immer wieder um kleine Geschichten bereichert, finden sich zusammen mit erlesenen alten Möbelstücken in den Zimmern. Ungewöhnliche Details, die man nie in einem großen Hotel finden würde, da sie zu pflegeaufwändig sind, haben in diesem Kleinod Platz gefunden. So wurde zum Beispiel für die Duschkabinenfront klares Glas ausgewählt. Frische Blumen gehören ebenso zur liebevollen Aufmachung wie die weißen Hussen, die die Sessel in der Leseecke überziehen. Teile des alten Wandverputzes wurden erhalten, ein Rahmen verleiht ihnen die Aura eines Kunstwerkes.

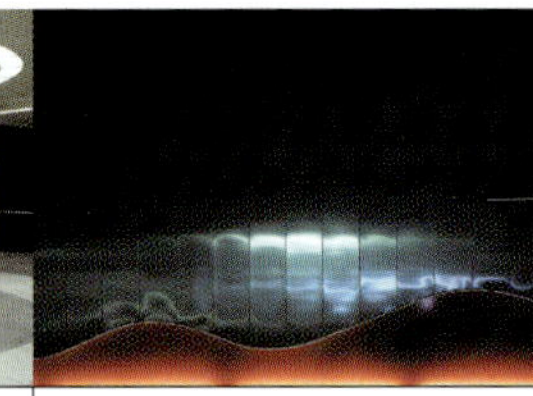

Meinhard von Gerkan
Prof. Dipl.-Ing. Architekt BDA
3. Januar 1935 geboren in Riga, Lettland.
1964 Diplom an der TU Braunschweig.
Seit 1965 Freiberuflicher Architekt, zusammen mit Volkwin Marg.
1972 Berufung in die Freie Akademie der Künste in Hamburg.
1974 Berufung an die TU Braunschweig als ordentlicher Professor/ Lehrstuhl A für Entwerfen.
1982 Berufung in das Kuratorium der Jürgen-Ponto-Stiftung, Frankfurt.
1965 – 2002 mehr als 350 Preise in nationalen und internationalen Wettbewerben zusammen mit Volkwin Marg, darunter mehr als 150 erste Preise.
Zahlreiche Preise für vorbildliche Bauten und Veröffentlichungen im In- und Ausland.
Zahlreiche Preisrichter- und Gutachtertätigkeiten.
1988 Gastprofessor an der Nihon Universität, Tokio/Japan,
1993 Gastprofessor an der Universität von Pretoria/Südafrika,
1995 American Institute of Architects, Honorary Fellow, USA.
1995 Ehrenauszeichnung der Mexikanischen Architektenkammer.
2000 Fritz-Schumacher-Preis.

2002 Außerordentliches Mitglied der Berlin-Brandenburgischen Akademie der Wissenschaften.

Verkehr

Verkehrsbauten – eine gestalterische Herausforderung

Ein Fallbeispiel: Gestalt und Ungestalt unserer Bahnhöfe

Wenn uns die Renaissance der Bahnhöfe, der Aus- und Umbau von Flughäfen, die Erneuerung des Nahverkehrsnetzes, die Gestaltung der Stadt mit Bus- und Bahnstationen als große architektonische Aufgabe für die nächsten Jahrzehnte bevorsteht, hat dies der Tatsache Rechnung zu tragen, dass Verkehrsbauten die öffentlichsten Bauten in unseren Städten schlechthin sind, die sozialsten allemal.

Wenn wir ihnen architektonischen Bedeutungsanspruch für Raumerlebnis und Gestaltqualität versagen, strafen wir unsere demokratischen Lippenbekenntnisse Lügen.

1a-Adresse Bahnhofsquartier

Man wird sich heute kaum vorstellen können, dass in den Gründerjahren Bahnhöfe 1a-Lagen erzeugten. In ihrem direkten Umfeld und in ihrer Nähe lagen die nobelsten Hotels, die feinsten Geschäfte, befanden sich die repräsentativsten Büros und die feudalsten Wohnungen. Auch dies spiegelt die gesellschaftliche Bedeutung wider, die den Bahnhöfen zugemessen wurde.

Diese Bedeutung ist aber nicht etwa esoterisch oder ideologisch, sondern handfest ökonomisch. Bahnhöfe waren die Tore zu einer Umgestaltung der Gesellschaft, Orte privilegierter Mobilität und persönlicher Selbstdarstellung. Sie zogen nicht nur inhaltliche Bedeutung, sondern Kaufkraft an. Von dieser lebten die Ladengeschäfte und die feudalen Hotels. Geradezu exemplarisch lässt sich dies am Beispiel der Stadtentwicklung von Frankfurt am Main nachvollziehen. 600 m vom geschlossenen Stadtkern entfernt entstand 1883 – 88 nach den Plänen des Architekten Eggert der neue Eisenbahnpalast inmitten von landschaftlich dörflicher Struktur zwischen Kuhweiden und Äckern. Auch hier diktierte die gesellschaftliche Konvention des Historismus den Konsens der Architektursprache, ohne den unternehmerischen Tatendrang der Unternehmer und Investoren zu unterdrücken.

Mag die zeitliche Distanz auch manche Begleiterscheinungen unterschlagen und damit eine vielleicht unangemessene Glorifizierung der städtebaulichen und architektonischen Entwicklung fördern – Tatsache ist: Die Kaiserstraße, auf den Frankfurter Bahnhof orientiert, als monumentale Ver-

Leipziger Hauptbahnhof
Historische Innenraumaufnahme

Blick in die filigrane Stahlkonstruktion der Bahnsteigüberdachung.

Exponat der gmp-Ausstellung ‚Renaissance der Bahnhöfe' im Rahmen der Biennale in Venedig 1996.

bindungsachse zu den Wallanlagen der Altstadt angelegt, wurde binnen kürzester Frist zu einer Prachtstraße.
Man muss diesen ehemals grandiosen Boulevard in seinem heutigen Zustand aufsuchen mit den Secondhandshops, den Peepshows, Kebapbuden, der zwielichtigen Drogenszene und dem die ‚Leistungsträger der Gesellschaft' vertreibenden Ambiente, um ermessen zu können, welche gravierenden Veränderungen vom Schienenverkehr auf die Stadtstruktur und dessen Verweil- und Anmutungsqualität ausgegangen sind.

Die Frankfurter Kaiserstraße dokumentiert in ihrer Geschichte die gesamte Spannweite vom Gipfel städtischer Pracht bis zum Abgrund unseres sozialen Schuldgefühls gegenüber den Randgruppen der Gesellschaft.

Gibt es ein triftigeres Beispiel, um auf die Bedeutung der Bahnhöfe, ihre gesellschaftliche Wertstellung und soziale Position im Stadtorganismus aufmerksam zu machen? Gibt es andere Orte in unseren Großstädten als die der Bahnhöfe und ihres Umfeldes, an denen die Hebel einer Resozialisierung, einer Aufwertung der Milieuqualität in den Innenstädten und eines Veränderungspotenzials für die Zukunft besser angesiedelt wären? Eine Stadt kann nicht nur 1a-Adressen haben, die Egalisierung bewirkt eher eine Abwertung der bevorzugten Lagen, denn eine Aufwertung der benachteiligten. Hierum geht es auch gar nicht.

Die Tatsache jedoch, dass die vornehmsten Adressen in der Stadt, ehemals begünstigt durch ihre Nähe zum Bahnhof, sich zu den Un-Orten in den Städten gewandelt haben, ebenfalls ausgelöst durch die veränderte Bedeutung der Bahnhöfe, ist jedoch von höchster politischer Aktualität und ein wichtiger Faktor bei der ‚Renaissance der Bahnhöfe'.

Lehrter Bahnhof Berlin 2005 (geplante Fertigstellung)
Architekten: gmp v. Gerkan, Marg + Partner

Modell
Die Bahnsteighalle ist 400 m lang und bis zu 66 m weit gespannt. Sie kreuzt zwischen den Bügelbauten über der Empfangshalle ein zylindrisches Glasdach.

Schnittperspektive
Die mehrgeschossige Bahnhofshalle.

Innenraumperspektive
Blick auf die oberen Ebenen. Die transparente und offene Architektur bietet ein hohes Maß an Verweilqualität.

Perspektive des südlichen Bahnhofseingangs
Die repräsentative Architektur aus Stahl und Glas macht den Bahnhof zusammen mit dem großzügigen Vorplatz in gestalterischer wie auch sozialer Hinsicht wieder zu einer anspruchsvollen Adresse innerhalb der Stadt.

Siegeszug von Auto und Flugzeug Niedergang der Bahn

Ist der Städtebau des 19. Jahrhunderts von der Bahn determiniert worden, so ist der des 20. Jahrhunderts fast völlig der Dominanz des Autos anheim gefallen. Gewachsene europäische Städte haben sich unter Qualen und schmerzlichen Schäden dem Auto mehr oder weniger angepasst. Sie existieren nur mit Kompromissen und Konflikten, die das Auto erzeugt. Geografie und Organisation vieler amerikanischer Städte sind so sehr auf das Auto bezogen, dass sie ohne dieses kollabieren würden. Der Siegeszug des Autos hat der Bahn aber nicht nur eine quantitative Niederlage bereitet, sondern vor allem eine gravierende Abwertung im gesellschaftlichen Status. Die hoch geschätzten Vorzüge des Autofahrens – individuelle Verfügbarkeit, hoher Komfort und persönliche Selbstdarstellung – machten die Bahn zum Verkehrsmittel der armen Leute, derer, die sich das Auto nicht leisten konnten. Damit wurde der Bahn der gesellschaftliche Status geraubt, die sie vor der explosionsartigen Ausbreitung des Automobils hatte. Mit dem Ausbleiben der gehobenen und wohlhabenden Gesellschaftsschichten, ihren Gewohnheiten und Ritualen, ihrer Repräsentanz und Selbstdarstellung mussten auch die baulichen Insignien, luxuriösen Dienstleistungsangebote sowie die anspruchsvolle Gastronomie die Bahnhöfe schrittweise verlassen.

Bahnhof Altona im Jahr 1996

Flughafen Hamburg 1993
Architekten: gmp v. Gerkan, Marg + Partner

Die lang gestreckte Ladenpassage in der Ankunftsebene wird in ihrer räumlichen Ausdehnung durch die indirekte Lichtführung strukturell betont.

Triste Farben, dunkle Räume und eine pflegeleichte, zweckorientierte Detailgestaltung charakterisieren den in den 1980er Jahren gebauten Bahnhof und das damit verbundene soziale Milieu.

Flughafen Hamburg 1993
Tageslichtdurchflutete Wartebereiche mit Blick auf das Vorfeld.
„Die Wahl der Materialien ist von großer Bedeutung für die Nachhaltigkeit. Kunststoffe können nicht altern, während alle natürlichen Materialien wie Holz, Leder, Bronze, Messing durch die Gebrauchsspuren erst geadelt werden." (Meinhard v. Gerkan)

Noch härter wurde das kosmopolitische Flair der Bahn mit seinem Träumen von Fern- und Heimweh von der Entwicklung des Luftverkehrs betroffen. Welcher Geschäftsmann unternimmt heute noch Dienstreisen von Berlin nach Paris, Rom oder London oder gar nach Madrid, Lissabon oder Athen im Zug?

Wie viele Familien bedienen sich zum Erreichen ihrer Urlaubsziele an der Costa del Sol oder Algarve der Eisenbahn? Auf diesen Distanzen hat das Flugzeug eine kaum noch einzuholende Vormachtstellung. Aber gerade die Fernreisen waren es, die der Eisenbahn ihren kosmopolitischen Nimbus gaben, mit ihren Pullmannwaggons und Schlafwagenabteilen, großbürgerliche Privilegien repräsentierend. Erinnerungen an die glorreiche Zeit werden in nostalgischen Repliken inszeniert, wenn der Orient-Express von London über Paris nach Venedig schaukelt – oder von Bangkok nach Singapur. Diese Fahrten, die teurer als ein First-Class-Ticket im Flugzeug sind, dienen aber nur in zweiter Linie der Fortbewegung von einem Ort zum anderen; sie zelebrieren vornehmlich die Idee gesellschaftlichen Elitegefühls. Diesem Phänomen dient aber nicht die Technik schneller Züge, sondern das feudale und luxuriöse Ambiente, also all das, was die Bahn und vor allem die Bahnhöfe im Verlaufe ihres kontinuierlichen Verfalls eingebüßt haben.

Bahnhof Spandau Berlin 1998
Architekten: gmp v. Gerkan, Mark + Partner

Die wellenförmige Decke der Bahnhofshalle unter den Gleiskörpern ist mit einer indirekten Lichtführung ausgestattet, um die niedrige Raumhöhe optisch zu erweitern.

Parallel laufende gläserne Tonnendächer von unterschiedlicher Breite überdecken die insgesamt 430 m lange Bahnsteighalle. Das Spiel von Licht und Schatten belebt die natürlich belichteten Bahnsteige.

Nachts illuminiert Kunstlicht die Hallen, das von den gläsernen Gewölben reflektiert wird.

Die Bahnsteigaufbauten sind als transparente Boxen ebenso wie das gläserne Tonnendach in einer Stahl-Glas-Konstruktion ausgeführt. Die Sichtbezüge zwischen Innen und Außen erhöhen die Sicherheit auf den Bahnsteigen.

Arme-Leute-Syndrom, Drogenszene und Rotlichtviertel bestimmen das Sozialmilieu

Soziologisch dürfte es keine anderen Orte in den Großstädten geben, die ihren Charakter grundlegender gewandelt, sich im Milieu ins Gegenteil gekehrt haben als die Bahnhöfe und die sie umgebenden Stadtbereiche. In dem Maße, in dem überwiegend nur noch jene Gesellschaftsschichten mit der Bahn fuhren, die sich kein Auto leisten können – von den wenigen abgesehen, die es nicht haben wollen – also von den ärmeren Menschen, in dem Maße passte sich auch die Infrastruktur der Bahnhöfe dieser Sozialstruktur an. Die geringere Kaufkraft vertrieb die Gastronomie, die durch Kioske, Würstchenwagen und Automaten ersetzt wurde. Läden des gehobenen Bedarfs wurden immer mehr durch Billig- und Ramschangebote substituiert.

Da die Bahnhöfe gleichwohl öffentliche Orte waren und blieben, die öffentlichsten Gebäude in der Stadt schlechthin, die Klimaschutz boten – wenn auch zumeist sehr unwirtlichen – und kostenlose Orte der Notdurft mehr oder weniger hygienisch kontrolliert bereithielten, wurden die Bahnhöfe zunehmend zum Anziehungspunkt all jener, die durch ihren gesellschaftlichen Status ein Defizit an Sozialkontakten hatten und über kein Geld verfügten, sich diese durch einen Kneipenbesuch zugänglich zu machen. Die hohe Fluktuation von Menschen bot das Kontaktpotenzial und bewirkte, dass weit mehr Menschen den Bahnhof aufsuchten, als nur diejenigen, die ihn zum Aus- und Einsteigen benutzten.

Herkömmliche Überdachungen der Deutschen Bahn AG haben oftmals einen negativen Milieuwert.

Typendach für die Deutsche Bahn AG 1994
Architekten: gmp v. Gerkan, Marg + Partner

Eine sanft geschwungene Stahl-Glas-Konstruktion auf einer Doppelstützenreihe überdacht die Bahnsteige. Die Konstruktion lässt sich in Länge und Breite variieren und folgt auch sich verjüngenden oder gebogenen Bahnsteigen. Inzwischen wurde das Dach auf über 50 Bahnhöfen in Deutschland eingesetzt.

Architektonische Profanisierung, ästhetische Banalisierung

Dass der Verfall des Sozialmilieus trotz aller Bemühungen, die Bahnhöfe funktional und baulich zu erhalten, auch architektonische und ästhetische Auswirkungen zeigte, war unvermeidlich.
Der unkontrollierbar gewordene Vandalismus hinterließ nicht nur seine dauerhaften Spuren, sondern hatte zugleich zur Folge, dass die Bahnhofsbetreiber ihre Bauten so vandalensicher als nur irgend möglich umzugestalten trachteten. Derbe Materialien, grobe Details entstanden als Bollwerke gegenüber der Zerstörungswut. Lieferten diese Abwehrszenarien die argumentative Basis für die erklärte Absicht zur ästhetischen Banalisierung, so ergänzte sich der Prozess der architektonischen Profanisierung durch den Zeitgeist der Hausmeistermentalität, für den Pflegeleichtigkeit, schnelle Austauschbarkeit und billige Montage einen alles dominierenden Wertmaßstab bildeten. Intakte Ausbaustrukturen und funktional gebrauchstüchtige Raumgefüge wurden radikal nach den Beurteilungskriterien von Putzkolonnen umgerüstet.

Metropolitan Express Train 1999
Architekten: gmp v. Gerkan, Marg + Partner

Die Verwendung natürlicher Materialien bestimmt den Entwurf: Schichtholz, Bleche und Gewebe aus Edelstahl, Leder und Naturstoffen schaffen eine menschengerechte Atmosphäre und können in Würde altern.

Entsprechend ist die Farbigkeit reduziert: metallischer Glanz, Naturholz, schwarzes Leder. Die Decke mit direkter und indirekter Beleuchtung prägt die Raumstimmung. Zudem zeigt die Erfahrung, dass Hochwertigkeit präventiv gegen Vandalismus wirkt.

Stadtbahnhaltestelle Bielefeld 1990
Architekten: gmp v. Gerkan, Marg + Partner

Ein gläsernes Zeltdach überdeckt im Neigungswinkel der hinabführenden Rolltreppen den Zugang zur unterirdischen Stadtbahnhaltestelle.

Die konstruktiv bedingte niedrige Raumhöhe der Verteilerebene wird durch Spiegelung der Lichtpunkte optisch erhöht.

Farbige Wellenlinien markieren die verschiedenen Bahnsteige.

Majestätisch proportionierte hohe Räume mit Stuckdecken wurden durch abgehängte Blechpaneele auf das funktionale Minimum und ‚wischlappenfreundliche' Optimum zurechtgestutzt.
Im Denken und Handeln der Bahner und deren Architekten schienen die Werte von Wohlgestalt oder gar ästhetischem Respekt gegenüber den stilistischen Ausprägungen der Baugeschichte keinerlei Bedeutung mehr zu haben.

Der Vandalismus ausgegrenzter Randgruppen unter den Bahnhofsbenutzern hatte seine Entsprechung in einem amtlich vollzogenen Vandalismus durch die Bauabteilungen der Bundesbahn. Nicht anders kann man das geradezu barbarische Handeln der in eigener Verantwortung und Autorität agierenden Bahn bewerten, das seinen Niederschlag in Verschandelungsmaßnahmen manifestiert hat, wie im Falle des Bahnhofs Hamburg-Altona.
Ein der Neogotik zuzurechnendes eklektizistisches Gebäude von pittoresker Expressivität und die Stadtgestalt bestimmender Unverwechselbarkeit, das den Krieg überdauert hatte, wurde im Jahre 1979 der Abrissbirne geopfert, um einer abweisend anonymen Kaufhausarchitektur banalster Ausprägung Platz zu machen. Im Zuge dieser Maßnahme wurden die Bahnhofszugänge bis zur Unauffindbarkeit mit den Proportionen von Türschlitzen unter der Massigkeit der ‚Kartoffelarchitektur' plattgedrückt. Die Passanten schickte man zugleich in ein unterirdisches Tunnellabyrinth mit abwaschfreundlicher Verfliesung und gemütsschädigender Lichtsoße aus Leuchtstoffwannen, die wahllos unter die viel zu niedrige Decke geschraubt wurden. Das Milieu der Bahnhofsinnengestaltung stand mit seinen Braun-, Beige- und Orangetönen in ordinär-aufdringlicher Kombination, ebenfalls bedrückender Lichtsoße, viel zu geringen Raumhöhen und derben architektonischen Details der ästhetischen Beleidigung des Äußeren in nichts nach.

Eine Wolkendecke verklammert die abrupten Höhenunterschiede der Räume und ist gleichzeitig ein künstlerisches Element.

Der Bahnhof Hamburg-Altona war nicht etwa eine Notmaßnahme, in der Mangel das Handeln bestimmte, sondern eine wohl überlegte und in dem damaligen Denken der Deutschen Bundesbahn verankerte Ökonomisierung des öffentlichen Raumes. Eine ausgeprägtere ästhetische Banalisierung ist kaum denkbar. Auf diesem Niveau konnte die Deutsche Bundesbahn ihre gesellschaftliche Funktion nur noch für Bankrott erklären.

Zum Glück ist nicht vielen deutschen Bahnhöfen dieses Schicksal eines totalen amtlichen Vandalismus zuteil geworden. Andererseits gibt es aber auch kein mir bekanntes Beispiel von Um- und Anbauten vorhandener Bahnhöfe bis in die 80er Jahre hinein, das nicht eine architektonische Profanisierung und damit einen Verlust an Gestalt und Qualität zur Folge hatte.

Flughafen Tegel Berlin 1975
Architekten: gmp v. Gerkan, Marg + Partner

In allen Bereichen des Flughafens dominiert ein auf dem geometrischen Prinzip gleichschenkliger Dreiecke basierendes System. Diesem Grundsatz folgt sowohl die gläserne Decke über der Ladenzone wie auch die Sitzgruppensysteme aus GFK-Formteilen auf Standrohren aus Aluminium.
Die Grobheit des Werkstoffs Beton erhält durch Brechung und plastische Ausformung Maßstäblichkeit und Proportion.

Normierte Ungestalt

Gemeinhin wird unter dem Begriff der architektonischen Qualität vielerlei subsumiert: gute Benutzbarkeit und Funktion gleichermaßen wie hochwertige technische Ausrüstung, Sicherheit, Komfort, Pflegeleichtigkeit, städtebauliche Einfügung und Ästhetik. Deswegen ist es wichtig, einen Unterschied zwischen der Gestaltqualität und dem Baustandard der Architektur zu machen. Während für die Gestaltqualität das Geld immer zu knapp ist, scheint es für die Standards im Überfluss verfügbar zu sein. Es sind die Standards der Werkstoffe, der Technik, der Dauerhaftigkeit, der Pflegeleichtigkeit, der Sicherheit und des Komforts. Während die ‚Standards' ständig steigen, wird die Gestaltqualität der Bauwerke keineswegs besser. Hier tut sich eine beklagenswerte Divergenz auf, weil oftmals die Erhöhung der Standards zulasten der Qualität geht. Die erhöhten Standards kosten immer mehr Geld, das bei der Gestaltqualität eingespart werden muss. Die Einheitsfront der Sicherheitsfanatiker, Paragraphenreiter, Absicherungskünstler und Industrielobbyisten macht sich die Tatsache zunutze, dass man über Sicherheit nicht diskutieren darf, sondern dass sie einfach eine Grundvoraussetzung ist, die permanent höher geschraubt wird. Gemeint ist nicht die notwendige und sinnvolle Sicherheit, sondern Anforderungsberge, die sich aus deutscher Übergründlichkeit und Rechthaberei auftürmen, ohne dass sie bei logischer Hinterfragung irgendeinen Sinn darstellen.

Flughafen Hamburg 1993
Architekten: gmp v. Gerkan, Marg + Partner

Wartezonen
Transparenz und Tageslicht sind dominierende Gestaltparameter der Wartezonen.

Verbindungstreppe
zur Transitebene hinter transparenter Lochblechverkleidung.

Gate Counter
aus hellem Holz (Schweizer Birne) mit eingelegtem V2A-Flachstahl und Edelstahlblech zum Schutz gegen Stöße. Der geradlinige Counter bildet eine Symbiose aus Resistenz gegen Dauerbeanspruchung und haptischer Wärme des natürlichen Materials.

Marshallbrücke über den Landwehrkanal
Berlin 1998
Architekten: gmp v. Gerkan, Marg + Partner

Lichtstelen markieren die Zugänge zur Brücke.

Eisenbahnbrücke über die Havel
Berlin-Spandau 1997
Architekten: gmp v. Gerkan, Marg + Partner

Entgegen der ursprünglichen Normbrücke der Deutschen Bahn wurde eine Eisenbahnbrücke entwickelt, die konstruktiv aus sechs parallelen Trägern besteht. Die markante Wellenform ergibt sich aus einer dem Kraftverlauf folgenden Querschnittshöhe.

Ähnlich verhält es sich auch mit den Standards des Komforts. Die nur in Metern gemessene minimierte Wegeverkürzung in manchen Bahnhöfen erzeugt eine verwinkelte, unübersichtliche und damit äußerst unattraktive Wegeführung sowie den Verbrauch und Verschnitt wertvoller Nutzflächen. Minimierte Durchbiegungsbegrenzungen von Eisenbahnbrücken dienen zwar dem Komfort rüttelfreien Fahrens bei theoretischen Geschwindigkeiten von mehr als 200 km/h, die jedoch innerhalb einer Stadt auch nicht annähernd gefahren werden. Die Folge daraus sind – in Verbindung mit all den anderen Standards – massige und plumpe Konstruktionen, die die Stadtgestalt verschandeln und unnötig viel Geld kosten. Für die Entwurfsarbeit von Bahnhofsbauten haben Ingenieure und Architekten ohnehin nur wenig Freiräume, aber viele Bindungen.

Vereinfacht könnte man sagen: Fast alles, was messbar und den ‚Standards' zuzuordnen ist, wird bei der Bahn festgeschrieben und ist damit Bestandteil von Bindungen und Auflagen: Baurecht und Standsicherheitsnachweis ohnehin; Durchfahrtsbreiten und -höhen unter Straßen und Flussbrücken mit Sicherheitszuschlägen aus Katastrophenszenarien, Materialgüten, Steigungsmaße, Treppenlängen und -breiten, Wärmedämmung und Lichtstärke – ja, sogar Schriftarten und -größen, Farben, Oberflächenbeschaffenheit: Bestimmungen über Bestimmungen, Normen über Normen, Festlegungen über Festlegungen. Alles, was jedoch nicht messbar ist, sich an Ästhetik, Einfügung und Maßstäblichkeit orientiert, also der subjektiven Einschätzung unterliegt, bleibt im Ermessensfreiraum des Architekten. Genau dies bestimmt die Gestaltqualität, das Ambiente, die Proportionen, das Raumerlebnis, den Materialkanon, die städtebauliche Einfügung, die Orientierbarkeit, die Übersichtlichkeit und ästhetische Anmutung.

Expo-Brücken Hannover 2000
Architekten: gmp v. Gerkan, Marg + Partner

Schlanke Stützen als Teil eines ‚Mastenwaldes' bilden zusammen mit den Aufhängungen aus Ober-, Untergurt und Diagonalen das primäre Tragsystem der Brücken.

Die Lichtstelen erzeugen, je nach Blickwinkel, eine raumbildende Spalierwirkung.

Hauptbrücke
Die 45 m breite Hauptbrücke ist durch die Reihung der hohen Stelen in unterschiedliche Raumzonen gegliedert.

Bahnsteigmöblierung 2001
Architekten: gmp v. Gerkan, Marg + Partner

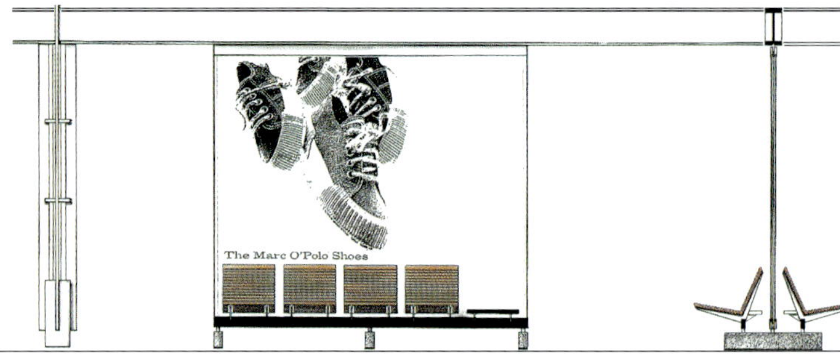

Die Möblierung besteht aus vier beliebig kombinierbaren Elementen, die auf einem einheitlichen Modul aufbauen und das Raster der Binderachsen des Daches aufnehmen: Informations- oder Werbewände, Bestuhlung, heizbare Warteräume und Serviceboxen. Bei allen Teilen dominiert die Verwendung natürlicher Materialien mit ihrer charakteristischen Farbigkeit. Die Sitzbank besteht aus parallel angeordneten Buchenholzleisten auf Aluguss-Konsolen.

Da bei der Bahn die messbaren Standards nicht nur besonders hoch und damit kostenträchtig sind, sondern auch unverrückbar festgeschrieben wurden, also für Kosten- und Preisfindung gar nicht mehr disponibel sind, bleibt nur noch das ‚nicht Messbare' – also die Gestaltqualität – dem Preiskampf überlassen.
In diesem Preiskampf kommt es der Rolle des Architekten vornehmlich zu, als Anwalt für Wohlgestalt, Atmosphäre, Erlebnisqualität, also das Wohlbefinden der Benutzer, aufzutreten, obgleich all dieses nicht in Standards und Normen gefordert wird und deswegen aus der Sicht vieler Planungsbeteiligter nur unnötige Kosten verursacht. Er sieht sich vielen Bedenkenträgern gegenüber, die ihre Normen hartnäckig verteidigen, auch dann, wenn aus Überzeugung und mit guten Argumenten die eine oder andere Vorschrift im Interesse eines höheren Anliegens in Frage zu stellen ist. Das eklatante Ungleichgewicht zwischen der Übermacht normierter Standards und frei disponibler Gestaltqualität bedeutet für den engagierten Architekten einen immer währenden Kampf für die Ästhetik und gegen übertriebene und teilweise unsinnige Vorschriften.

Typendach im Hamburger Hauptbahnhof
1999
Architekten: gmp v. Gerkan, Marg + Partner

Die Untersicht des Daches besteht aus gewelltem Edelstahlblech, dessen Struktur nicht nur das Tragverhalten stabilisiert sondern mit lebendigen Lichtreflexen maßgeblich zum Ambiente des Bahnsteigs beiträgt.
Abweichend von der bisherigen Zielvorstellung, an jeder Stelle des Bahnsteigs die gleiche Lux-Zahl zu erreichen, besteht das Lichtkonzept hier aus einer Modulation von direktem und indirektem Licht sowie einer Doppelreihe von Glasoberlichtern.

Hohe Designqualität bis ins Detail zeichnen das Typendach aus.

Räume und Umwelt

ökologie

Dieter Schempp
Prof. Dipl. Ing. Architekt und Innenarchitekt
1941 geboren in Stuttgart.
Seit 1967 eigenes Büro mit Schwerpunkt Design.
1972 Gründung des ‚Verein für Grüne Solararchitektur' (VFGS) zur Förderung der Wohn- und Umweltqualität.
Seit 1982 zahlreiche Symposien und Veröffentlichungen über Solararchitektur und das Leben mit Pflanzen.
Zahlreiche Architektur- und Designpreise z. B. Rudolf Lodders-Preis, BDA-Auszeichnung.

Interdisziplinäre Arbeiten: Untersuchung des Zusammenlebens Mensch und Pflanze, Untersuchung der Luftqualität in Gebäuden und Einfluss der Pflanzen, Untersuchungen zur Reduzierung des Energiebedarfs von Gebäuden.

Ökologische Bauten planen und bauen

Die Grüne Solararchitektur ist eine konsequente Architekturentwicklung mit den Schwerpunkten hohe Wohn- und Arbeitsplatzqualität, gesundes Wohnen und Arbeiten, Sonnenenergienutzung zur Reduzierung des Energiebedarfs und als Beitrag zur Umweltentlastung durch Schadstoffe. Sie ist eine Weiterentwicklung der etablierten Solararchitektur mit Innenraumbepflanzung zur Verbesserung des Raumklimas und der Raumluft.

Solararchitektur – Grüne Solararchitektur

Rückblick
Die Solararchitektur hat mehrere Wurzeln und wurde dann weiterentwickelt, wenn das Klima im Raum beeinflusst werden sollte bzw. wenn Energieverknappung oder hohe Energiekosten relevant waren.

Erste solare Nutzung im Wohnbereich gab es in Knossos auf Kreta (um 9000 v. Chr.). Neuere Gebäude entstanden in den 30er Jahren in Russland. Mitte der 70er Jahre wurde ein Entwicklungsschub ausgelöst durch weltweite Energieknappheit (1. Energiekrise). Der Ursprung der Solararchitektur in Amerika und Europa (Deutschland IBUS Berlin, Haus Schreck, LOG ID Dieter Schempp Tübingen – Grüne Solararchitektur) wird bis heute mit großen Zukunftsperspektiven weiterentwickelt.

Die 2. Wurzel stammt aus dem Wintergartenbau der Königsschlösser (Orangerien, um 1600). Sie waren Luxusbauten, um damals südliche Pflanzen (Orangenbäume) in Wintergärten zu kultivieren und als teure Dekorationen zu nutzen.
Daraus entstand eine weitere Wurzel: Der Erwerbsgartenbau unter Glas.
Es ist interessant, dass die anfänglichen Gebäude viel mehr Sonnenenergie nutzten. In den 60er Jahren war angeblich genug Energie vorhanden, sodass darauf keine Rücksicht mehr genommen wurde. Die Energieverschwendung setzte ein.

Die Solararchitektur und Grüne Solararchitektur nutzt die Erfahrungen und Lösungen aus diesen Bereichen und integriert die Ideen daraus in Neuentwicklungen. In den 90er Jahren und in der heutigen Zeit hat sich eine selbständige und zukunftsweisende Architektur und Innenarchitektur sowie ein großer Solarmarkt für technische Komponenten entwickelt.

Frühes Beispiel für ein regulierbares Kleinklima
Kamingeheiztes Treibbeet, wie es in Holland bekannt war.

Mies van der Rohes Entwurf eines Glasturms 1920

Das Glashaus von Bruno Taut 1914

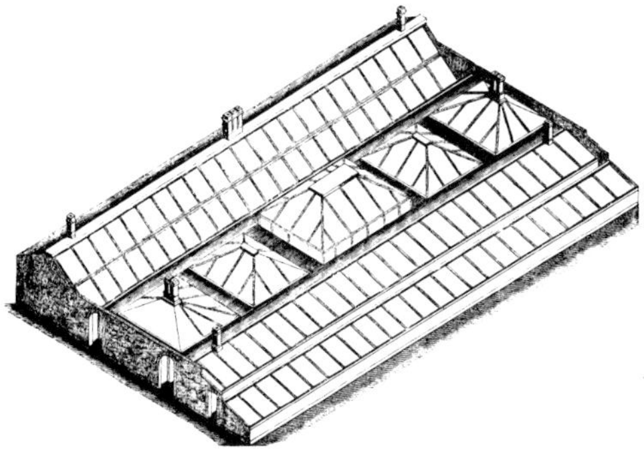

Ursprünge
Wie bei allen europäischen im weiteren Sinne ‚westlichen' Kulturphänomenen, lassen sich auch die Ursprünge der Gewächshausidee bis in die Antike zurückverfolgen. Bereits im 5. Jh. vor unserer Zeitrechnung ist von mythischen ‚Gärten des Adonis' die Rede, in denen ein den Pflanzenwuchs besonders antreibendes Klima geherrscht haben soll.

Wintergärten
Aus den fürstlichen Orangerien gingen im viktorianischen Zeitalter die privaten Wintergärten des Adels und der Bourgeoisie in England hervor. Schon Goethe berichtete von den abwechselnden Klimata im ‚Belvedere', von den Camelien, Casnarien, Strelitzien und Paeonien, die dort kultiviert wurden. Die Literatur um die Mitte des 19. Jahrhunderts schwärmte dann von Begegnungen zwischen jungen Damen und Herren des Bürgertums in betäubend duftenden, mit exotischen Pflanzen überwucherten Wintergärten.

Gewächshaus Yorkshire 1827
Das erste große Gewächshaus, das ausschließlich aus Glas und Eisen errichtet wurde, konnte 1827 in Yorkshire eingeweiht werden. W. & D. Bailey, die zu ihrer Zeit führend in der Konstruktion von eisentragenden Bauwerken waren, schufen neue Dimensionen; der Durchmesser des Gewächshauses betrug 30 m, seine Höhe einschließlich der vergoldeten Krone 20 m.

Gewächshaus Grüne Solararchitektur Planungsgruppe LOG ID Tübingen

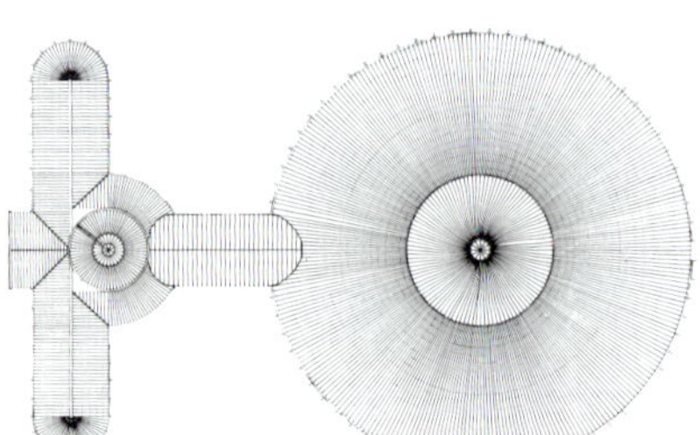

Der Kristallpalast in Queen's Park, Glasgow

Glashaus im Ferit Village in USA von Wayne Nichols in Neu Mexico
Sonnenenergiespeicher mit 40 Tonnen Fels im Keller
Steve Baer war Aussteiger und Außenarchitekt in den USA. Er baute Recyclinggebäude aus Abfällen und propagierte Soft Technology wie Sonne und Wind.
Tato Sak 46 am Home Sweet Dome

Haus im Schwarzwald 1992
Planung: LOG ID Prof. Dieter Schempp
Planender Architekt: Walter Gans, LOG ID

Ein konsequent geplantes Solarhaus an einem Südhang gelegen.
Passive Sonnenenergienutzung durch Wärmerückgewinnung über das Glashaus.
Luftqualitätsverbesserung im Gebäude durch Pflanzen im Glashaus.
Überwiegend weiße Räume korrespondieren mit den Pflanzen.
Konsequente Lichtplanung mit Tageslichtnutzung.
Innenraumplanung mit konsequenter Materialwahl und Möblierung.

Besonderheiten:
- Hanglage
- Erschließung über Schlafetage
- Ins Gebäude integrierte Garage
- Verglastes Treppenhaus mit Oberlicht zur Tageslichtleitung in den Wohnbereich.

Geschosswohnungsbau Biel-Bienne/CH 1993
Planung: LOG ID Prof. Dieter Schempp, Tübingen
Planende Architekten: Fred Möllring, Walter Gaus

Es war ein Solarprojekt als Mietwohnungsbau an einem Steilhang mit Südlage zu entwickeln.
Bei diesem Gebäude stellte sich die Frage, wie gehen Mieter mit einem Solarhaus um und wie behandeln sie die Pflanzen in ihrem Glashaus?
Das Ergebnis ist positiv ausgefallen.
Die solare Nutzung erfolgt über die vorgelagerten Glashäuser mit thermischer Trennung zum Wohn- und Schlafbereich.

Wohnungsmix: Maisonettewohnungen und eingeschossige Wohnungen.
Innenraummaterialien: Holzböden, Wände aus Betonstein, zum Teil verputzt.
Besonderheiten: Solares Bauen an einem Steilhang.

Glashaus als Energieraum und Wohnbereich mit subtropischer Bepflanzung zur Klimatisierung und Luftqualitätsverbesserung.

Wohnen im Glashaus

Solares Bauen am Steilhang

Offene Räume mit Durchblick vom Eingang bis ins Glashaus mit subtropischer Bepflanzung.

Wohn- und Essraum

BGW Verwaltungsbau der Berufsgenossenschaft, Gesundheitsdienst und Wohlfahrtspflege, Dresden
1997
Planung: LOG ID Prof. Dieter Schempp
Entwurf: Fred Möllring, Winfried Klimesch, Theo Boss; alle LOG ID

Das Verwaltungsgebäude wurde als vorbildliches Solarprojekt passiver Sonnenenergienutzung über eine Hightech-Glas-Fassade und als Gebäude mit vorbildlichen Arbeitsplätzen geplant. Ein weiterer Schwerpunkt der Planung war die Möglichkeit, das Gebäude so zu konzipieren, dass es komplett einer Umnutzung zugeführt werden kann.

Die Sonnenenergie deckt den Energiebedarf zu ca. 50 %, die Restenergie wird durch eine konventionelle kleine Heizanlage abgedeckt. Die Sonnenenergie wird passiv über die Glasfassade mit einem K-Wert von 0,8 W/m^2K mit einem G-Wert von 50 % genutzt. Als aktive Technologie ist ein Solarkamin integriert. Das Gebäude ist als offenes Gebäude entwickelt, bei Erwärmung schichtet sich die Luft nach oben und erreicht etwa 6° höhere Temperaturen im oberen Bereich. Über den Solarkamin wird diese Wärme in Umlauf gebracht, sodass die Warmluft gleichmäßig genutzt werden kann.

Im Gebäude ist eine Bepflanzung integriert zur Luftqualitätsverbesserung und zur Temperaturregulierung in Kombination mit der Masse des Gebäudes und großen südlichen Lüftungsklappen in der Glasfassade. Die Steuerung erfolgt über ein BUS-System automatisch. Die Besonderheit bei diesem Gebäude ist die offene Bauweise, die das Gebäude übersichtlich macht und Kosten spart, da keine Flure notwendig werden. Regenwasser wird für die Toilettenspülung und für die Bewässerung der Pflanzen verwendet, eine Photovoltaikanlage zur Stromerzeugung ist in der Glasfassade integriert. Überschüssige Energie wird an das öffentliche Netz abgegeben.

Die Innenraummaterialien sind einheitlich gewählt. Fußböden und Möbel in Ahorn, farblich abgestimmte Teppichböden in den Büros aus akustischen Gründen. Prägend für die Innenraumgestaltung sind die Pflanzen mit ihren Farben und Formen in Kombination mit Ahornholz.

Raumeindrücke

Besprechungsraum

Teeküche

Besprechung im Grünen

Offene Bürolandschaft

Glashaus Herten 1994
Stadtbibliothek und Kulturtreff

Bauherr: Stadt Herten
Planung: LOG ID Prof.Dieter Schempp, Tübingen
Entwurf: Fred Möllring, LOG ID
Projektleitung: Winfried Klimesch, LOG ID

Werkplanung: Winfried Klimesch, Gerhard Steiner, Walter Gans, Eva Sedelmaier (alle LOG ID)
Pflanzenplanung: Jürgen Frantz, LOG ID

Wie das gesamte Ruhrgebiet so sah sich auch Herten, eine aus Zechensiedlungen entstandene industrielle Mittelstadt an dessen nördlichem Rand, seit der in den 50er Jahren begonnenen Bergbaukrise zu aktiver Struktur- und Stadterneuerung aufgefordert. Stand in früheren Jahren die kommerzielle Stärkung der Innenstadt im Vordergrund der Planungen, so war die Entscheidung für den Bau des ‚Glashauses' als Stadtbibliothek und Kulturtreff im Stadtzentrum das Signal einer Neuorientierung. Peter Zlonicky, Professor für Städtebau und Bauleitplanung und Berater der Stadt Herten betrachtet das Haus als: „Zeichen für das Angebot an die Bürger, sich diese Raum- und Medienlandschaft selbst zu erschließen statt in passiven Formen kultureller Rezeption zu verharren, Zeichen für einen offenen und gleichzeitig geschützten Raum in der Mitte der Stadt, für einen Marktplatz der Ideen, anders als jene kontrollierten Konsumtempel und Passagenwelten anderer Innenstädte, Zeichen der Transparenz und Offenheit für alle Formen kulturellen Austausches, Zeichen für das Verständnis, dass Kulturarbeit auch ein Beitrag für eine wirtschaftliche Erneuerung ist, Zeichen für eine ästhetische Erneuerung, die von einem sparsamen Umgang mit nicht erneuerbaren Energien ausgeht, Zeichen für eine Stadt der Energie, die dies langfristig nur bleiben kann, wenn sie im Übergang von den endlichen auf die unerschöpflichen Ressourcen solarer Energie setzt".

Innenraumbepflanzung:
Durch die permanente, temperaturabhängige hohe Wasserverdunstung über die Blätter sind die Pflanzen in der Lage, den Raum zu klimatisieren. Die Co_2-Aufnahme bei der Kohlenwasserstoffassimilation im Fotosyntheseprozess sowie die nachweislich starke Aufnahme von Luftschadstoffen sind messbare und spürbare Leistungen der Pflanzen, die eine deutlich bessere Luftqualität als in vergleichbaren unbepflanzten geschlossenen Räumen bewirken. Die Planung der Bepflanzung ist primär auf eine optimale Nutzung dieser hohen physiologischen Leistungsfähigkeit der Pflanzen ausgerichtet. Dass dabei gestalterische Gesichtspunkte und somit stark optische Eindrücke, die ihre Wirkung im psychischen Empfinden haben, nicht vernachlässigt werden, ist selbstverständlich.

Heizungsanlage:
Das Gebäude wird mit ca. 50% Sonnenenergie beheizt. Fernwärme deckt den Restbedarf.

Innenarchitektur:
Das Gebäude besteht aus 2 Baukörpern, der Bibliothek und der gläsernen Rotunde für kulturelle Veranstaltungen, einem introvertierten und einem extravertierten Bauteil. Es wurden Materialien aus dem Ruhrgebiet – Stahl und Glas – sowohl in der Konstruktion als auch in den Räumen verwendet. Die Farbgebung ‚lebt' von den Büchern und Pflanzen.

Raumeindrücke

Vortragsraum

Lesebereich Zeitschriften

Eingangsbereich mit Annahme

Solartower

Schnitt
Der Tower mit Wohnetagen, Büroetagen und bepflanzten Großräumen mit Bistros sowie Besprechungsräumen im Grünen.

Die Grüne Solararchitektur hat im letzten Jahrzehnt bewiesen, dass sie eine Architekturentwicklung ist, die sowohl energiesparend und ökologisch sinnvoll ist, aber auch hohe Innenraumqualität im Wohn- und Arbeitsbereich bieten kann. Realisiert sind die meisten Bauten in kleineren Gemeinden und mittelgroßen Städten.

Grüne Solararchitektur will aber auch einen Beitrag leisten, um in Großstädten Lösungen anzubieten. In einer Arbeitsgruppe mit Architekten, Fachingenieuren und Projektentwicklung wurde der Solare Tower entwickelt, auch mit der Zielsetzung, eine Antwort darauf zu geben, wie das zukünftige Wohnen und Arbeiten im Zeitalter des E-Living, E-Working und der Computervernetzung realisiert werden kann.

Der Tower ist in seinem Inneren total flexibel, sowohl in den Grundrissen als auch in der Technik. Diese kann nach neuesten Erkenntnissen ergänzt werden, Räume können beliebig verändert werden. Dazu kommt ein Energiekonzept, das weit gehend ohne Strom und Fremdenergie auskommt und extrem wenig Energie benötigt. Weiterer innovativer Beitrag ist die Luftqualitätsverbesserung im inneren Bereich des Towers durch Pflanzen im Atrium, die die Luft reinigen, ihr Schadstoffe entziehen und sauerstoffreiche Luft produzieren.

Mit den Pflanzen wird zusätzlich ein positiver und angenehmer Innenraumeindruck erzeugt, speziell vorgesehene Glas- und bepflanzte Räume sind zusätzliche Regenerationsinseln, geschaffen zur Erholung und Ideensammlung.
Pionier auf diesem Gebiet bioklimatischer Hochhäuser ist Ken Yeang in Malaysia.

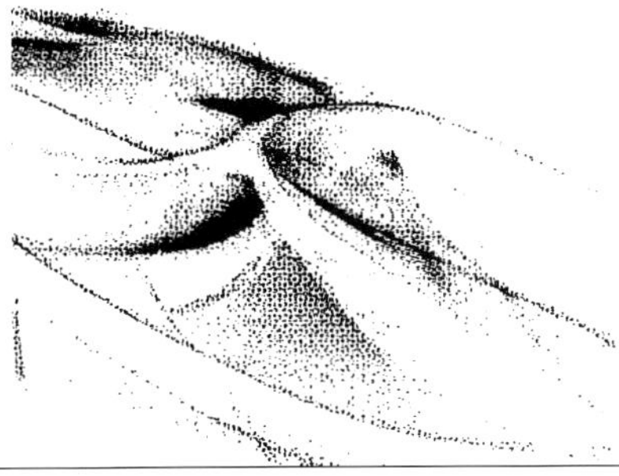

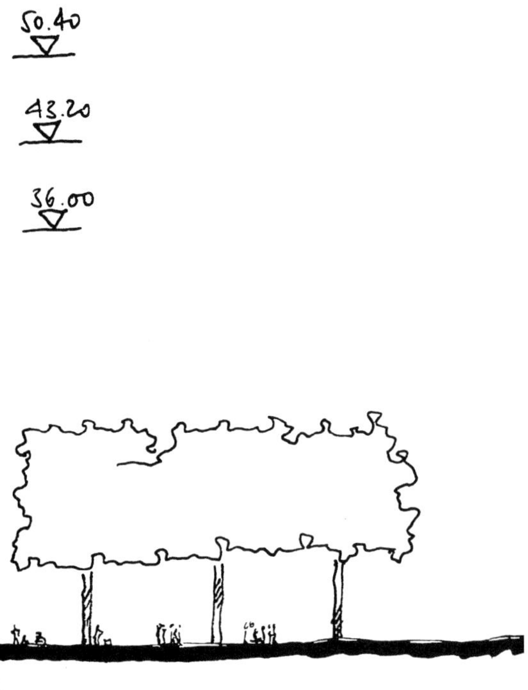

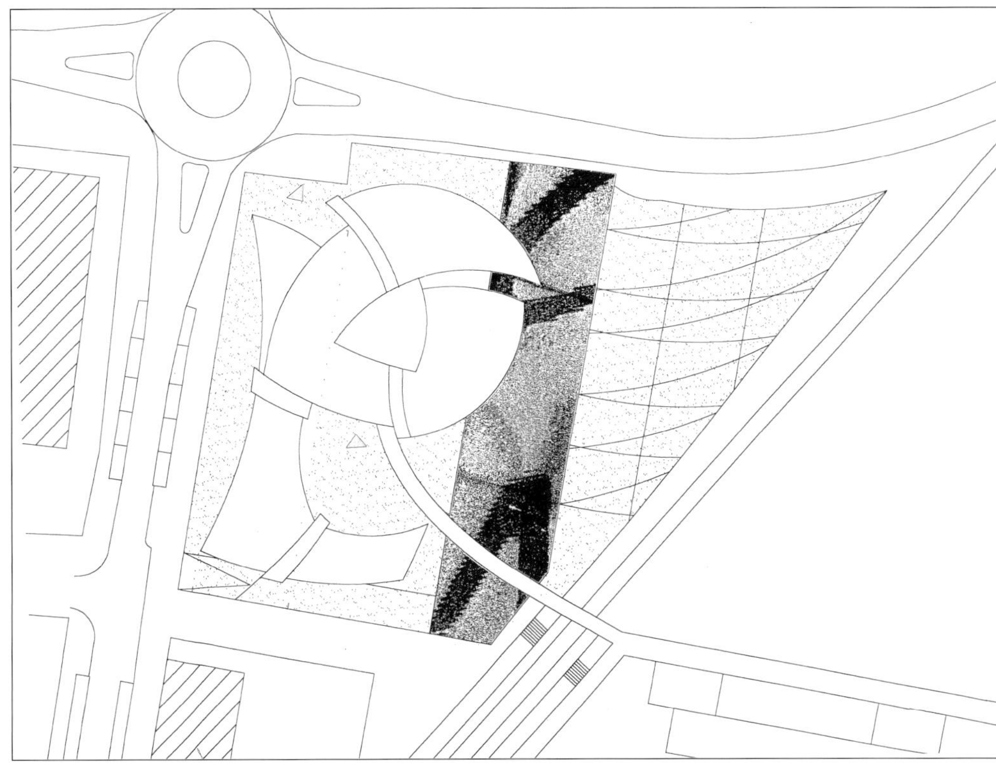

Lageplan
Tower mit Park – Wasserfläche
und Wege durch das Gebäude.

Zukunftsperspektiven:
Solararchitektur ist eine Architektur der Zukunft. Sie verbindet ökologische Gesichtspunkte, umweltschonende Architekturlösungen und hohe Qualität im Innenraum der Gebäude miteinander. Diese Architektur schont unsere Umwelt und trägt zur CO_2-Minderung in der Atmosphäre bei. Solararchitektur in unseren Breiten ist möglich, die Technik ist ausgereift, Konzepte sind erarbeitet worden, die die unterschiedliche Anwendung der Sonnenenergie ermöglichen: Direkte Nutzung (passive Sonnenenergienutzung), aktive Nutzung (Speicherung, Medien der Wärmerückgewinnung, Kombination aus allen drei Komponenten).

Im innerstädtischen Bereich sind Architekturlösungen erarbeitet worden, Solartower, Verwaltungsgebäude, Wohnungsbau. Ebenfalls möglich sind Lösungen im Sanierungsbereich, ein Gebiet, das in der Solararchitektur nicht vernachlässigt werden sollte.

Solares Bauen ist eine Herausforderung an alle Architekten!

Räume und Umbau

Christine Kayser
Sabine Wildner
Dipl. Ing.
Innenarchitektinnen
1986 Abschluss als Diplom-Ingenieure an der Akademie der Bildenden Künste in Nürnberg.
1990 Bürogründung ‚Innenarchitektur Kayser + Wildner' in Nürnberg, Büroinhaber:
Christine Kayser und Sabine Wildner.

Eingetragen in die Architektenliste der Bayerischen Architektenkammer, Mitgliedschaft im Bund Deutscher InnenArchitekten, im Deutschen Werkbund Bayern e. V. und in BauLust e. V. Nürnberg.

Modernisierung

Synthese von Neu und Alt

Jedes vor Jahren oder Jahrzehnten gebaute Haus hat seine Geschichte – seine Modernisierungs- oder Umbaugeschichte und manches auch seine Umnutzungsgeschichte. Und jedes neu gebaute Haus wird früher oder später und vielleicht auch immer wieder zu einer Modernisierungs-, Umbau- oder Umnutzungsaufgabe werden – bis zum Abriss.
Instandsetzungen und Modernisierungen sind sehr häufig mit Umbauten und Umnutzungen verbunden – im Kleinen, wenn einzelne Räume neu definiert werden oder im Großen, wenn der Gebäudezweck komplett neu definiert wird.

Modernisierung bezeichnet die Erneuerung von Bauteilen oder Ausstattungen nach dem gegenwärtigen Stand der Technik oder – manchmal auch und – nach dem gegenwärtigen Gestaltungskanon. Im Sprachgebrauch sind die Grenzen zwischen den Begriffen Bauunterhalt, Modernisierung und Sanierung fließend, vereinfacht ausgedrückt bezeichnen sie verschiedene Grade des Aufwands zur Erhaltung des Bestandes.
Umbauen als Lösungsmaßnahme entsteht aus der Diskrepanz zwischen den Möglichkeiten, die mit den Räumen realisierbar sind, und dem aktuellen Nutzungsprogramm, beim Umbau erfährt das ‚Raum-Programm' sozusagen ein Up-date.
Häufig überdauern Gebäude oder Räume ihren ursprünglichen Zweck und stehen leer, dann gilt: Umgenutzt ist besser als ungenutzt – Voraussetzung ist, es findet sich eine neue sinnvolle Nutzung. Umbauen und Umnutzen sind also auch Mittel des Gebäudeerhalts.
Der Wandel von Nutzungsarten der Räume und damit von Nutzungsanforderungen stellt eine Art Gesetzmäßigkeit dar, denn Raumnutzungen sind in der Regel nicht so langlebig wie die Räume selbst. Auch im leicht überschaubaren Wohnungsbau kommt es im Laufe einer Generation zu völlig unterschiedlichen Raumansprüchen. Besonders deutlich wird der Wandel im Bereich der Büro- und Verkaufsräume, bei denen immer neue Typen von Räumen generiert werden.

An der Schnittstelle zur Architektur

In der Disziplin der Innenarchitektur nehmen Umbauten und Umnutzungen einen wesentlich höheren Stellenwert ein und werden anteilmäßig im Vergleich zum Neubauen wesentlich häufiger praktiziert als in der Disziplin der Architektur.
Die Gründe dafür sind vielschichtig. Ein Aspekt mag sein, dass der Handlungsansatz meist aus dem Inneren heraus entsteht. Manche Fälle lassen sich ohne besondere Eingriffe in die Gebäudehülle lösen, aber auch jene mit umfangreichen Umstrukturierungen gehören zu den typischen Aufgaben der Innenarchitekten.
Ein weiterer Aspekt ist die Lebensdauer des Innenausbaus und des Mobiliars, die

Dachausbau 1948
Innenarchitekt: Walter Frey

Dachausbau 1948
Architekt: Karl Baur

wesentlich kürzer ist als die der Gebäudehülle. Für Gebäude rechnen die Hypothekenbanken mit 100 Jahren – für den Innenausbau gilt in etwa der Erfahrungswert von 30 Jahren. d. h. ‚einmal' Architektur steht zu ‚dreimal' Innen-Architektur, ... Nun mögen dies Wortspielereien seien, eindeutig aber ist, dass das Innere des Gebäudes öfter zur Disposition steht als das Gesamtgebäude. Beim Umbauen und Umnutzen überschneiden sich die Kompetenzen beider Disziplinen wie in keinem anderen Planungsbereich.
Bemerkenswert ist in diesem Zusammenhang, dass inzwischen über die Hälfte aller Bauinvestitionen in den Gebäudebestand fließen und davon ungefähr zehn Prozent von Planern – Architekten oder Innenarchitekten – bearbeitet werden.

Die letzten 50 Jahre im Rückblick – ein Wandel im Interesse

Die Geschichte der Innenarchitektur in den letzten 50 Jahren auf diesem Gebiet hat eigene spezielle Akzente, lässt sich aber nicht ohne die Geschichte der Architektur, der Bautätigkeit und Stadtentwicklung im Allgemeinen verstehen.

Der komplexe Zusammenhang drängt sich immer wieder in den Vordergrund, sodass es sehr schwer fällt, den Blick auf das Innere der Gebäude gerichtet zu halten.

In den vorindustriellen Epochen war die Umnutzung alter Gebäude eine ökonomische Notwendigkeit und damit auch eine kulturelle Selbstverständlichkeit. Der technische und zeitliche Aufwand des Bauens war schlichtweg zu hoch, als dass man ein Gebäude so ohne weiteres aufgegeben hätte. Wenn ein Neubau unumgänglich war, wurden die Baumaterialien des Altbaus möglichst wiederverwendet.

Beim nachfolgenden Aufbau der Industrie und beim Umbau der Innenstädte galt prinzipiell das Neue als das Bessere und die Wertschätzung des Alten beschränkte sich auf Baudenkmäler mit kunsthistorisch wertvollem Ausbau.

Die Architektur der Moderne hat sich sowieso nicht – konsequenterweise – mit dem Thema ‚Umbau' und ‚Umnutzung' auseinander gesetzt und im Werk der bedeutendsten Repräsentanten wie Le Corbusier, Mies van der Rohe oder Walter Gropius gibt es entweder gar keine Umbauten oder nur als unbedeutende Früh- oder Gelegenheitswerke.

Nach Kriegsende bis weit in die späten 50er Jahre war der Neubau das beherrschende Thema der Architektur, dasselbe gilt für die Innenarchitektur. Der neue, moderne Stil – unter dem Nationalsozialismus geächtet – fand nun schnell Eingang in die Verkaufsräume, Büros, Hotels und Wohnhäuser. Alle neuen Innenausbauten wurden selbstbewusst im Stil der Zeit ausgeführt, ungeachtet ob das Gebäude aus der Gründerzeit oder aus den 30er Jahren war. Um die Wohnungsnot zu lindern, erfuhren viele Dachböden eine Umnutzung und wurden zu Wohnungen ausbaut. Zahlreiche Beispiele sind in den Veröffentlichungen dokumentiert.

In den 60er Jahren waren Umbau und Umnutzung nach wie vor kein zentrales Thema. Im Bereich der Stadtentwicklung wurden intensiv ‚Flächensanierungen' vorangetrieben, d. h. ganze Stadtviertel abgebrochen und neu aufgebaut.
Für die im Krieg zerstörten Baudenkmäler und historischen Innenräume wurde vereinzelt zur kulturhistorisch relativ jungen Form der Rekonstruktion, zur völligen Wiederherstellung im alten Stil, gegriffen. Für einen zeitgemäßen architektonischen Umgang mit alter Bausubstanz wirkte dann vor allem der italienische Architekt Carlo Scarpa stilbildend mit dem Umbau vom Castelvecchio in Verona zu einem Museum. Er entwickelte eine Strategie der Collage und Schichtung mit einzelnen, eigenständigen Fragmenten und unterschiedlichen geschichtlichen und gestalterischen Ebenen, die deutlich ablesbar sind und in einen distanzierten Kontakt zueinander treten.
In der Bundesrepublik war es insbesondere Karljosef Schattner, der diese Ansätze aufnahm und in den unterschiedlichsten Bauaufgaben, für die Diözese Eichstätt, weiterentwickelte.

Bad Hotel Neustadt Saale 1964
Carolinger Keller
Architekt: Fritz Hierl

Umnutzung
Landhaus in Fischerhude 1976
Architekt: Horst Cyrus, Bremen

Umnutzung
Domizil und Kunstwerkstatt in einem Wasserschloss 1974
Innenarchitekt: Ewald Kröner

Interessant ist, dass diese Position zum Umgang mit historisch wertvoller Bausubstanz bereits Anfang des Jahrhunderts formuliert wurde: „Wo aber einmal ergänzt werden muss, da tue man es, ohne durch Stilechtheit täuschen zu wollen ... das ist das Alte, hier das Neue. Die Alten haben aus dem Geist der Zeit heraus geschaffen, wir schaffen aus dem Geist unserer Zeit. Aber wir wollen die Alten nicht übertrumpfen." (Georg Dehio, Konrad Lange). Die Charta von Venedig aus dem Jahre 1964 bestätigte ausdrücklich, dass alle als unerlässlich erkannten Ergänzungen den Stempel unserer Zeit zu tragen hätten, damit das Dokument der Kunst und der Geschichte nicht verfälscht werde.

In den 70er Jahren – dem Höhepunkt der Gebäudefertigteile und der großen einheitlichen und funktionalen Lösungen – änderte sich in weiten Bereichen des Baugeschehens das Verhältnis zum Alten grundlegend. Der Umschwung speiste sich aus verschiedenen Quellen und wird deutlich mit dem Motto ‚Eine Zukunft der Vergangenheit' des internationalen Denkmaljahrs 1976 zum Ausdruck gebracht. Da war zum einen auf quasi staatlicher Ebene das Gedankengut der Denkmalpflege, die in den Folgejahren zunehmend den Kreis ihrer Objekte erweiterte und sich so in die Stadt- und Dorfstruktur einbrachte. Zum anderen entstand auf der Ebene der Bürgerbewegungen und der Subkultur eine demonstrative Ablehnung der bisherigen ‚Großlösungen' und man entdeckte den identitätsstiftenden Charakter des Bestehenden und setze sich für deren Erhalt ein. Auf der privaten Ebene des Wohnens äußerte sich der Umschwung mit einer Hinwendung zu Trödel und Antiquitäten, zu Gründerzeitwohnungen und Bauernhäusern. In den Szenekneipen der damaligen Zeit war die Innenausstattung aus alten Versatzstücken zusammengestellt und z. B. alte Türen zu einer Theke ‚umgenutzt' – entgegen aller Regeln der funktionalen Moderne und des klassischen Handwerks.
Aus dieser Zeit gibt es viele Beispiele von Umnutzungen alter Bauten in der Hand öffentlicher Träger, die für neue Zwecke umgeformt der Öffentlichkeit zugänglich wurden. So verwandelten sich Patrizierhäuser zu Stadtmuseen, Kornspeicher zu Bibliotheken, Bahnhöfe zu Gemeindezentren, Landschlösser zu Kindergärten und Umnutzungen wurden insgesamt ‚architekturfähig'.

Ende der 70er, Anfang der 80er Jahre beginnt die Inbesitznahme von ehemaligen Industrieproduktionsflächen durch bildende Künstler, Musik- und Theatergruppen oder Existenzgründer. Der wenn auch manchmal nur temporäre Zwischennutz, der den spezifischen Wert der Innenräume aufzeigt, gewinnt an Bedeutung und zeigt damit die zukünftige professionelle Vermarktungsmöglichkeit auf.

In den 80er Jahren wird bereits die Hälfte der Bauinvestitionen für den Bestand aufgewendet, wobei sich der jeweilige Anteil für Modernisierung, Umbau oder Umnutzung nicht trennen lässt.
Die bereits skizzierten Entwicklungslinien laufen fort und neue Tendenzen entstehen. Der Denkmalschutz wendet sich einfacheren Gebäuden und Ensembles zu, die weniger kunsthistorisch von Bedeutung sind als vielmehr Zeugnisse des Alltags in der Vergangenheit.
Umnutzungskonzepte wurden zunehmend auch im großen Format auf dem Immobilienmarkt realisiert, ganze Industrieareale wurden für Kultur, Arbeiten oder Wohnen erschlossen. Lofts als Luxusappartements gehören seitdem zum Angebot der Makler und füllen die Seiten der Wohnmagazine. In die Architektur- und Stadtentwicklungsdiskussion kamen ökologische Argumente zu den bereits etablierten der Denkmalspflege hinzu – Stichworte wie Recycling, Flächenverbrauch und Nachhaltigkeit sprechen für Umbau und Umnutzung.
Von Seiten des Neubauens entwickelt sich in diesen Jahren ein neue Strategie der formalen Integration des Alten, deren Stilmotive in stark überarbeiteter Form Verwendung finden. Diese so genannten „postmodernen" Strömungen lassen sich auch in Innenräumen und bei Möbeln beobachten.

In den 90er Jahren waren die entstandenen Löcher im Stadtgefüge längst keine Einzelfälle mehr. Der beschleunigte Strukturwandel in der Wirtschaft hinterlässt bis heute Gebäudehüllen in großer Zahl, die als Umnutzungskonzepte angewiesen sind. Das Freiwerden der Flächen kann als ‚zweite' Entwicklungschance der Städte begriffen werden, neue Lebens- und Arbeitsformen zu realisieren.
Innenräume und Bauten jedes Alters und für jeden Zweck kommen inzwischen für Umnutzungen in Frage. Entsprechend dem Lebenszyklus der Gebäude steht nun zunehmend die Zeit nach dem Krieg bis hin zu den siebziger Jahren zur Erneuerung an. Im Vergleich zum relativ gutmütigen Bestand aus der Gründerzeit, deren Hauptmanko die technischen Installationen waren, wird deutlich, dass sich Strukturen mit einfacher Konstruktion, großzügigem Flächenangebot und neutraler Erschließung wesentlich leichter umnutzen lassen als die für spezielle Funktionen ausdifferenzierte und im Raumvolumen und der Konstruktion knapp gehaltenen Räume der späteren Jahre.

Eine neue Tendenz wird spürbar, die Gebäude und Räume zu Zeichenträgern für ein positives Image zu definieren und einzusetzen. Geschichte wird so zum Erlebnisraum, zum Baustein im Corporate Identity oder zu weichen Standortfaktoren, je nach Blickwinkel. Innenräume und Gebäudehüllen werden als Identitätsträger für Individualität verstanden. Daraus folgt die Strategie, wichtige identitätsstiftende Zeichen für den räumlichen Kontext zu übernehmen und zu erhalten. In bestimmten Zusammenhängen kann so das Prestige des Alten, die Atmosphäre des Authentischen im Spannungsfeld von Alt und Neu stellvertretend stehen für Innovation und Tradition, Erfindungsreichtum und Anpassungsfähigkeit.

Sanierung
Kreuzgang St. Mang in Füssen 1995
Architekt: Werner Lehrburger, Füssen

Ein neuer Umgang ohne Dogma

Die verschiedenen Auffassungen vom Umgang mit bestehender Bausubstanz definieren sich sowohl durch die Eigenheiten der zur Umnutzung oder zum Umbau anstehenden Bausubstanz wie auch durch die der Zeit entsprechenden Architekturauffassung. Unverkennbar ist, dass sich inzwischen eine Bandbreite unterschiedlicher Entwurfsmethodiken für den Bestand und ein breit gefächertes Repertoire architektonischer Mittel herausgebildet hat. Die eine – im Architekturdiskurs allgemein gültige – Formensprache für das Miteinander von Alt mit Neu gibt es nicht mehr.

Die hier ausgewählten Beispiele für Umnutzung und Umbau sind individuelle Baugestalten, die individuell behandelt wurden, gemäß ihrer Nutzung, ihrer Ästhetik und ihrem Erhaltungszustand: Lauter Sonderfälle, die auf den Bestand reagieren, weil ihm etwas Typisches, Wertvolles zu Grunde liegt. Das prägende Alte wurde sichtbar erhalten und ergänzt mit neuen Zutaten.
Selbstverständlich gibt es auch Umbauten, die vom Alten nichts mehr übrig lassen, aber das Augenmerk liegt bei diesem Kapitel auf der gelungenen Verknüpfung und auf dem interessanten Wechselspiel zwischen Bewahren und Verändern.

In der Auseinandersetzung mit dem Bestand lassen sich drei Grundpositionen unterscheiden, die selten in der jeweiligen Reinform, sondern meistens überlagert und gleichzeitig auftreten.

Das Original

Die erste Grundposition orientiert sich am Original und stellt den Erhalt oder auch die Wiederherstellung in den Mittelpunkt des Konzeptes. Diese traditionell dem Denkmalschutz eigene Haltung nimmt den authentischen Wert des Alten wichtig und sucht zunächst nach einer ursprungsnahen oder wesensähnlichen Nutzung, muss aber oft auch weitgehende Verfremdungen in Kauf nehmen, um das Objekt überhaupt erhalten zu können. Das Bild des Alten dient aber auch als Vorbild zur unter Fachleuten umstrittenen Rekonstruktion oder zur – im Bereich der Gastronomie häufig anzutreffenden – Simulation des Alten, die inszeniert wird, um die Aura der Tradition zu vermitteln.

Die Differenz

Die zweite Grundposition betont die Differenz zwischen Altem und Neuem und zielt darauf ab, diesen Kontrast auszuarbeiten und beides hochwertig nebeneinander zu setzen. Dieses Konzept als Entwurfsstrategie für Architektur und Innenarchitektur behandelt Bestehendes und Hinzugefügtes gleichermaßen intensiv und steigert gezielt die formale Ausdruckskraft der einzelnen Zeit- und Zeichenebenen. Aber auch im Bereich der ‚Basic-Räume' oder der ungestalteten Aneignung entsteht die besondere Spannung durch die Fremdartigkeit der aufeinander treffenden Welten. Der Differenzstrategie mit der intensiven, gesteigerten Bearbeitung wird zusehends die Allgemeingültigkeit in der architektonischen Formensprache dadurch entzogen, dass immer mehr auch alltägliche und belanglose historische Substanz eine Neuinterpretation erfährt.

Die Überformung

Diese Entwicklung führt gedanklich zur dritten Grundposition, die das Alte als Material versteht, das ohne Veränderungssperre oder Echtheitsforderung zur Überformung freigegeben ist. Die so entstandene Mischung trägt die Spuren des Alten in sich, der Übergang zum Neuen ist aber nahtlos ohne ablesbare Schichtung. Oft eröffnet gerade die Belanglosigkeit des Materials weit reichende Gestaltungsmöglichkeiten. Dort wo es passt, wird das Bestehende übernommen, wo es besser passt oder besser gefällt, wird es grundlegend verändert. Diese Herangehensweise ist keineswegs neu. Es war in früheren Epochen durchaus üblich, die Substanz im Zeitgeschmack zu ‚recyclen'. Jetzt gewinnt sie als ästhetische Option wieder an Bedeutung.

Die Zukunft der InnenArchitektur im Bereich Sanierung und Umbau

Alte bauliche Anlagen enthalten Gelebtes, sie zu erhalten bedeutet Kontinuität und Respekt gegenüber den Ergebnissen menschlichen Schaffens. In den vergangenen Jahrhunderten bis in die siebziger Jahre des letzten galt nur das Kostbare und Aufwändige als bewahrenswert. Die Vergangenheit zu sichern und weiterzuentwickeln ist inzwischen zu einem allgemeinen Anliegen geworden.
Gerade die immer weiter fortschreitende Globalisierung schafft das Bedürfnis nach Vernetzung im Ort und der Geschichte, nach einer Regionalisierung des Gebauten, und wer mit der Geschichte des Ortes lebt, muss sich den Rhythmus, den Charakter und die Sonderbarkeiten zu Eigen machen, um angemessen reagieren zu können.
Der Umgang mit dem Gebäudebestand ist der Gradmesser für das nachhaltige Wirtschaften beim Planen und Bauen. Ob eine Gesellschaft erneuerungsfähig ist, zeigt sich auch in der Revitalisierung und Weiterentwicklung des Bestehenden.
Bei dem zurzeit und in Zukunft umzunutzenden Bestand ergibt sich kein funktionales Programm aus den Gebäuden heraus und es wird eine spannende Aufgabe werden, jeweils das entsprechende Programm zu erarbeiten.
Die Planer werden zu einer vom Einzelfall definierten Lösung kommen müssen.
Auf die Ausweitung der Objekte muss auch die gestalterische Praxis reagieren mit einer offenen Gestaltsprache, die sich rückbesinnt auf traditionelle Muster und auf Vorhandenes reagiert und Neues einfügt ohne auf das ‚nie da Gewesene' oder ‚immer Gültige' abzuzielen.
Eine wichtige Fähigkeit wird sein, die ‚Pattern Language' als Mustersprache (nach Christopher Alexander) zu beherrschen, die assoziativen Bedeutungen und Inhalte der Formelemente zu verstehen und einzusetzen, um so den gewünschten Ausdruck als Bestandteil einer marketingorientierten Produktplanung zu erreichen.
Umbauen, Modernisieren und Umnutzen wird ‚im großen Stil' die Bauaufgabe der Zukunft sein, aber nur ‚im kleinen Stil' – als Einzelfall und auf den Ort bezogen – ist sie mit einem Höchstmaß an fachlicher Kompetenz und Empathie zu lösen.

Sanierung
Fachwerkhaus in Forchheim, Treppenaufgang
1997
Architekt: Heinz Rosenberg, Bamberg

Um- und Anbau
Ulmer Hof, Eichstätt 1978–80
Sitz des Fachbereichs für Katholische Theologie
Architekt: Prof. Karljosef Schattner, Eichstätt

Ostansicht Ulmer Hof

Verglasung und Abfangkonstruktion der Arkaden im Erdgeschoss

Innenansicht der Arkaden

Beim Ulmer Hof – ein Palais aus dem 17. Jahrhundert – gehören häufige Benutzer- und Funktionswechsel zur Geschichte des Bauwerks.
Die drei Außenwände des historischen Gebäudes wurden umgeformt zu einem Innenraum, einem Lesesaal. Der Konzentration des Lesers dient die Vertiefung des Fußbodenniveaus um zwei Stufen.
Die Beleuchtung der Tischflächen erfolgt über Tischlampen, die den Arbeitsplätzen Intimität und Individualität sichern.
Von den Räumen, die den Saal umlaufen, ergeben sich Sichtverbindungen zur Bibliothek als dem eigentlichen Herzstück des Hauses. Die Öffnungen der bis dahin vermauerten Erdgeschossarkaden des Nordflügels bedingten eine statische Sicherung der Wand, in die zusätzliche Lasten aus der Deckenkonstruktion eingeleitet werden mussten. Die erforderliche Abfangkonstruktion aus Stahlprofilen wurde vor die Arkaden gestellt und nimmt jetzt die Verglasung zwischen Gang und Lesebereich auf.

Lesesaal

Sanierung
Verwaltungsgebäude in Augsburg 1998
Innenarchitektin: Margarete Kolb, Augsburg

Fassade
Eingangsbereich mit blauer Leuchtsäule

Historische Holz- und Stahltüren

Projektionen der Türbeschriftungen

Das 1949–1952 von Robert Pfaud für die Textilberufsgenossenschaft erbaute Verwaltungsgebäude wurde 1998 revitalisiert und für die Nutzung eines Hightech-Unternehmens neu strukturiert.
Die Büros, die Seminarbereiche und Sozialräume wurden einer zeitgemäßen Arbeitswelt angeglichen.
Alle bestehenden Verbindungstüren, Einbauten und Leuchten wurden erhalten und überarbeitet.
Das Leitsystem durch das Gebäude wird weich-farbig direkt auf die Wände projiziert, auf den Treppenabsätzen großflächig das Firmen-CI und in den Fluren in Reihung die Türbeschriftung. Diese Funktion ist gleichzeitig modern gestaltet im Kontrast zum sanierten Bestand.
Eine leuchtend blaue Linie, die vom Gehweg senkrecht nach oben führt und ein freischwebendes Firmenzeichen über dem Eingang sind einzige Veränderung in der Fassade und zeigen dennoch schlicht und prägnant im Straßenbild den Standort der Firma.

Sanierte und wieder eingebaute Details

Umnutzung
Appartementhotel in Barth 1994–97
Architekt: Prof. Volker Giencke, Graz

Gesamtansicht von Westen

Restaurant im Erdgeschoss

Blick auf den vorgebauten offenen Restaurantbereich mit dahinter liegendem Wintergarten.

Flur

Das Silogebäude wurde 1897–98 erbaut und gehört zu einem Ensemble aus Lagerhäusern. Das fünf Stockwerke hohe Speichergebäude wurde in ein Appartementhotel mit Restaurant und Wintergarten, Festsaal, Museum und Seminarräumen umgebaut.
Die zweigeschossigen Appartements mit Wohnnutzflächen zwischen 20 und 140 m^2 wurden in die bestehende Silokonstruktion eingefügt.
Das Restaurant ist durch den Charakter der ursprünglichen Konstruktion geprägt, sofern aus installations- oder schalltechnischen Gründen keine Schale aus Gipskarton vorgesetzt werden musste.
Der Wintergarten genauso wie das ‚Sonnendeck' und die neuen Schiebeläden tragen zur Metapher ‚Schiff' bei.
Die Flure stehen bewusst gegen das historische Original und inszenieren einen eigene ästhetische Welt.

Umnutzung
Kino in Halberstadt 1997–98
Architekt: Wolfgang Hertrampf, Hameln
Innenarchitektin: Jennifer Nölken, Berlin

Seitenansicht Fassade alt/neu

Gesamtansicht mit Eingang

Bistro

Das Multiplexkino befindet sich in dem ehemaligen Gebäude der Zuckerfabrik, die am Anfang des letzten Jahrhunderts errichtet wurde und bis Mitte der siebziger Jahre in Betrieb war.
Das Kino mit seinen sieben Sälen gruppiert sich hinter der denkmalgeschützten Fassade um den Filterturm wie die Gebäude der ehemaligen Zuckerfabrik.
Die Besucher betreten das Kino an der Stelle, an der die alte Fassade stehen geblieben ist.
Im Innenraum steht die alte Fassade neben dem Neubau, verbunden durch Betonbögen und ist eine kalkulierte Mischung aus Alt und Neu. Das mehrfach übermalte Mauerwerk wurde sandgestrahlt und anschließen grundiert. Über die im ersten Obergeschoss vorhandenen Winden, die ehemals dazu dienten, Zuckersäcke zu heben, sind nun Leuchten geführt. Die ursprüngliche Einscheibenverglasung wurde zugunsten der ästhetischen Wirkung der Fenster und der Gesamterscheinung der Fassade beibehalten.

Treppenaufgang

Umbau

Reihenhaus in Nürnberg 1992

Innenarchitektinnen:

Christine Kayser + Sabine Wildner, Nürnberg

Gesamtansicht

Raum vor Dachterrasse mit auf Brüstungshöhe abgebrochener Mauer im Treppenhaus

Küche mit Arbeitszeile unter dem Fenster, über Eck Geschirrschränke, im Anschluss integrierter Essplatz mit Abstellflächen

Das Wohnhauses befand sich sowohl außen als auch innen im Originalzustand von 1927. Alle Änderungen betonen und erweitern mit moderner additiver Material- und Detailstruktur die Stimmung des Hauses. Die Räume erhalten nur an einigen wenigen Stellen neue Öffnungen und Bezüge. Die Mauer der Kammer vor der Dachterrasse ist bis auf Brüstungshöhe entfernt worden, um eine Belichtung des Treppenhauses zu schaffen und eine großzügigere Atmosphäre zu erreichen.
Vom Schlafzimmer führt ein zusätzlicher Zugang zur Dachterrasse durch Versetzen eines Wandabschnittes.
Die Küche erhält im Bereich der ehemaligen Speisekammer ein neues Fenster in Südrichtung mit Blick auf die Terrasse.
Die Möblierung mit Essplatz wurde entsprechend der neu geschaffenen Raumorganisation entwickelt und die Materialwahl auf das Gestaltkonzept abgestimmt.
Die alten Kastenfenster blieben erhalten, nur die Außenflügel wurden erneuert.
Im Kellergeschoss mit Zugang von außen entstand zusätzlich eine Einliegerwohnung.

Kammer vor Dachterrasse vorher

Küche vorher

Diele im EG mit Treppenaufgang

Umbau
Wohnhaus in Frankenthal 1995
Architekten: Tatjana Vautz + Stefan Mang, Stuttgart

Westfassade vorher

Westfassade mit neuen Fenstern

Eingang mit Treppenaufgang

Ein Siedlungshaus aus den dreißiger Jahren wurde modernisiert und erweitert. Die Nutzung sollte flexibel sein: Geplant als Wohnung für eine fünfköpfige Familie, bietet es auch die Möglichkeit, nach Bedarf ein kleines Büro oder einen extra Wohnbereich einzurichten. Der ursprüngliche Charakter und Charme des Hauses waren dabei zu bewahren und zu beleben. Aufgrund des Geländeverlaufs konnten durch Ausbau und teilweises Tieferlegen des Kellers neue Nutzflächen gewonnen werden. Im ehemaligen Keller schaffen neue Öffnungen Durchblicke und der Einsatz von Farbe Großzügigkeit und Frische. Zusätzlich wurden zwei eigenständige Baukörper dem Bestand zugefügt. Ein neues Zimmer im Anbau öffnet sich auf drei Seiten zum Garten – sein Dach bildet die Terrasse vor dem Wohnzimmer.
Neue Fenster in der ursprünglich geschlossenen Westfassade verbessern die Belichtung der Innenräume. Die Formate und Anordnung der neuen Fenster setzen sich bewußt vom Bestand ab.

Altbau (ehemaliger Keller)
Neue blaue, frei eingestellte Badezimmerwand

Anbau

Innenraum im Anbau

Sanierung
Gaststätte ‚Geisthövel' Ahlen 1996
Architekt: Hartmut Rogalla, Ahlen
Innenarchitekt: W. Panick, Ahlen

Außenfassade

Bestehende Thekenanlage, überarbeitet und mit neuen Details ergänzt

Das aus dem Jahr 1650 stammende ehemalige Adelshaus wurde 1996 komplett renoviert. Der Gebäudekomplex ist das älteste profane Gebäude in Ahlen.
Die bestehende Gaststätte wurde weit gehend unter Verbleib der vorhandenen Einrichtung und Einbauten renoviert. Der größte Teil der Möblierung der Gaststätte wie Thekenanlagen, Schränke, Anrichten, Bilder, Fotos sowie Tische und Stühle wurden übernommen und aufgearbeitet. Ergänzende Möbelteile wurden dem Bestand angepasst und die Beleuchtung und notwendige Technik bewusst konträr eingefügt.

Theke vorher

Blick parallel zur Galerie

Umnutzung
Restaurant ,Meyer's Mühle' Warnemünde 1994
Innenarchitekten: Antje Monz + Johann Monz

Außenansicht

Eine unter Denkmalschutz stehende Windmühle aus dem Jahre 1866 in Warnemünde, unmittelbar an der Ostsee gelegen, wird für ein gastronomisches Konzept nutzbar gemacht.
Es entsteht auf fünf Ebenen, die jeweils abgeschlossene Räume bilden, eine für sich eigene Nutzung mit jeweils eigener Atmosphäre.
Ebenerdig liegt beim Betreten des Gebäudes eine Schänke, die mit langen Bänken, geschrubbten Tischen, irdener Farbigkeit eine karge Bescheidenheit ausdrückt und dem Sinnbild einer mittelalterlichen Taverne entspricht.
Im zweiten Geschoss thront der Kronensaal, ein Veranstaltungsraum, der auch für den alltäglichen Betrieb genutzt werden kann. Purpurrote Wände, nachtblauer Webteppich, ein stilisierter Kronleuchter, dicke weiße Kerzen und samtene schwere Tücher sind die Grundlage für Jubiläen und besondere Stunden im Leben.
Die in der Atmosphäre sich fünfmal unterscheidenden Bereiche verbindet eine konsequent freigelegte Mühlenarchitektur und -technik, Addition von zeitgenössischer High-Tech-Beleuchtung und bewusste Auswahl der Bestuhlung ausschließlich eines Designers.

Schlichte Ahornbänke mit irdener Wandlasur

Kronensaal mit historischer Mühlentechnik

Schänke im Erdgeschoss

Peter Maly
Dipl. Des., Designer
wurde 1936 in Trautenau (heute Trutnov/Tschechien) geboren.
Nach einer Tischlerlehre studiert Maly Innenarchitektur an der Fachhochschule Detmold.
1960–70 arbeitet er als Innenarchitekt für die Zeitschrift ‚Schöner Wohnen‘, parallel entstehen erste Möbelentwürfe.
1970 gründet er sein Designstudio, das heute fünf Mitarbeiter hat.

Kaum ein Gegenstand, den Maly noch nicht gestaltet hat, neben Möbeln und Teppichen gehören auch Leuchten, Pianos und Flügel sowie Kaminbestecke und Wohnaccessoires zu seinem Œuvre.
Maly arbeitet sowohl für einheimische als auch internationale Hersteller (darunter Anta Leuchten, Behr International, Conmoto, Cor, Interlübke, Ligne Roset, Mauser, Thonet und Tonon).
Mit seiner Frau, der Stylistin Gisela Maly, inszeniert er zudem Fotoproduktionen seiner Produkte.

Die Designermonografie über Peter Maly (form Verlag, Frankfurt) erschien 1998 bereits in zweiter Auflage.

Aus Anlass seines 65. Geburtstag widmete das Museum für Kunst und Gewerbe in Hamburg dem Designer eine Ausstellung.

Einmal Innenarchitektur, Design und zurück

Bausteine der Identität der führenden Möbelhersteller

Man bat mich, für dieses Buch einen Beitrag über die Schnittstelle zwischen Design und Innenarchitektur zu schreiben. Doch für mich gibt es da keine Schnittstelle, vielmehr eine Naht, einen logischen Übergang. Für mich sind die beiden Felder meiner Tätigkeit nicht zu trennen. Auf der einen Seite der möglichst perfekte Entwurf von Produkten, auf der anderen die sorgfältige Inszenierung in ephemeren Bauten: Fotostudios und Messeständen.

Ich muss ein wenig ausholen, um klarzumachen, wie das kam. Nachdem ich vor über 40 Jahren mein Studium der Innenarchitektur in Detmold beendet hatte, ging ich nach Hamburg zur Zeitschrift ‚Schöner Wohnen‘. Mich begeisterten die skandinavischen Architekten und Designer wie Alvar Aalto, Arne Jacobsen und Poul Kjærholm. Es gab damals kein Überangebot gut gestalteter Möbel, man musste sie aufspüren und entdecken.
Bei ‚Schöner Wohnen‘ begann ich, aus der Perspektive des Innenarchitekten Fragen von Lesern zu beantworten. Stets ging es darum, viele Funktionen auf engstem Raum unterzubringen. Viele Menschen begriffen das Einrichten und Wohnen als Problem, was ich anfangs nicht verstand. Für mich war das Zeichnen und Skizzieren von Räumen und Einrichtungen stets etwas Angenehmes, das mit Freude verbunden ist. Zusammen mit den Redakteuren entwarf ich Szenarien und schuf im Fotostudio Wohnwelten, die dem Zeitgeist entsprachen und die Interessen der Leser ernst nahmen. Damals lernte ich sehr intensiv ihre Sorgen und Wünsche kennen, was mir später als Designer zugute kam.

Nachdem ich zehn Jahre bei ‚Schöner Wohnen‘ tätig war, zuletzt als Chefinnenarchitekt, machte ich mich als Designer selbstständig. Durch einen meiner ersten Auftraggeber, Axel Bruchhäuser von Tecta, lernte ich Ende der 60er Jahre das Bauhaus intensiv kennen. Ich sog seine gestalterischen Prämissen auf. Die Einfachheit und Klarheit vieler Entwürfe aus den Bauhaus-Werkstätten begeisterten mich. Durch die Arbeit als Zeitschriftenmacher geprägt, der stets nach dem Neuen, Ungewöhnlichen sucht, ließ ich mich später auch von der Postmoderne beeinflussen. In der Ablösung von dieser inzwischen als vordergründig angesehenen Tendenz, fand ich meinen eigenen Weg.

Heute sind mir die Werte des deutschen Industrial Designs wichtiger denn je: Funktion, Langlebigkeit der Form, höchste Produktqualität, Einfachheit und Klarheit des Ausdrucks. Sie werden, mit unter-

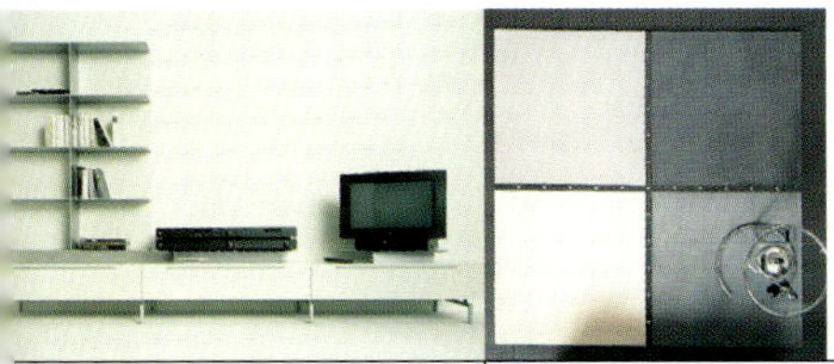

schiedlichen Akzenten, heute überall auf der Welt angewandt und verstanden.
Meine Designphilosophie basiert auf der Kraft der Elementarformen. Sie helfen, die Formgebung logisch zu begründen, wodurch Phantasie und Sinnlichkeit eines Entwurfs sich erst entfalten können.
Rundungen haben bei mir zum Beispiel einen berechneten Radius, Proportionen orientieren sich an klaren Quadratrastern. Das Collagieren, Addieren, Ausschneiden und Verschachteln dieser Elementarformen ist für mich außerordentlich spannend und fruchtbar. Entwürfe, die auf diese Weise entstehen, behaupten sich gegen den schnellen optischen Verschleiß. Ich möchte langlebige Produkte schaffen, sie sind als Kontrapunkte zum sich immer schneller drehenden Konsumkarussell gedacht.
Ich habe mir ein spezielles Feld der Innenarchitektur erarbeitet, das mir auf den Leib geschneidert ist. Ich entschied mich, nicht für einzelne Auftraggeber Häuser und Wohnungen einzurichten. Da hätte ich mit der Emotionalität des Privatkunden zu tun, müsste ein auf seine Vorlieben, Wünsche und Lebensgewohnheiten abgestimmtes Konzept entwickeln. Wenn man eine Wohnung für einen Auftraggeber einrichtet, bedeutet das immer einen Spagat zwischen den eigenen Vorstellungen modernen Wohnens und denen des Kunden oder Bewohners. Entweder der Innenarchitekt verbiegt sich oder der Kunde bekommt etwas aufoktroyiert, in dem er sich nicht wohl fühlt. Nur im Idealfall funktioniert das, wenn man diesen Menschen sehr gut kennt, wenn man sich in seinen Auffassungen sehr ähnelt, dann wirft man sich die Bälle zu. Das ist toll, aber es ist die absolute Ausnahme.
Meist muss irgendein Gegenstand – eine monströse Bodenvase oder ein Familienerbstück – integriert werden. Statt nach der besten Möglichkeit muss permanent nach Kompromissen gesucht werden. Denn die persönlichen Wünsche des Kunden haben ja ihre Berechtigung. Ich setze mich diesem Konflikt aber nicht gerne aus.

Lieber arbeite ich für Firmen, wo ich als Innenarchitekt mit rational denkenden Menschen zu tun habe, die eine klare Zielvorgabe haben, die ihre Produkte und ihre Firma weiterentwickeln möchten und nach einer Präsentation suchen, die beidem entspricht. Da gibt es keine Diskussionen über Geschmack. In dieser professionellen Konstellation bin ich der von der Firma beauftragte ‚Mann für Geschmack', trage die Verantwortung dafür, bin das ästhetische Gewissen.
Bei vielen Designern ist der Begriff ‚Geschmack' negativ besetzt und wird daher gemieden. Ich benutze ihn und verstehe darunter den sensiblen Umgang mit Farben, Formen und Materialien. Wem das Verständnis dafür fehlt, der ist weder ein guter Innenarchitekt noch ein guter Designer. Das Wissen um diese Zusammenhänge ist unverzichtbar.
Zurück zum Produktdesign:
Wichtig ist es, sich gerade beim Entwurfsprozess von Einflüsterungen und Beeinflussungen freizumachen. Konkrete Vorgaben oder die Bindung an allzu konkrete Marktdaten sind in dieser Phase eher schädlich, mitunter blockieren sie sogar den Entwurfsprozess. Ich halte den Instinkt des Designers für wesentlich wichtiger als jede noch so umfangreiche Marktanalyse. Durch seinen Instinkt kann man im Voraus erspüren, was Menschen wünschen, was aber oft noch gar nicht in ihren Köpfen existent ist.

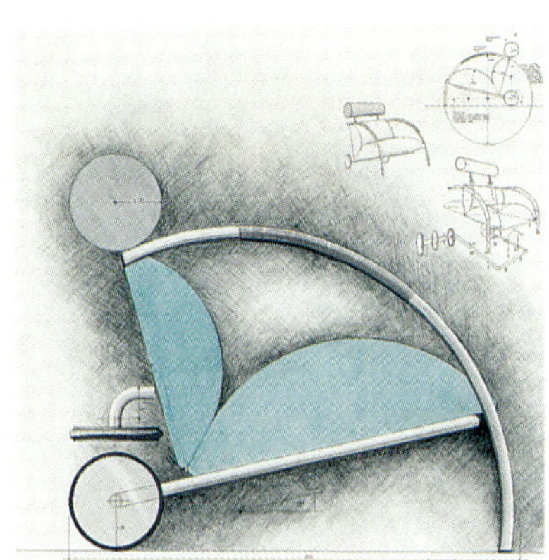

Elementare Formen im Raum 1983
Der Sessel ‚Zyklus' (COR, 1983) wurde von einem Puppenmöbel angeregt. Er gehört zu meinen wichtigsten Entwürfen und gilt heute als moderner Klassiker.

Der Entwurf ist eine vergnügungsreiche, zugleich aber auch mühevolle Suche nach einer innovativen Form mit kulturellem Anspruch, mit der Funktion als notwendiger Basis. Dies gilt auch für Möbelobjekte, die in Kleinserie entstehen. Erst recht für Möbel und Systeme, die in großen Stückzahlen gefertigt werden sollen.

Die Zusammenarbeit mit der Industrie halte ich für unverzichtbar. Die sorgfältig durchdachte und materialgerechte Konstruktion des Möbels kann so im Team mit Fertigungsfachleuten und erstklassigen Handwerkern heranreifen. Oft entstehen drei Prototypen-Generationen, um den Entwurf zu überprüfen und zu perfektionieren. Vom Prototyp zum Industrieprodukt führt ein langer Weg, der Kraft und Ausdauer, aber auch die Fähigkeit zur Teamarbeit erfordert.
Auf diesem Weg ist mancher Kompromiss nötig, oft muss man sein ‚Kind' vor Mit-Vätern und gutmeinenden Vereinfachern beschützen. Erst nachdem der Entwurf all diese Infragestellungen überstanden hat, kann ein Industrieprodukt mit Detailqualität und gutem Preis-Leistungsverhältnis aus ihm entstehen.
Meist geht man dabei planvoll vor, doch eine Produktidee entsteht mitunter auch aus einem Zufall.
Anfang der 80er Jahre präsentierte ich COR einen neuen Messestand. Aus der Puppenstube meiner Tochter hatte ich mir Puppenmöbel geliehen, um das Modell zu möblieren.
Dabei kamen Helmut Lübke und ich auf die Idee, ein Möbel für COR zu entwickeln, das ebenso leicht und transparent sein sollte. Daraus entstand der Sessel ‚Zyklus'. Seine Form lebt von spannungsvoll gegeneinander gesetzten Kreisen und Kreisabschnitten mit unterschiedlichen Durchmessern. ‚Zyklus' wurde im Jahr seines Erscheinens von „Schöner Wohnen" zum ‚Möbel des Jahres' gekürt. Er ist noch immer in Produktion und gilt inzwischen als moderner Klassiker.

Als Designer entwerfe ich Serienprodukte, als Innenarchitekt inszeniere ich sie. Die Arbeit hört nicht auf, nachdem der Entwurf abgeschlossen ist. Meine Ideen als Designer werden umgekehrt von meinen räumlichen Wahrnehmungen und Erfahrungen geprägt. So entstehen ganzheitlich konzipierte Bausteine einer Markenidentität. Auf der einen Seite meine Arbeit als Fotoregisseur. Tage- und wochenlang wird daran gearbeitet, einen Bildaufbau zu konzipieren, die Materialien auszuwählen und sorgfältig abzustimmen, alles zu bestellen und zu besprechen, die exakte Bauzeichnung zu erstellen. Schließlich wird das Fotostudio aufgebaut, kontrolliert, dekoriert, ausgeleuchtet. All das für den kurzen Moment des Fotoshootings – anschließend wird alles wieder abgeräumt, das war es.

Mit Messeständen verhält es sich ähnlich. Für eine Woche wird eine Architektur aufgestellt, die außerordentlich anspruchsvoll sein soll. Zugleich muss sie unter Kostengesichtspunkten funktionieren. Noch vor ein paar Jahren hat man für jede Messe einen neuen Stand gemacht und hinterher verschrottet. Das ist lange vorbei. Längst – und das finde ich sehr vernünftig – gibt es überall Stände, die mehrfach genutzt werden. Alles ist in zerlegbare Module unterteilt. Diese Flexibilität erlaubt es auch dieses Gebäude auf Zeit nach höchsten Qualitätsmaßstäben zu entwickeln. Die Produktpalette des Herstellers erscheint hier als harmonisches Ganzes – eine innenarchitektonische Gesamtleistung im besten Sinne. Der formale Rahmen, den der Messestand bildet, tritt zurück. Stattdessen erlebt der Besucher des Standes spezifische Räume, ausgestattet mit Teppichen, Lampen, Dekorationsstoffen und Accessoires, die ihm Kollektionen und Besonderheiten einer Marke intuitiv nahebringen.

So ist für mich das eine ohne das andere nicht denkbar: Ein Produkt entsteht im Zusammenspiel mit dem Hersteller. Es ist Bestandteil einer Kollektion und muss sich in diese sinnvoll einfügen. Doch ebenso wichtig ist die Inszenierung im Fotostudio, auf der Messe oder im Laden. Man wächst in das Unternehmen hinein, es wächst einem ans Herz. Man fühlt sich als Teil des Ganzen und erlebt den Erfolg eines solchen Unternehmens auch als Ergebnis der eigenen Bemühungen.
Nach vierzig Jahren als Innenarchitekt und Designer begeistert es mich, Schnittstellen in Nahtstellen zu verwandeln, Übergänge und damit zugleich die Kommunikation rund um das Produkt zu prägen. Erst recht, wenn ich damit auch Bausteine zum Erfolg meiner Kunden liefern kann. Auf den nächsten Seiten sehen Sie dazu Beispiele meiner Arbeit für COR, Ligne Roset, Behr International, Tonon und Sauter Pianos.

Innenarchitektur als futuristische Vision 1968
Rundungen statt rechter Winkel, abgehängte Deckenteile und neuartige Wohnobjekte wurden auf dem ‚Schöner Wohnen'-Titel per Froschaugenobjektiv eingefangen: Einer meiner vielen Fotoentwürfe der damaligen Zeit.

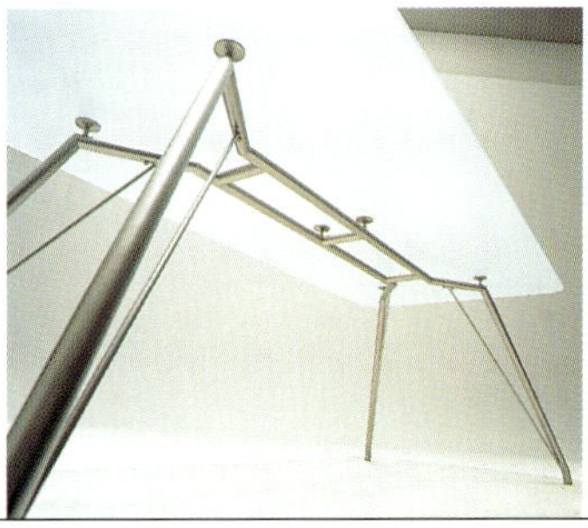

‚Circo'-Stuhl und Tisch 2001
Der Stuhl ‚Circo' ergänzt die bekannte Sessel-Kollektion ‚Circo' und ‚Circum'. Den Tisch mit filigran wirkendem breit gespreiztem Stahlrohr-Fußgestell und mit charakteristischen Verstrebungen gibt es in unterschiedlichen drei Längen: 1250 cm, 2000 cm und 2400 cm

Fotoinszenierung Design
Innenarchitektur als Bühne fürs Design. Wichtiger Baustein der umfassenden Arbeit für meine Auftraggeber ist der Entwurf von Fotoproduktionen, oft einschließlich der Katalog-Gestaltung. Dabei werden ebenso atmosphärische Interieurs wie klare Sachaufnahmen produziert. Diese beiden Aufnahmen entstanden für den neuesten COR Katalog. Im Fotostudio wurden Sichtbetonwände aufgebaut. Tatsächlich ist es kein Sichtbeton, sondern eine gemalte Illusionsarchitektur. Es werden Bodenplatten verlegt, die aussehen wie ein Estrich. Tatsächlich sind es gespachtelte Spanplatten.
Das Bild zeigt wie die Möbel einer Kollektion miteinander harmonieren, es gibt Anregungen, wie man sie kombinieren kann.
Das zweite Bild zeigt den kompakten Sessel ‚Nemo' zusammen mit anderen meiner Entwürfe: mit dem Teppich ‚Lyn' (2000, mit Carsten Gollinick) mit eingelegten Metallelementen für Carpet concept (Designauszeichnung ‚Red Dot' 2001) und meiner Leuchte ‚Screen' (1998) für Anta.

Hersteller: COR
Styling: Barbara Haupt

‚Nemo' 2001
Ein Einzelsessel mit betont kleinen Abmessungen. Struktur aus Stahlrohren mit bespannten Füllungen, innen mit weichen Polstern ausgestattet. Vorzugsweise Leder oder Filzbezüge in vielen Farbnuancen.

‚Circo‘ und ‚Zyklus‘ sind meine bekanntesten Entwürfe für COR. ‚Zyklus‘, 1983 entstanden und 1984 von ‚Schöner Wohnen‘ zum ‚Möbel des Jahres‘ gekürt, ist längst zum modernen Klassiker geworden. (rechtes Foto) ‚Circo‘, heute einer meiner liebsten Entwürfe, mit dem iF-Award ausgezeichnet, ist auf dem besten Weg dahin. (linkes Foto)

Messearchitektur/Design

Der klar gestaltete Messestand von COR ist auf eine Fläche von 500 m² ausgerichtet. Dank modularer Systemarchitektur lässt er sich mehrfach nutzen sowie mehreren anderen internationalen Messestandorten in der Größe anpassen. Das pure Interieur-Design bildet zusammen mit der reduzierten Materialauswahl den Background für die Design-Kollektion.

Die Inszenierung vor dem Hintergrund von innen beleuchteten, beidseitig nutzbaren Wandelementen gibt dem Stand seine besondere Stimmung. Er rückt – in Verbindung mit der spannungsvollen Beleuchtung – die Produkte in den Vordergrund. Der COR-Stand erhielt 2001 den iF-Exhibition Award in Gold. Dabei lobte die Jury nicht nur die Überschaubarkeit, das sensible Farbkonzept und die hohe Verarbeitungsqualität. „Die Kompetenz wird durch eine vorbildliche Produktpräsentation und die zurückgenommene wie zentrale Gesprächs- und Bewirtungszone erreicht", hieß es in der Bewertung. Architektur, die Funktionalität sowie die Berücksichtigung des Materials und der Umweltverträglichkeit mit einschließt.

Entwurfsmodell des Messestandes im Maßstab 1:50

Das ‚Peter Maly Bett' 1983
Eines meiner meistverkauften Produkte, erhielt 1989 in Paris die Auszeichnung ‚Hommage de l'Industrie aux Createurs'

Das Sitzsystem ‚Traversale' 2001
Umfasst Sofaelemente, Eck- und Anbautische sowie Recamieren und große Hocker

Messearchitektur/Design
Ligne roset Messestand der Internationalen Möbelmesse 2001. Architektonische Elemente und Systemelemente sind kombiniert.
Das erlaubt es, mit ein und demselben Stand im Laufe der Zeit andere Schwerpunkte zu setzen.
Der großzügige Stand bietet auf zwei Ebenen insgesamt 780 m². Material: Zerlegbare Stahlkonstruktion für die 2. Ebene, alle anderen Bauteile Holzwerkstoffe, ein additives System zur Mehrfachnutzung. Die umfangreiche Kollektion wird als Erlebniswelt inszeniert: Der Besucher erlebt den ‚Style de vie' von ligne roset. Ganz links die ‚Traversale'-Sofas und Tische, oben die Accessoire-Kollektion, links das ‚Brera'-Sideboard (2001) mit Alucobond-Fronten.

Die Accessoire-Kollektion ‚Reve d'Edo' 1999
(mit Carsten Gollnick)
War ursprünglich als Ergänzung und zur Dekoration der Möbelentwürfe in den ligne roset-Shops gedacht. Mittlerweile sind sie auch bei Endkunden erfolgreich.

Flagship-Stores ligne roset
Entwürfe für den New Yorker Flagship-Store, der in einem denkmalgeschützen Umfeld in Soho liegt. Nach dem Hamburger Vorbild entstanden inzwischen Läden u.a. in Wien, Moskau, Stuttgart, Köln und im Stilwerk Düsseldorf und Berlin.

Shopdesign

Am Neuen Wall, einer der besten Einkaufsstraßen Hamburgs, entstand 1999 der erste einer Reihe von Flagship-Stores von ligne roset. Großzügigkeit und Transparenz kennzeichnen den sehr tiefen, 520 m² großen Laden, der von der Straßenfront bis zum rückwärtigen Fleetkanal reicht. Wesentliches Gestaltungselement ist das Licht. Die einzelnen Bauelemente, Decke und Wände, heben sich durch Hinterleuchtung deutlich ab. Die Wände stehen zum Teil frei oder haben Durchbrüche. So strahlt das Licht gleichsam durch sie hindurch. Ein weiche, warme Farbstimmung, die von Weiß und hellen Naturtönen geprägt ist, vermittelt das für ligne roset typische Lebensgefühl. Eine weitere Besonderheit ist der großflächige helle Estrichboden, der mit Metalladern gerastert ist.

Nach dem Hamburger Vorbild entstanden inzwischen Läden u. a. in Wien, Moskau, Stuttgart, Köln und im Stilwerk Düsseldorf und Berlin. Jeweils wurden die architektonischen Gegebenheiten berücksichtigt, Materialien und Anmutung sind annähernd gleich. Ein Beleg dafür, dass zeitgemäßes Design und zeitgemäße Innenarchitektur es mittlerweile zu internationaler Anerkennung gebracht haben. Menschen in aller Welt sind den gleichen Emotionen unterworfen. Sie schätzen Klarheit, Ruhe, eine schöne Lichtführung, reduzierte und differenzierte Farbkonzepte.

Fotoinszenierung Design
Man kann mit Fotos Ideen vermitteln. Für Behr International entstanden Aufnahmen, mit denen die aktuellen Kollektionen im Kontext vorgestellt werden. Das innenarchitektonische Konzept demonstriert das Wohnen in einem loftartigen Allraum, in dem Arbeiten, Essen und Wohnen im gleichen Raum möglich sind. Gezeigt werden die Möglichkeiten des Systemmöbels ‚Alas', kombiniert mit einem Esstisch der ‚Menos'-Kollektion. ‚Alas' basiert auf einer offenen, variablen Struktur aus Aluminiumprofilen mit hölzernen Tablaren und einem um 180 Grad drehbaren, zwischen Boden und Decke verspannten Flügelelement. Es löst sich von konventionellen Formen des Schrankmöbels. Verstauen und Verstecken können mit ‚Alas' flexibler gehandhabt werden als mit herkömmlichen Systemen. Hinter dem Sichtschutz des Flügelelements können Arbeitsplätze, TV- und HiFi-Geräte sowie Computer und ihre Peripherie verstaut und wieder hervorgeholt werden. ‚Alas' wurde 1999 bei der Landesprämierung ‚hamburgunddesign' von der Redaktion ‚Marie Claire Maison' mit dem ‚Prix d'Excellence' ausgezeichnet. Den iF-Design Award erhielt ‚Alas' im Jahr 2000.

Hersteller: Behr International
Styling: Gisela Maly

Das minimalistische Möbelprogramm ‚Menos' 1996
Umfasst den Wohn- und Essbereich. Die Kollektion basiert auf einem Materialmix von farbigem Samtlack und Ahornholz. Kommoden, Sideboards und die flachen Sockelkommoden werden in mehreren Farbtönen angeboten; die Paneelregale, Vitrinenelemente und Esstische sind aus Ahornholz gefertigt. Seine Funktionalität und schlichte Eleganz erlauben den Einsatz in unterschiedlichsten Konfigurationen und räumlichen Kontexten, mal als Wand bildendes Element, mal als Einzelobjekt wie hier beim prominentesten Stück der Kollektion, der quadratischen Kommode.
Das Programm ‚Menos' erhielt 1997 den Design Preis Schweiz und den Internationalen Designpreis des Landes Baden-Württemberg.

Hersteller: Behr International
Styling: Gisela Maly

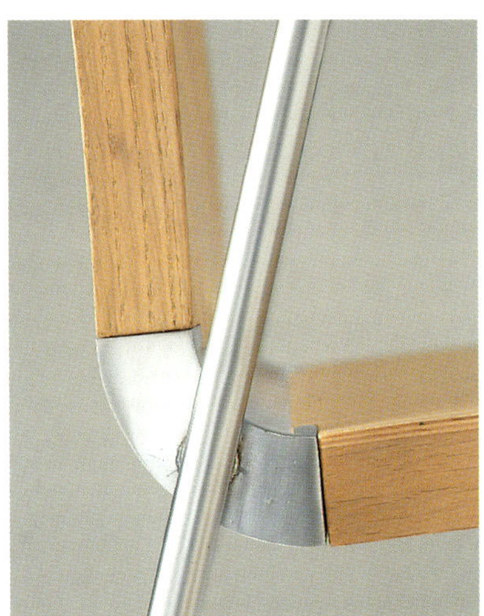

Innenarchitektur/Design/Gastronomie
Der Stuhl ist immer wieder ein interessantes Thema für mich. Ich entwerfe sehr gerne Stühle, weil es immer wieder eine Herausforderung ist. Ein Stuhl muss eine Skulptur sein, im Raum von allen Seiten gut aussehen. Er muss ausgewogen und stimmig sein, und darüber hinaus dem menschlichen Körper angepasst sein. Er muss gut konstruiert sein, da er extremen Belastungen ausgesetzt ist. All diese Besonderheiten machen Stuhldesign zu einer Königsdisziplin des Design, die mich immer wieder reizt.
‚Curvo' ist ein leichter Holzstuhl in verschiedenen Ausstattungsvarianten für den privaten, aber auch für den Objektbereich. Die gesamte Anmutung wird durch den Materialkontrast von kantigen Holzteilen und rundem Stahlrohr geprägt. Es gibt eine Vollholz-Variante und mehrere gepolsterte Versionen. An die Eckverbindung können verschiedene Sitz-, Rücken- und Armlehnteile angefügt werden. Dadurch sind viele Varianten von Holzteilen und gepolsterten Teilen möglich. Die Kissen kann man ganz simpel per Klettband entfernen (linke Seite).
‚Curvo' erhielt 2001 den ‚Good Design Award Chicago' und 2002 den ‚red dot'.
Für Tonon Italia speziell für den Gastronomie-Bereich entwickelt: ‚Stella' 1999. Die Kollektion bietet Tische, Hocker, Bänke und Stühle für Restaurants, Bistros, Lounges, Bars und Hotelzimmer, aber auch für den privaten Bereich (rechte Seite).
Hersteller: Tonon Italia
Styling: Gisela Maly

Das Programm ‚Sella' besteht aus unterschiedlichen Sitzmöbeln für den Gastronomiebereich. Charakteristisch ist die Verarbeitung von Kernleder und Massivholz.

‚Pure 2000 Noble'
Ein limitiertes Designobjekt für Musikfreunde mit fein ausgearbeiteten Details, erhielt den ‚Good Design Award' vom Chicago Atheneum.

‚Vivace', ein Flügel in zeitgemäßer Formgebung erhielt 1998 den ‚Roten Punkt für hohe Designqualität' von Design Zentrum Nordrhein Westfalen. Er wird in klassischem schwarzen Hochglanzlack oder in Ahornholz mit Edelstahlintarsien angeboten.

Innenarchitektur als Designansatz

Puristische Formensprache, Reduktion auf das Archetypische war das Ziel meiner Entwürfe für neuartige Pianos und Flügel für die Firma Sauter. Ich wollte Instrumente entwerfen, die ebenso wenig wie meine übrigen Möbelentwürfe in einem modernen Wohnraum dominieren, die sich aber – im Gegensatz zum übrigen Marktangebot – als zeitgemäße Interpretation eines klassischen Themas verstehen.

‚Pure 2000' ist wie der Raum, für den es geschaffen wurde. Es ist ein Klavier, das sich in ein helles Wohnumfeld mit schlichten Wänden und zeitgemäßer Kunst einpasst. Das Wesen seiner Ästhetik ist die großzügige, die Flächigkeit betonende Gestaltung. Das Klavier ‚Pure 2000' und der Flügel ‚Vivace' sind zwei Beispiele aus einer umfassenden Kollektion, die als nummerierte und signierte Kleinserie angeboten wird. ‚Pure 2000' gibt es in unterschiedlichen Ausführungen, etwa als Holz/Lack-Kombination: Weißer Lack mit Ahornholz oder seidenmatter Lack schwarz mit Nussbaum. In der Ausführung ‚Pure 2000 Noble' auch ganz in Hochglanzlack, weiß oder schwarz.

‚Pure 2000' erhielt den ‚Good Design Award' des Chicago Atheneum.

Hersteller: Sauter Pianos

Räume und Design

Hans-Joachim Krietsch
Designer und Architekt
Absolvent der Hochschule für Gestaltung in Ulm.
1970–83 Mitinhaber der Arbeitsgruppe für Nutzungsforschung und Bedarfsplanung in Kassel mit Prof. Dr. Jockusch und Prof. Hegger.
Seit 1973 IP Industrielle Produkte eigenes Design Büro in München.
Seit 2000 zweites Büro in Italien ip2.
Arbeiten Architektur:
Zusammen mit Werner Wirsing, Architekt des Olympischen Dorfes Frauen.
Auszeichnungen für Arbeiten in der Architektur:
BDA-Preis für das Olympische Dorf Frauen.
Rosenthal Studios Preis für Sanitärzellen.
Auszeichnungen im Produktdesign:
2000 und 2001 zwölf internationale Auszeichnungen aus Japan und den USA.
Bis 2001 mehr als 120 nationale und internationale Preise, darunter auch der eco-design EUROPE der Europäischen Gemeinschaft.
Funktionen:
Vorsitzender des Vorstandes des Designzentrum München.
Stellvertretender Aufsichtsratsvorsitzender der Bayern Design gGmbH.
Mitglied des Deutschen Werkbundes.

Serie

Soziologie der Alltagskultur

Design. Eine Beschreibung der Schnittstelle Design zur Innenarchitektur ist ohne Erklärung einiger Stationen der Designgeschichte der letzten 100 bis 150 Jahre nicht möglich. Dazu gehört auch die Frage, ist Design ‚Kunst'? Stellt die Entwicklung eines Entwurfes eine künstlerische Tätigkeit dar?

Kurt Weidemann, einer der erfolgreichsten Grafikdesigner dieser Zeit, folgerte für sich und eigentlich auch für die Gesamtproblemlösung ein Selbstverständnis, das eindeutig die Grenzen absteckt: „Kunst fertigt Originale. Design Serien. Kunst ist um ihrer selbst willen da. Design ist auftragsbezogene Dienstleistung. Design braucht reichlich Objektivität. Kunst ist subjektiv. Design schließt intelligente Kompromisse. Kunst schließt sie aus. Design ist auf das Machbare ausgerichtet. Kunst auf Utopie. Design muss begreifbar und verständlich sein. Kunst nicht. Design geht von etablierten Gepflogenheiten aus. Kunst verlässt sie."

Dadurch wird auch deutlich, dass es bei Design immer um Fragen einer umfassenden Soziologie der Alltagskultur geht, aber nicht um Kunst selbst. Designprodukte waren und sind grundsätzlich immer mit industriellen Produktionsformen gekoppelt. So bezieht die Designgeschichte ihre Referenzen besonders aus der Entwicklung der Industrialisierung schon ab 1850, als bürgerliches Gebrauchswertinteresse und technischer Funktionalismus, unterstützt durch neue Werkzeuge, Maschinen und ‚Ingenieur'-Entwürfe, die Produktgestaltung veränderte. Es ist nicht überraschend, dass es in dieser Zeit neben großen technischen Geräten wie Dampfmaschinen und Lokomotiven besonders Möbel- und Einrichtungsgegenstände wie ‚Thonetstühle', Schaukelstühle der Shaker aus den USA oder Essbestecke waren, die ingenieurmäßig entworfen wurden und somit die Alltagskultur mit veränderten.
Die weiteren Stationen in der Entwicklung waren dann die Erneuerungsbewegung des Kunsthandwerks, die Konfrontation des Künstlerentwurfs mit dem Massendesign, der Übergang zum Industrie-Jugendstil und die Gründung des Bauhauses Weimar. Gerade auch am Bauhaus zeigte sich der Widerspruch zwischen Kunst und Technik, der dann aber durch die ersten Möbelserien aus Metall von Marcel Breuer für die Wohnungen der Meister in Dessau, das Industrieprodukt in seiner neuen normativen Form bestätigte.

Kennzeichnend für die Weiterentwicklung und somit auch für das Design war die schon 1930 begonnene Zusammenarbeit zwischen Entwerfern und Produzenten. Große Designer wie Alvar Alto, Alfred Roth, Marcel Breuer oder Charles Eames, die maßgeblich auch die Designgeschichte mitgeschrieben haben, haben diese Form der Zusammenarbeit bis zu unserer Zeit fast institutionalisiert. Heute haben sich

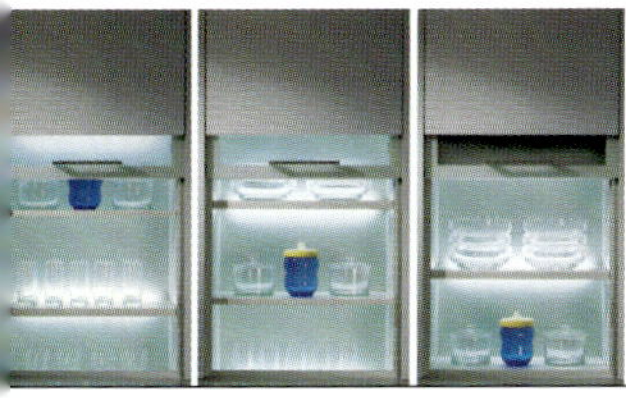

über die letzten 30 bis 40 Jahre die Abgrenzungen und Schnittstellen sowie die Rollenverteilung der am Designprozess Beteiligten fast festgeschrieben. Produktkultur hat seinen festen Platz in der Gesellschaft, genauso wie die Massenproduktkultur, und wird auch nicht mehr in Frage gestellt.

Dass die Weiterentwicklung der Produktkultur immer in einem speziellen Wechselverhältnis mit dem sozialen Wandel zu sehen ist, ist nicht neu, wird aber besonders in Zukunft die Gestaltungstrends bedeutend beeinflussen. Diese werden gefordert durch eine Suche nach Selbstbewusstsein, sozialer Identität und teilweise regionaler, kultureller Wiederfindung. Design ist darüber hinaus aber auch fest definiert, etwa im Gabler-Wirtschaftslexikon: „Design ist die Zusammenfassung aller Bemühungen, die darauf gerichtet sind, industrielle Erzeugnisse nicht nur technisch zweckmäßig, sondern auch geschmacklich und künstlerisch vollendet zu gestalten. Dabei ist die gute Form nicht nur modische Hülle. Formgestaltete Produkte gewähren außer Gebrauchsnutzen meist noch Zusatznutzen und verkaufsfördernde Wirkung."

Küche. Am Beispiel der Küche lässt sich sehr gut das Zusammenspiel von weitestgehend individueller Innenraumgestaltung einer Wohnung mit einem technisch hoch entwickelten, industriell gefertigten Massenprodukt, der Kücheneinrichtung, bestehend aus Möbeln und Geräten, beschreiben. Wie kaum ein Funktionsraum der Wohnung ist die Küche vielfach beschrieben und analysiert worden, bis hin zur Entwicklung einer Kulturgeschichte der Küche, wie sie Alphons Silbermann 1995 im Rahmen einer soziologischen Studie vorstellte. Die Küche musste sich sehr schnell zu einem industriell gefertigten Produkt entwickeln, weil neben der großen Nachfrage nach dem 2. Weltkrieg die Ausstattung der Küche mit Geräten und die steigenden Forderungen an Funktio-

nalität diesen Prozess beschleunigten. 2001 wurden in der Bundesrepublik für den Binnenmarkt 1,3 Mio. Küchen produziert, davon 1,1 Mio. industriell und 150 000 bis 200 000 Küchen traditionell geplant und von Handwerkern erstellt.

Mit der Industrialisierung, aber auch sehr beeinflusst durch die Geschichte des Wohnens, hat sich die Küche, und hier besonders die Raumgröße und auch die Funktionsabläufe, wesentlich verändert. Begonnen hat die Kulturgeschichte der Küche in den Pfahlhäusern und Palisadensiedlungen, wo die Küche zentral in der Mitte angeordnet war. In der weiteren Entwicklung blieb die Küche der zentrale Raum im Gebäude, unabhängig von jedweder Bauart. Die zentrale Feuerstelle wurde vielseitig genutzt, je nach Region und Jahreszeit als Heizung, Lichtquelle und natürlich zum Kochen. Erst im 19. Jahrhundert begann so richtig eine Spezialisierung der Räume in den Wohnungen und es entwickelten sich funktionsspezifische Wohnformen. Gefördert wurde diese

Entwicklung durch die ersten ‚Massenwohnanlagen' oder ‚Mietskasernen'. In dieser Zeit separierte sich der Funktionsraum auf unterschiedlichste Weise.
Im neu entstandenen Bürgertum wurde die Küche ein fast ausschließlicher Funktionsraum, dagegen blieb beim Kleinbürgertum, den Handwerkern und Arbeitern, die Küche der Mittelpunkt der Wohnung. Es war die Wohnküche – nicht selten durch den Herd der einzige in der Wohnung beheizbare Raum – mit einem großen Tisch für alle Formen der Kommunikation und Hausarbeit. Im weiteren Verlauf der Geschichte war es neben der technischen Entwicklung von neuen Geräten wie dem Herd, später dem Kühlschrank usw., besonders auch die ökonomische Situation und die Verknappung von Wohnraum, die die Größe der Wohnküche immer mehr auf ein Minimum zusammenschrumpfen ließ. Im Prinzip waren es aber immer technische Neuerungen aus der fortschreitenden Industrialisierung, die die Größe und Einrichtung der Küche veränderten. War es noch um 1900, als fließendes Wasser in der Küche zum selbstverständlichen Ausstattungsstandard wurde, so war es um 1920 besonders die Elektrifizierung in den Städten und das Bedürfnis, den Zeitaufwand für die Hausarbeit zu beschränken.

In den 20er Jahren wurden so die ersten Einbauküchen geplant und seriell gefertigt.

Das küchengeschichtliche Symbol für diese Entwicklung ist die ‚Frankfurter Küche' von 1926/27, entworfen von der Architektin Margarethe Schütte-Lihotzky. Ihr erster Entwurf war funktional, ökonomisch und orientierte sich an einer sehr viel kleiner gewordenen Küchenraumgröße.
Interessant ist, wie sie sich von den Eisenbahnküchen der Mitropa-Speisewagen aus dieser Zeit inspirieren ließ. Verfolgt man heute nun die Raumgrößen etwa des sozialen Wohnungsbaus, wie sie erstmals nach dem 2. Weltkrieg in den Kölner Normen festgeschrieben wurden und zum großen Teil noch heute gültig sind, so finden wir hier eine Fortschreibung der Frankfurter Idee. Tragende Elemente der Funktionalität und Gestaltung der ‚Frankfurter Küche' war die Abkehr von der Wohnküche hin zur Arbeitsküche, aus der sich zwangläufig nur eine Küchenzeile als Möbel entwickeln konnte. Das soziale Leben wurde aus der Küche verbannt, die Küche war nur noch ein Produktionsraum.

Kurze Zeit nach dem 2. Weltkrieg war die Wohnküche in der Bundesrepublik und auch in Ostdeutschland, dort wo der Gebäudebestand es zuließ, wieder in voller Nutzung. Im Zuge der Altbaumodernisierung, besonders in der Bundesrepublik, dem Einbau oder der Vergrößerung von Bädern, ging überwiegend ein großer Flächenanteil aus der Wohnküche für diese Nutzungsverbesserung ab. Weil sich gleichzeitig auch der Lebensstil änderte – gegessen wurde vor dem Fernseher im Wohnzimmer – wurde diese Entwicklung nur sehr unwesentlich beklagt. Auch hatte die Wohnküche ein Negativimage erhalten. Es ging bei der Beschreibung der Wohnküche nicht um die Verbesserung der Lebensqualität, der Kommunikation und der gesamten Nutzungsvorteile, sondern es war das Klischee der ‚Armen Leute', das man damit verband und welchem man mit den unterschiedlichsten Ausdrucksformen von Lebensart entweichen wollte. Seit 1985/90 werden wieder Wohnküchen geplant und auch in steigendem Maße nachgefragt. Jetzt ist es aber eine Umkehr des Ursprungsgedankens, denn die offene oder halb offene Wohnküche kommt überwiegend im Eigentumswohnungsbau zur Anwendung.

Interessant ist, dass der soziale Wohnungsbau und auch noch der Eigentumswohnungsbau im unteren Bereich sich nach wie vor an den Raumgrößen der Kölner

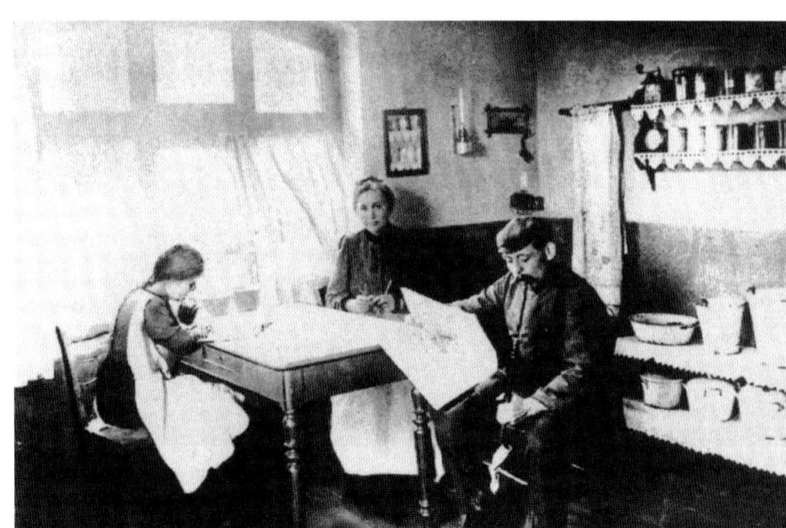

Die Frankfurter Küche 1927
von Margarethe Schütte-Lihotzky
„Eine gute Küche ist blau – wegen der Fliegen".

Norm orientiert und sich die Küchenplanungen in der Grundrissqualität überhaupt nicht verändern. Hier scheint ein großer Aufklärungsbedarf bei den Architekten vorzuliegen. Wenn jetzt die Wohnküchen nur im oberen Segment des Eigentumswohnungsbaus zur Anwendung kommen, dann haben sich die Lebensstile der unterschiedlichen Sozialgruppen aus ihrem Milieu und ihren Lebensstrukturen in neue Küchennutzungsmuster umgewandelt. Die Argumente für die Wohnküche sind ganz unterschiedlicher Art, sie beginnen mit „man arbeitet nicht mit dem Rücken zu den Gästen", bis hin zur Vereinsamung des jeweiligen Essenszubereiters oder auch der Vergrößerung des Küchenraums zum multifunktionalen Arbeitsraum, d. h. von einer einfunktionalen Küchennutzung zu einer Mehrfunktionalität.

Haushalt. Überwiegend wird heute noch von fast allen am Planungsprozess Beteiligten die Größe der Küche und ihre Funktionalität auch vor dem Hintergrund des klassischen Haushaltsbegriffs definiert. Während früher der Haushalt im Wesentlichen um eine Familie gruppiert war, ist es heute und besonders in Zukunft eine Einheit von Menschen, die alleine oder in einer Gemeinschaft wohnen und arbeiten.

Der klassische Haushaltsbegriff lässt sich auch als dynamischer Prozess beschreiben: Man fängt alleine an, wird ein Paar, bekommt ein oder mehrere Kinder, die Kinder verlassen den Haushalt, die Eltern bleiben alleine und am Ende steht wieder nur einer von beiden Lebenspartnern. In diesen sechs bis sieben Lebensphasen muss die Küche ganz unterschiedlichen Ansprüchen genügen, nicht nur in der Größe, sondern auch in der Ausstattung, besonders aber in der Ergonomie – bis zur letzten Phase des Lebens, besonders wenn barrierefreie, altersgerechte, kräftesparende Möbel benötigt werden.
Die heute alles bestimmende Haushaltsarbeit trennt sich in eine Beziehungs- und eine Hauswirtschaftsebene, ganz unabhängig, um welche Lebensform der in der Wohnung lebenden Menschen es sich handelt. Von den heute geplanten Wohnungen und den darin gestalteten Küchen wird der Schwerpunkt der zu erledigenden Bedürfnisse ausschließlich auf die einigermaßen gut zu erledigende hauswirtschaftliche Arbeit gelenkt. Die Räume sind u. a. aus ökonomischen Gründen klein, die Möbel und ihre integrierten Geräte so optimiert, dass jede, auch nur durchschnittlich gestaltete Zeile, Winkel- oder U-Küche bestens funktioniert. Diese Küche hat ihre Aufgabe im ‚Mensch-Maschinen-Szenario' bestens erfüllt, vom geräusch-gedämpften Anschlag der Türen bis zu sich selbst einziehenden Schubladen.

Physisch ist also fast alles abgearbeitet und erledigt und nicht selten sehen die Küchen in der Nutzung dann auch so aus, wie sie für die Kataloge aufgebaut und inszeniert wurden. Bei der Inszenierung für die Kataloge, aus denen dann die entscheidenden Kaufwünsche entstehen, sind aber in den seltensten Fällen die Räume begrenzt, sodass man die räumlichen Zwänge, die sich dann aus der eingebauten Küche ergeben, gar nicht wahrnimmt. Damit sind aber nicht die notwendigen Beziehungselemente gestaltet, die notwendig wären, um die Küche zu einem Teil der Wohnung werden zu lassen.

Für die Zukunft müsste der Begriff ‚Küche' aufgelöst werden, denn Wohnqualität hat eine breitere Dimension als die Küchen allein, auch schon aus den räumlichen Zusammenhängen. Da wir heute bei den technischen Gebäudeausrüstungen schon über sehr flexible Installationssysteme verfügen und neuere Küchensysteme in Block- oder Modulbauweise von einigen Herstellern angeboten werden, die sie aus der Enge der Zeile befreit haben, wäre es absolut denkbar, dass der Küchenraum im Verlauf eines Lebensalters drei- bis vier-

1960

1970

1980

1990

mal innerhalb einer Wohnung die Raumform wechselt. Wenn diese Flächenverschiebungen möglich werden, dann können Kommunikation, Wohn- und Kocherleben, Kochen und Genießen wechselseitig in einen Einklang gebracht werden.

Als auf der Internationalen Kölner Möbelmesse 1970 die GRUCO Möbelwerke ihr erstes drehbares Küchencenter ‚technovision' vorstellten, zeigte sich allgemeine Überraschung. Mit dieser neuen Idee sollte demonstriert werden, dass die Küche nicht nur als Möblierung einer Raumzelle zu verstehen ist, sondern im Zuge des offenen Wohnungsgrundrisses neue Funktionen zu erfüllen hat. Funktionen, die dem Wohnen unserer Generation gerecht werden.

Dabei wurde konstatiert:

1. Nicht der Mensch hat sich zum Kasten oder Gerät zu begeben, sich vor ihm zu bücken, es zu öffnen oder zu schließen, sondern eine Mechanik hat alle Handreichungen des Bringens, Entfernens und Besorgens – kurz: Des Erledigens – zu übernehmen.

2. Die der Hausfrau bleibenden Tätigkeiten müssen arbeitsphysiologisch auf den geringsten Aufwand reduziert werden: Anhand von ergonomischen Untersuchungen und MTM-Studien wurden günstige Handreichweiten, Blickwinkel usw. ermittelt.

3. Da nicht nur die Speisenzubereitung, sondern auch das Servieren vereinfacht werden soll, muss der Essplatz in unmittelbarer Nähe, möglichst sogar einbezogener Teil des System-Elementes sein, damit schon vom Arbeitsplatz her Schüssel und Geschirr zu platzieren sind – und vom Tisch eben so leicht verstaut werden können, z. B. in den Geschirrspüler.

4. Jedes Einzelelement, jeder Stauraum, darf nicht größer als unbedingt erforderlich sein.

5. Die Systemeinheit muss wandunabhängig sein. Da sie wesentlich kleiner als eine übliche Küche nebst Essplatz ist, braucht man für die Unterbringung nicht den herkömmlichen Küchenraum: Sie kann frei in jedem Raum stehen und ermöglicht den ‚Offenen Grundriss'.

Auf der Grundlage dieser Erkenntnis entstand die ‚technovision II'.
Diese Küche ist in fünf Bereiche unterteilt:

A: Geräte-Säule (links) für Kochen, Backen und Spülen
B: Aufbewahrungssäule (rechts)
C: Arbeitsplatz
D: Schaltpult und Bar
E: Essplatz.

Kochen. Die Gestaltung der Küche in ihrer Raumform und Ausstattung wird schon seit geraumer Zeit u. a. von der Frage bestimmt: „Wenn Fast-Food und Co. sich so weiterentwickeln, brauchen wir dann überhaupt noch die Küche zu Hause?". Diese Thematik lässt sich durch einige Schlagworte verdeutlichen. Es wird zunehmend außerhalb der Wohnung gefrühstückt. Fast die Hälfte aller Haushalte nimmt wieder etwas von zu Hause mit zum Arbeitsplatz. Fast-Food in seinen unterschiedlichen Formen hat sich zwischen der Gastronomie, der Betriebsverpflegung und der privaten Haushalte fest positioniert. Aufgrund der Verfügbarkeit unterschiedlichster Bevorratungs- und Kühlsysteme und besonders der Mikrowelle, die in dieser Prozesskette notwendig ist, geht der Trend zur ‚Convenience'.

Zeitersparnis ist dabei das Gebot der Stunde. Dadurch wird aber insgesamt die Küche nicht überflüssig, aber es gibt die ‚Sekt- und Selters-Mentalität', d. h. mal mit großem Aufwand, viel Zeit und Geduld etwas Köstliches zu zaubern und dann aber auch wiederum zu anderer Zeit möglichst schnell innerhalb von 10 oder 15 Minuten etwas Sättigendes und einigermaßen Schmackhaftes zusammenzustellen.

Interessant ist die Frage „Was machen die Menschen heute zu Hause in ihrer Küche?". Fast 60 % der Leute wollen heute in Deutschland etwas mehr über Kochen und Kochrezepte wissen und es steigt auch der Bedarf an praktizierbaren Koch- und Backrezepten, auf trotzdem sehr unterschiedlichem Niveau. Dazu gehört natürlich auch die Vielzahl von Zeitschriften, die sich mit Essen und Trinken beschäftigen, genauso wie die häufigen Sendungen im Fernsehen.

Die Küche ist dabei sehr international geworden, und es bilden sich auch ‚Leistungsklassen' in der Bedienbarkeit und Nutzung der Küche selbst. Wir finden heute von der Gourmetküche, die mit ihren Ausstattungen und Einrichtungen komplett anders gestaltet ist als die Regionalküche, als eine Art Gegenbewegung zur internationalen Normierung der Küchen eine große Menge ganz unterschiedlicher inhaltlicher Ausgestaltungen, die sich dann auch in ihren gestalterischen und funktionalen Merkmalen bei den Möbeln bemerkbar macht.
Die Trends für die Gestaltung der Küchen sind ziemlich eindeutig und lassen sich aus den verschiedenen Parametern gut ablesen. Die letzten Untersuchungen über das Essverhalten in der Bundesrepublik zeigen ganz interessante Entwicklungen.

Während 1991 nur 7% aller Ausgaben für Essen außer Haus auf das Frühstück entfielen, waren es 1997 bereits 17%. Das abendliche Essen außer Haus ist aber auf unter 30% der Ausgaben für das Essen insgesamt draußen gefallen.

Daraus können wir folgern, dass man offensichtlich wieder sehr gerne zu Hause isst, gemeinsam kocht, auch in Kleinhaushalten, und dass auch für die Beschaffung sehr viel Zeit aufgewendet wird. Folgt man den Untersuchungen von Prof. Dr. Werner Steller, so wie er sie anlässlich der Veranstaltungsreihe der Wellmann-Gruppe über die Küche der Zukunft vorgetragen hat, so prognostiziert er für die nächsten Jahre, dass die Gourmetküche umfangreicher, aber auch preiswerter wird. Das Verständnis für Gourmet ist je nach Zielgruppe anders, die alte Hausmannskost schrumpft noch mehr, aber sie verändert sich weiter, das Essen mit hohem Convenience-Grad nimmt ebenfalls zu, sowohl außer Haus bei denen, die gegen Bezahlung für uns kochen, aber auch in unseren eigenen Küchen.

Aus dieser Prognose heraus wird sich die Küchengestaltung in einigen Bereichen mit Sicherheit verändern, sodass die Wohnküche mit ihrem größeren Platzangebot als Event-Raum mehr Bedeutung gewinnen wird. Die Küche ist dann nicht mehr eine Schrankwand, hinter der sich die unterschiedlichsten Vorräte und Werkzeuge befinden und in die Maschinen integriert sind, sondern die Küche wird als Erlebnisraum gestaltet, der sich in seiner Gestaltung dem Gesamtdesign der Wohnung anschließt, in welcher Funktionalität und Technik selbstverständlich ist und in welcher Leben gelebt werden kann.

Dass dazu dann auch die neuesten Entwicklungen der computergestützten Steuerung der Geräte, Bevorratung und teilweise auch Steuerung der Zubereitung gehören, ist ein Selbstverständnis dieser Zeit.

Die Küchenmöbelindustrie hat in den unterschiedlichsten Formen diese Trends schon bestätigt und kann heute jeden Designtrend oder jede Technikentwicklung sofort darstellen und anbieten. Die Gestaltungen sind vielseitig und sehr flexibel geworden, die ergonomischen Grundlagen sind berücksichtigt, über Funktion und Technik ist viel nachgedacht worden.

Die Ordnungssysteme und -abläufe sind komplettiert. Die Küche ist aufgrund der sehr guten, schon fast traditionellen Zusammenarbeit zwischen Innenarchitekten und Designern ein Produkt geworden, das allen Bedürfnissen gerecht werden kann.

Wenn sich jetzt auch noch in Zukunft die Planer und Architekten gemeinsam mit den Investoren von Wohnungsbauten bei der Ausgestaltung von Grundrissen mehr den derzeitigen und künftigen Bedürfnissen der Wohnenden orientieren würden, könnte durch die Küche auch eine sehr entscheidende Verbesserung der Lebensqualität erzielt werden.

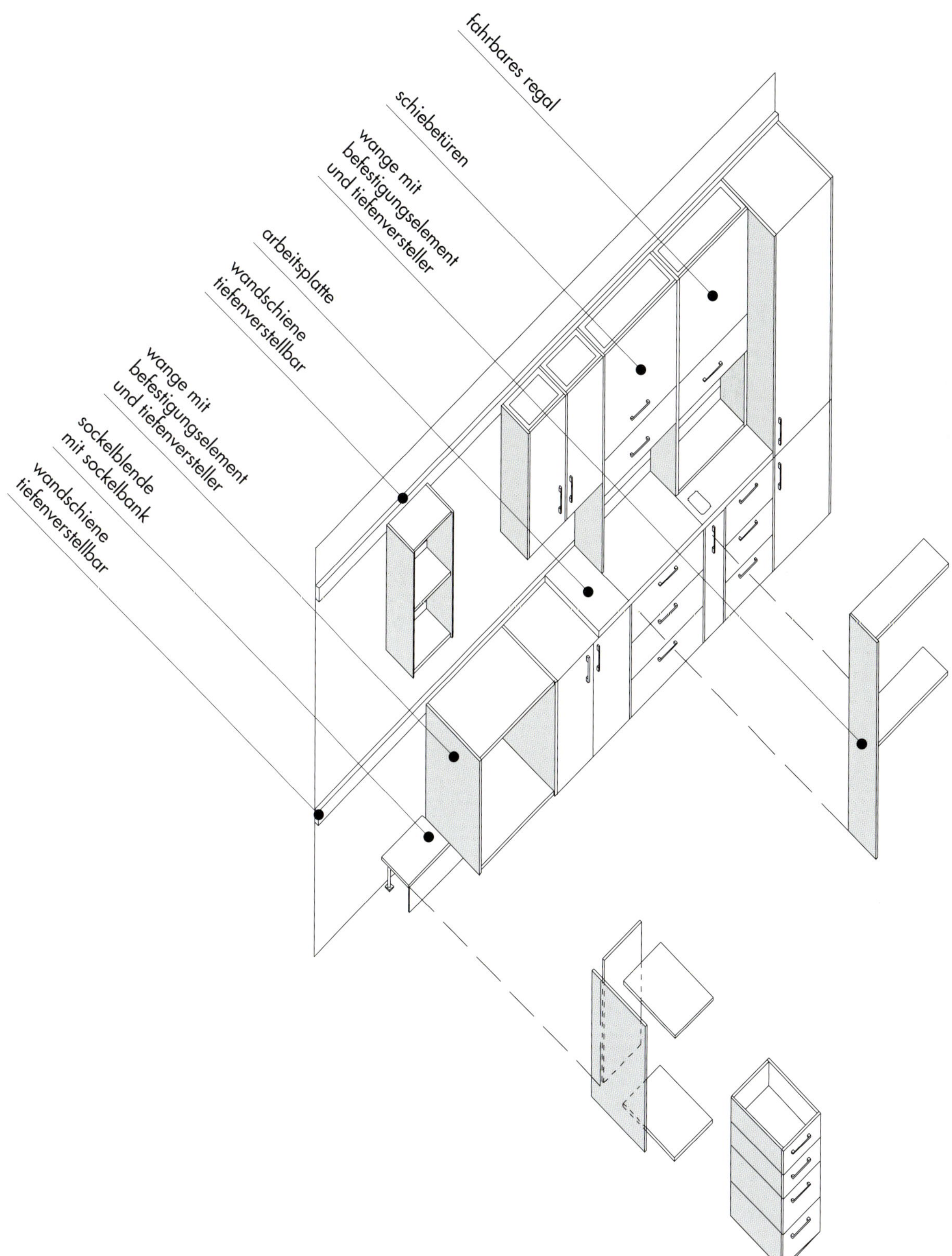

Die Innovationen

Das Prinzip der Einbauküche ist unübertroffen, dazu gibt es heute technische und konstruktive Entwicklungen, um eine Einbauküche zukunftsfähig zu planen und zu realisieren. Innovationen, ökologische Funktionen und funktionales, zeitgemäßes Design sind es, die ‚TielsaSpezial' zu einer in ihrer Art einzigartigen Küche machen. Erstmals wird ein neues Konstruktionsprinzip für die Einbauküche verwendet. Statt vorgefertigter Einzelschränke werden Wangen und Einzelteile auf einer Sockelbank und an Wandschienen vor Ort montiert. Doppelte Mittelwände werden so vermieden, stattdessen bleiben die Wangen in der Vorderfront sichtbar und geben der ‚TielsaSpecial' ihre charakteristische, unverwechselbare Optik. Hinzu kommen funktionelle und ästhetische Innovationen, die der ‚TielsaSpecial' ihre Einzigartigkeit verleihen.

Das Licht

Ein besonderes Extra der ‚TielsaSpecial' ist das zentrale Bedienpaneel, von dem aus alle Lichtquellen und die Wärmeflächen gesteuert werden. Das Paneel wird an zentraler Stelle in Bedienhöhe eingebaut. Licht ist mehr als Beleuchtung: Es weckt Stimmungen, schafft Atmosphäre und Intimität – oder setzt Raumbereiche bewusst in Szene. Hier z. B. wird der Spülbereich durch Leuchtböden und vertikale Lichtleisten im Rückwandpaneel nicht nur optimal ausgeleuchtet, sondern auch optisch anspruchsvoll betont. Diese vertikalen Lichtleisten sind überall im Paneelbereich einplanbar.

Die Wärmezone

Die Verwendung neuer Materialien bestimmt neue Funktionalitäten: Für die ‚TielsaSpecial' gibt es Arbeitsplatten aus Cristalite, einem neuartigen Mineralwerkstoff, der eine perfekte Integration von Wärmeflächen möglich macht. Direkt neben der Herdmulde ist so eine Wärmefläche am sinnvollsten und kann zum Vorwärmen von Geschirr ebenso benutzt werden wie zum Warmhalten von Gerichten. Die Wärmefläche ist unsichtbar in der Arbeitsplatte integriert und heizt bis zu 60° C auf. Kleine Metallpunkte markieren die Position.

Die Kühlschublade

Als Ergänzung zum Kühlschrank ist die Kühlschublade entwickelt worden. Denn für eine wirklich sachgerechte Lagerung sind individuelle Kühltemperaturen unabdingbar. Mit der Kühlschublade beginnt eine neue Ära der Vorratshaltung: Die Kühlschublade kann auf Temperaturen von -8° bis +15° C eingestellt werden – für jedes Kühlgut wählen sie individuell die richtige Temperatur. Außerdem sind diese Schubladen immer dort einzuplanen, wo sie am sinnvollsten platziert sind.

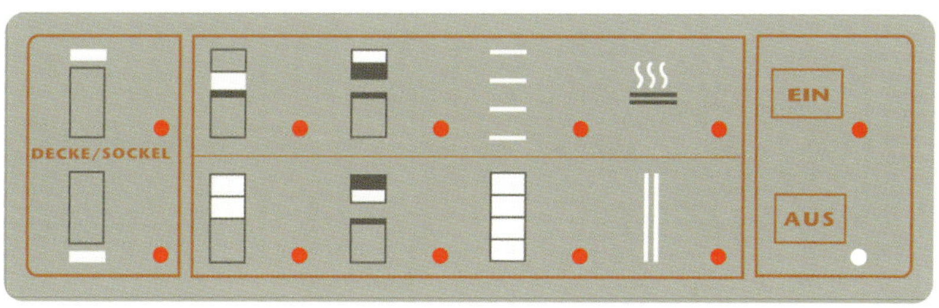

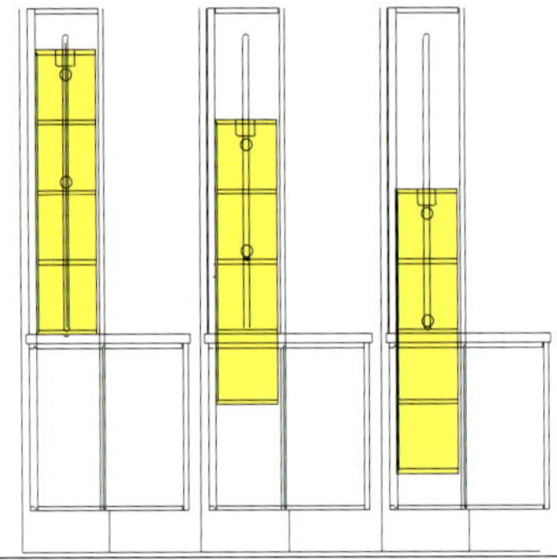

Die fahrbaren Regale

Was nützt viel Stauraum, wenn er hoch oberhalb der Arbeitsfläche so gut wie unerreichbar ist? Eine benutzerfreundliche Lösung liegt auf der Hand: vertikal fahrbare Regale. Auf bis zu vier Regalböden platzieren sich Vorräte und Küchenutensilien – per Knopfdruck senkt oder hebt sich das Regal dann in bequeme Greifhöhe. Eine Lichtschranke sorgt für sofortigen Stopp, wenn ein Gegenstand oder auch Hände in den Fahrbereich kommen.

Küchenmöbel der Zukunft müssen zunehmend unter ökologischen Gesichtspunkten geplant und produziert werden.
Das erste Beispiel dafür ist das Programm ‚TielsaSpecial'. Dort wurden folgende Besonderheiten berücksichtigt:

1. Alle Komponenten des Möbelprogrammes sind Einzelteile – es werden keine Holzteile zu Korpussen zusammengefügt.

2. Dadurch wird das Transportvolumen auf nur max. 20 % des bisher üblichen, bei korpusgebundenen Systemen reduziert.

3. Diesem zerlegten Antransport der Komponenten zum Kunden, im Einzelnen Wangen, Fachböden, Rücken/Seitenwände usw., liegt ein Montage-Transportsystem zugrunde, das auf Spezialpaletten geladen wird und dadurch überhaupt kein Verpackungsmaterial mehr benötigt. Alle Transport- und Montagekomponenten werden wieder zurückgeführt und sind für eine beliebige Mehrfachnutzung ausgelegt.

4. Bei Beschädigung während der Nutzung ist ein Austausch der Einzelteile in alle Funktionsbereiche möglich.

5. Durch die Konstruktions- und modulare Struktur ist ein Zugang zu allen Installationen ohne Zerstörung der Möbelbauteile möglich.

6. Alle Beschlagteile zur Befestigung des Systems an der Wand oder beim Zusammenfügen zum Möbelsystem sind gesteckt oder geklemmt.

7. Aufwändige Zerlegung oder auch Entkernungsvorgänge der Einzelteile im Falle eines Recyclings sind nicht notwendig.

8. Der modulare Aufbau lässt bei der räumlichen Anpassung oder bei Veränderungen beliebigste Umbaumaßnahmen bis zur Verlängerung oder Verkleinerung des Küchensystems jederzeit zu.

Heinrich Kramer
Prof. Dr. Ing. Designer
Jahrgang 1941
1960–65 Studium der Elektrotechnik an der Rheinisch-Westfälischen Technischen Hochschule Aachen
Abschluss Dipl.-Ing.
1965–71 Wissenschaftlicher Assistent an der Ruhr-Universität Bochum.
1971 Promotion zum Dr.-Ing.
1971–80 Leiter der Abteilung Marketing und Entwicklung einer großen Leuchtenfirma.
1980 Gründung des Lichtplanungsbüros LICHTDESIGN als Partner von Herrn H.T. von Malotki.
Seit 1990 Geschäftsführer der LICHTDESIGN GmbH.
Seit 1988 Vorlesungen und Seminare an der RWTH Aachen (Fakultät Architektur) über Lichtgestaltung.
Seit 2000 Honorarprofessor an der RWTH Aachen (Fakultät Architektur).

Licht

Integraler Bestandteil der Architektur und Innenarchitektur

Die mit der industriellen Revolution aufkommenden Energieformen wie Gas und später elektrischer Strom führten durch die Verteilung mittels Netzen in Städten und Ansiedlungen zu einer breiten Verfügbarkeit in der Bevölkerung, hauptsächlich der Industriestaaten. Außerdem sind die Kosten je kWh stetig gefallen, sodass Energie in der Geschichte der Menschheit noch nie so billig war wie heutzutage.

Der Fortschritt der Lampentechnologie zu immer höherer Lichtausbeute hat zusammen mit den sinkenden Energiepreisen die Verbreitung von Kunstlicht stark gefördert. So konnten sich Architekturen entwickeln, in denen zum Teil nur mit Kunstlicht gearbeitet und gewohnt werden kann. Außerdem konnten viele Tätigkeiten in die tageslichtlose Zeit ausgedehnt werden.

Während Architekturbewegungen wie Art Deco und das Bauhaus die negativen Auswirkungen der industriellen Revolution auf Design, Architektur und Handwerk umzukehren versuchten, hat sich besonders nach dem Zweiten Weltkrieg bis in die 80er Jahre hinein die leichte Verfügbarkeit von Energie und Kunstlicht ganz erheblich auf die Architektur, Innenarchitektur und Design ausgewirkt.

Ich möchte dies an der Nachkriegsentwicklung im Verwaltungsbau darlegen, da die Arbeitsform ‚Büro' durch die neuen Medien eine immer stärkere Bedeutung in unserer Arbeitswelt erhält. Ähnliches möchte ich am Museum als Beispiel aus dem Kultur- oder Freizeitbereich aufzeigen. Hier haben besonders Entwicklungen der konsumorientierten Gesellschaft, Techniken der Warenpräsentation sowie Maßnahmen für den Lichtschutz der Kunstobjekte Einfluss gehabt.

Leuchtstofflampen als Lichtbänder
Eine sehr ‚lineare' Lichtgestaltung

Spiegelrasterleuchten
Ein Büro ohne jedes Tageslicht

Licht und Verwaltungsbau

Allgemein war ein Trend ‚weg vom natürlichen Licht – hin zum Kunstlicht' festzustellen. Art und Größe der Fenster und Oberlichter sowie die Orientierung der Arbeitsplätze zum natürlichen Licht waren weniger wichtig. Die Beleuchtung mit Kunstlicht versprach konstantere Lichtbedingungen bei größerer Flexibilität der Büro- und Arbeitsplatzgestaltung.

Bei den geforderten Beleuchtungsstärken (Sichtbarkeit) und der flächigen Ausleuchtung (Flexibilität) kam nur die Leuchtstofflampe als einzig ‚wirtschaftliche' Lichtquelle in Frage. Diese war zunächst nur in einer Länge von 1,2 bis 1,5 m verfügbar. Daher war es Standard für Bürobeleuchtung, gleichmäßig verteilte, parallel zur Fassade verlaufende Lichtbänder einzusetzen – anfänglich als Aufbaulichter mit opalen Kunstglaswannen, später mit Prismenglaswannen, danach als Einbauleuchten mit weißem Raster. Später folgten die ‚Darklight'-Spiegelrasterleuchten und darauf die Bildschirmarbeitsplatzgerechten (BAP) Spiegelrasterleuchten.

Die Beleuchtungskörper wurden gleichmäßig über die Bürodecke verteilt, da die Normen eine gleichmäßig mittlere Beleuchtungsstärke in jeder möglichen Arbeitsplatzposition verlangten.

Da Tageslicht für nicht wichtig erachtet wurde, konnten Arbeitsplätze immer weiter von den Fenstern entfernt angeordnet werden. Es entstanden die Großraumbüros. Weil hier die Abfuhr der ‚inneren' Wärme sowie die Versorgung mit Frischluft in Raumtiefe große Bedeutung erlangten, wurden die Verteilung der Medien Klima, Luft und Kühlung sehr umfangreich. Zusammen mit der Versorgung durch Kunstlicht führte dies zu so genannten Systemdecken. Probleme mit der Privatheit der Büroarbeiter sowie zunehmende Schwierigkeiten bei der technischen Gebäudeausrüstung ließen die Zahl der neuen Großraumbüros schrumpfen. Von da an wurden im Wesentlichen so genannte Gruppenbüros gebaut, in denen sich 10 bis 20 Arbeitsplätze in einem Raum befinden.

Systemdecken
Großraumbüros mit Systemdecken ‚Licht-Klima-Akustik'

Büros mit schlechtem Tageslicht oder sogar gänzlich ohne natürliches Licht wurden weiter gebaut. Die Ursache hierfür liegt darin, dass es nach der geltenden Arbeitsstättenrichtlinie erlaubt ist, unzureichendes Tageslicht durch Kunstlicht zu ergänzen! Außerdem haben die in den 80er Jahren aufkommenden Bildschirmarbeitsplätze, die besonders zu Beginn sehr empfindlich auf Lichtreflexe reagierten, den Trend zur Abdunkelung und Herabsetzung der Tageslichtqualität verstärkt. Die bestehenden Normen und Arbeitsstättenrichtlinien erlauben, die Qualität des Bildschirmarbeitsplatzes auf Kosten der Tageslichtqualität mit elektrischem Licht zu verbessern.

Die wachsende Intensität der Lichtquellen sowie ein Trend, den Kontrast zwischen Lichtaustrittsfläche und angrenzender Deckenfläche anzugleichen, führten zu so genannten ‚Darklight'-Leuchten. Auch die aufkommenden Bildschirmarbeitsplätze haben wegen der Reflexempfindlichkeit der Bildschirme den Trend zu ‚Darklight'-Rasterleuchten gefördert. Da das Licht dieser Leuchten sehr hart ist, d. h. sehr krasse Hell-Dunkel-Übergänge in der Lichtverteilung aufweist, versuchte man Leuchten mit zusätzlichem weichem Lichtanteil zu bauen.

‚Dark light'-Rasterleuchten
‚Dark light'-Leuchten in Metalldecken

Es kamen die so genannten ‚direkt-indirekt-strahlenden' Leuchten auf, die von der Decke abgependelt werden mussten, um ihre Lichtwirkung zu entfalten. Dies führte besonders in den Deckenhöhen zwischen 2,70 und 3,00 m zu neuen Lichtebenen im Raum. Außerdem versperrten diese Leuchten den freien Ausblick durch das Fenster. Neben der Etablierung einer neuen Raumhöhe schafften die Leuchten meistens eine sehr ‚neblige' Atmosphäre im Raum. Weil aus bestimmten technischen Gründen der Indirektanteil sehr hoch sein musste, führte dies zu sehr schwammigen, wenig zwingenden Lichtatmosphären in Büros.
Die starke Anstrahlung der Decke führte zu einer tageslichtähnlichen Atmosphäre. Entsprechend war die Irritation, besonders in der Nacht, durch solche Beleuchtungssysteme sehr groß.

Indirekte Beleuchtung
schafft keine Arbeitsatmosphäre.

Direkt-indirekt-strahlende Leuchten
Eine ‚neblige' Lichtatmosphäre in einem Gruppenbüro.

Standardisierung von Einrichtung, Büro und Licht
Das Fenster ist weit entfernt.

Ein ‚persönlicher' Arbeitsplatz

Da abgehängte Decken den Zugang der Wärme zu den Rohbaumassen verhindern, konnte anfallende Personen- und Transmissionswärme nicht schnell genug vom Bauvolumen absorbiert werden, daher mussten die Klimaanlagen diese Aufgaben übernehmen, was zu großen Kanalquerschnitten und hohem Stromverbrauch der Ventilatoren führte. Daher begann man Decken zu entwickeln, die einen ungehinderten Zugang der Raumluft zur Rohdecke ermöglichten. Es entstanden abgehängte Decken mit sehr großen Öffnungen. Da die Menschen offensichtlich erwarten, dass das ‚Dach über ihrem Kopf' geschlossen und nicht ‚löchrig' ist, führten Decken dieser Bauart zu einem unangenehmen Raumgefühl. Außerdem vermutete man oberhalb der Decke ‚Schmuddelzonen'.

Außerdem wurden im Verwaltungsbau aufgrund eines Trends zur Rationalisierung die Einrichtung, die Büros und das Licht standardisiert, d. h. so vereinheitlicht, dass persönliche Abweichungen sich lediglich in den unterschiedlichen Postkarten an der Pinwand der einzelnen Büroarbeitsplätze äußerten. Auf Privatheit, Individualität und Abwechslung musste man am Büroarbeitsplatz verzichten. Dieser Trend war sicherlich konträr zu den immer stärkeren individuellen Ansprüchen der Arbeit in Büros.

Tischleuchte
Die persönliche Lichtatmosphäre einer Tischleuchte

Die unterschiedliche Wirkung von natürlichem und künstlichem Licht

Lichtsymbolik statt Atmosphäre

Besonders zu erwähnen ist, dass gerade die arbeitsplatzbezogene Leuchte von der Lichtindustrie und auch vom Bauherrn nicht geliebt wird und deshalb ihr Potenzial an Individualität und persönlicher Verfügbarkeit für die meisten Büros nicht zur Verfügung stand. Diesen Trend haben übrigens Architektur- und Designbüros nie mitgemacht. Man findet dort hohe Konzentrationen von Arbeitstischleuchten.

Weil es bei der Bürobeleuchtung und den dazugehörigen Beleuchtungskörpern im Wesentlichen auf Wirtschaftlichkeit und Standardisierung ankam, versuchten einige Architekten mit diesen nüchternen Beleuchtungskörpern eine Lichtsymbolik aufzubauen.

Die Nachtwirkung von Verwaltungsbauten

Die Integration von Tages- und Kunstlicht in die Raumgestaltung

Nur in den seltensten Fällen entwickelte sich die Raumform und -struktur aus architektonischen Vorgaben.

In den letzten Jahren kann man einen Trend zu großen Glasfassaden und hoher Transparenz der Verwaltungsgebäude erkennen. Dieser Trend ist jedoch leider nicht aus einer besseren Tageslichtversorgung der Arbeitsplätze entstanden, sondern hauptsächlich aufgrund des Wunsches von Unternehmen, sich nach außen hin besser darzustellen und die Öffentlichkeit stärker an dem Unternehmen teilnehmen zu lassen. Die transparenten Außenfassaden beeinträchtigen sehr oft die Privatheit der Arbeitsplätze und schaffen ein enormes Gefälle zu den schlecht belichteten Arbeitsplätzen in der Innenzone.

Seit einigen Jahren kommen verstärkt so genannte Gebäude-Management-Systeme auf, die es ermöglichen, Tageslicht und Kunstlicht sowie Klima sehr differenziert zu steuern und zu regeln.

Die Lichtindustrie erhofft sich von der ‚dynamischen Steuerung des Lichtes' die Möglichkeit, doch nicht zum natürlichen Licht zurückkehren zu müssen, sondern über Lichtwechsel des Kunstlichtes das Tageslicht zu ersetzen.

Da der Mensch als vitales Licht nur das natürliche Licht anerkennt, werden uns noch kuriose Lichtlösungen auf Basis der Gebäude-Management-Systeme erwarten.

Integration von Tages- und Kunstlicht
Eine ‚belebende' und ‚helle' Büroatmosphäre

Römisch-Germanisches Museum Köln
Architekten: Röcke & Renner
Lichtplanung: Lichtdesign GmbH, Köln

Ein Mosaik vor dem Grabmal

Inszenierung mit Kunstlicht
Das Grabmal des Publicius im Römisch-Germanischen Museum zu Köln

Licht und Museum

Der Gang ins Museum hat sich heute als ein wichtiger Teil unserer ‚Freizeitkultur' entwickelt. Das Museum musste sich von der alten Form des ‚Musentempels' zu einer Freizeiteinrichtung mit allen entsprechenden Serviceleistungen entwickeln. Dabei liegt es nahe, dass die Ausstellungsmacher in Museen Techniken anwenden, die der Konsumgesellschaft bekannt sind – die Warenpräsentationstechniken. Dies hat sich besonders in der Innenausstattung der Museen, der Anordnung der Kunstgegenstände und der Beleuchtungs- und Farbwahl gezeigt.

Selbstverständlich sind solche Inszenierungen mit Kunstlicht besser möglich als mit Tageslicht. Aus diesem Grunde wurde Tageslicht weit gehend zurückgedrängt. Dieser Trend wurde zusätzlich durch die Entdeckung gefördert, dass bestimmte Komponenten des Lichtes Farben und besonders organische Kunstgegenstände aus Holz, Tüchern usw. zerstören können.

Neben dem Tageslicht hatte man besonders die Lufttemperatur und Feuchte in ihrer Schwankung als schädigend identifiziert. So entwickelten sich die Museen zu hoch technischen Gebäuden, deren klimatechnische Gerätschaft fast den Umfang und die Komplexität von heutigen ‚Reinst-Räumen' erreicht.

Angemessenes Ambiente für Kunstgegenstände

Die Büste eines hochrangigen Römers

Das Kunstlicht der Römer

Ein römischer Reisewagen

‚Supermarkt' der römischen Architektur und Kunst

Städtisches Museum Mönchengladbach
Architekt: Hans Hollein, Wien
Lichtplanung: Lichtdesign GmbH, Köln

Kunstlicht
Die Integration des Kunstlichtes

Tageslicht und Kunstlicht
Flexibilität und Lichtschutz in die Gestaltung einbezogen

Da sich das Museum, wie bereits angedeutet, zu einem festen Bestandteil der Freizeitkultur entwickelt hat, glaubte man, den Museumsbesuchern in sehr kurzem Abstand neue Ausstellungen präsentieren zu müssen. Die Technik wie auch die Beleuchtung sollten sich diesen unterschiedlichen Anforderungen der Ausstellungen anpassen können. Flexible Stellwände, variable Raumhöhen und beliebig dimm-, richt- und schwenkbare Beleuchtung waren eine Grundforderung.
Räume, die diese Flexibilität aufweisen, werden meist als sehr unangenehm empfunden, da sich die Flexibilität durch eine große Zahl von Schienenrastern, Bodenauslässen und Beleuchtungskörpern fast wie in einem Lichtstudio darstellt.
Die fest mit der Architektur verbundene Allgemeinbeleuchtung wurde stark zurückgedrängt durch die flexible Strahlerbeleuchtung an Lichtschienen. Die für Lichtschienen verwendeten Strahler haben oft ein sehr expressives Design, da sie für die Displaybeleuchtung von Kaufhäusern entworfen wurden. Ihnen fehlt das zurückhaltende Design, das für Ausstellungsräume besser geeignet ist.

Der Architekt Hans Hollein hat daher im Museum Mönchengladbach erstmalig ein Museum geschaffen, welches die Flexibilität nicht in einem Raum bietet, sondern durch die Vielzahl an unterschiedlichen Räumen und Raumsequenzen. Bei ihm ist die Beleuchtung integraler Bestandteil des Ausstellungsraumes und Strahlerbeleuchtung wird sehr zurückhaltend angewendet. Die hohen Anforderungen des technischen Ausbaus sowie die Anforderungen an Flexibilität und Lichtschutz werden sehr oft gestalterisch nicht so beherrscht, dass die Kunstgegenstände ein angemessenes Ambiente erhalten. Viele Museen und Ausstellungsräume erinnern eher an eine ‚Ausstellungsmaschine' denn an kontemplative Räume für die Kunst.

Kunstlichtatmosphäre

Lichtfarben
Alle Lichtfarben dieser Welt

Besonders die hohen Anforderungen an den Lichtschutz führten zu einem starken Zurückdrängen des Tageslichtes und zu einer Aufrüstung der Fenster und Oberlichter mit Sonnen- und Lichtschutzeinrichtungen. Während die Ausstellungsräume sehr dunkel und geschlossen gestaltet werden, versucht man durch Ruhezonen in Lichthöfen dem Besucher den geeigneten Bezug zum Wetter und Licht zu bieten. Oft ist jedoch der Kontrast zwischen diesen beiden Zonen so groß, dass er sich negativ auf die Akzeptanz der Ausstellungsräume auswirkt.

Da in den letzten Jahren die Kunstpreise geradezu explodiert sind, wird Sponsoring der Museen sowie das Ausrichten von Wechselausstellungen für bekannte Kunstsammlungen (z. B. Peggy-Guggenheim-Stiftung) immer wichtiger. Wie sich dies langfristig auf den Museumsbau auswirken wird, ist momentan noch nicht abzuschätzen. Bezogen auf das Licht kann man schon heute sagen, dass Leihgeber ihre Kunstwerke nur zur Verfügung stellen, wenn die Licht- und Klimaschutzvorschriften der ICOM eingehalten werden. Diese Vorschriften sind sehr tageslichtfeindlich bzw. sie legen so niedrige Beleuchtungsniveaus fest, dass es oft zum Konflikt mit den Helligkeitsvorstellungen der Besucher kommt.

Interessanterweise sind auch heute noch die Museen am beliebtesten, die ein spannendes Außenambiente mit den Ausstellungsräumen verknüpfen. Wenn dies von Architekten und Ausstellungsmachern in die Planung einbezogen würde, könnten sich die Museen wieder sehr viel mehr dem natürlichen Licht öffnen.

Tut-Ench-Ammun-Ausstellung Köln
Architekt: Walter von Lom und Partner, Köln
Lichtplanung: Lichtdesign GmbH, Köln

Weltkunstausstellung Köln
Architekt: Oswald Mathias Ungers, Köln
Lichtplanung: Lichtdesign GmbH, Köln

Ausstellung in der Nationalgalerie Berlin
Architekt: Mies van der Rohe
Lichtplanung: Lichtdesign GmbH, Köln

Institute du Monde Arabe Paris
Architekt:
AJN Architectures Jean Nouvel, Paris

‚Der Turm zu Babel'

Börse Zürich
Foyer

Haas-Haus Wien
Architekt: Hans Hollein, Wien

Zukunftstrends

Wie schon eingangs dargelegt, hat sich seit der industriellen Revolution die Architektur immer stärker vom natürlichen Licht entfernt und sich dem Kunstlicht hingegeben. Die enorme Entwicklung der Kunstlichtquellen bietet heute die Möglichkeit, die unterschiedlichsten Lichtatmosphären, Pattern und Farbigkeiten zu planen. Da jedoch der Erfahrungsschatz und die Bedeutung des künstlichen Lichtes auf eine viel reduziertere Palette von Lichtphänomenen und eine kürzere Geschichte zurückschauen kann, entwickelte sich die Gestaltung des Kunstlichtes zu Lichtdekorationen und vordergründigen Farb- und Lichteffekten.

Wir leben in einer zweigeteilten Lichtwelt. Besonders das Arbeitslicht, das Verkaufslicht und das Fassadenlicht werden hauptsächlich unter wirtschaftlichen Gesichtspunkten und Effekthascherei geplant und errichtet. Dieser Teil des Lichtes muss auf seinen Bezug zur Gesellschaft, Kultur und den Wünschen der Menschen verzichten.

Ich würde es daher begrüßen, wenn das Licht wieder den Bezug zu den Ursprüngen findet und gute Lichtplanung nach den folgenden 8 Geboten bewertet würde.

Liederhalle Stuttgart, Kongresszentrum
Architekt: Wolfgang Henning
Innenarchitekten: Wolfgang Henning,
Rudolf Schricker

Bühnenlicht

‚Türen' zum Licht

Die 8 Gebote guter Lichtgestaltung

1.
Das Licht sollte die Orientierung und die Bestimmung des Standortes der Menschen in Raum und Zeit ermöglichen. Unter dem Standort im Raum sind nicht nur die physikalischen Koordinaten in Metern und Zentimetern gemeint, sondern der Standort der Menschen in der Gesellschaft und Kultur. Ebenso wie unter der Zeit nicht nur die Jahre, Stunden und Sekunden zu verstehen sind, sondern besonders der Bezug der Menschen zu ihrer Geschichte und Tradition.

2.
Licht sollte integraler Bestandteil der Architektur und Innenarchitektur sein, d. h. von Anfang geplant und nicht nachträglich aufgesetzt werden.

3.
Licht sollte durch seine Formen-, Farb-, Materialwahl sowie im Design- und Detailanspruch die Intentionen der Architektur und Innenarchitektur unterstützen und nicht eigenständig wirken.

4.
Licht sollte eine Stimmung und Atmosphäre in einem Raum erzeugen, die dem Anspruch und der Erwartung der Menschen entspricht (z. B. festlich, feierlich, intim, offiziell, sachlich, billig, hell, schummerig, wohnlich, unentschieden, wertvoll, weit, niedrig, einladend, abweisend, usw.).

5.
Licht sollte die Kommunikation der Menschen untereinander fördern und ermöglichen.

6.
Licht sollte eine Aussage und eine Botschaft vermitteln, die mehr signalisieren als nur Helligkeit. Es sollte einen eigenen Ausdruck haben.

7.
Licht sollte in seinen wesentlichen Ausdrucksformen originell sein d. h. nicht Massenware und Reproduktion von bereits Vorhandenem.

8.
Last not least sollte Licht auch das Sehen und Erkennen der Umwelt ermöglichen.

Bei der Lichtgestaltung spielt das natürliche Licht eine besondere Rolle. Es hat gegenüber dem künstlichen Licht die Priorität.

Die Gestaltung von Licht und Architektur sollte sich wieder daran erinnern, dass sie den Menschen dienen muss, die darin leben und wohnen. Die Anforderungen der Menschen an Licht und Architektur sind geprägt durch die Kultur und das Licht des Ortes, an dem sie aufgewachsen sind.

Falk Jaeger
Prof. Dr. Ing. Architekt
1950 geboren in Ottweiler/Saar
Studium Architektur und Kunstgeschichte in Braunschweig, Stuttgart und Tübingen.
Diplom Uni Stuttgart, Promotion TU Hannover mit einer Arbeit über das Dominikanerkloster in Esslingen.
1983–88 Wissenschaftlicher Mitarbeiter am Institut für Architektur- und Stadtgeschichte der TU Berlin.
1993–2000 Hochschuldozent,
2000 apl. Professor für Architekturtheorie an der TU Dresden.
Seit 1988 freier Architekturkritiker für Tages- und Fachpresse des In- und Auslands, für Hörfunk und Fernsehen.

1985 Journalistenpreis des Deutschen Nationalkomitees für Denkmalschutz.
1993 1. Preis Journalistenwettbewerb für Architekturkritik der Bundesarchitektenkammer.
2001 DAI-Literaturpreis Baukultur.

Lebt als freier Publizist in Berlin.

Advokat des Menschen in einer entfremdeten Welt

Der Innenarchitekt mit alten Abhängigkeiten und neuen Aufgaben

Er ist ein Kind des zwanzigsten Jahrhunderts, der Spezialist für die Gestaltung von Innenräumen, der Innenarchitekt. Erst seit dem Einbruch der Moderne gibt es das Spannungsfeld, das sein Arbeitsgebiet darstellt, und es ist vermintes Gelände, voller Fallen, Anfechtungen und Anfeindungen. In Zeiten vor Le Corbusier, Rietveld, Gropius und Loos war die Einrichtung von Wohnung, Laden und Kontor eine unstrittige Angelegenheit. Jeder Anstreicher wusste, wie ein Biedermeierzimmer schicklich auszugestalten sei, der Möbellieferant um 1880 brachte gleich die passenden Damasttapeten und Brokatvorhänge mit, im Zweifelsfall nahm der Architekt die Sache in die Hand: Architektur und Innenarchitektur waren eins, der Stil der Zeit war Konsens und bis ins fernste Provinzpfarrhaus war das jeweilige Stilempfinden vorgedrungen. Es hatte ja auch genug Zeit dazu. Und selbst in Zeiten des Eklektizismus kam man ohne den Innenarchitekten aus, denn erlaubt war alles, nicht nur was gefällt.

Die Moderne freilich brachte den Unfrieden in Hütten und Paläste. Die Architektur war angetreten, das Dekor zu stigmatisieren und das ‚weniger ist mehr' eines Ludwig Mies van der Rohe bekam mehr Beifall als die moderaten Versuche eines Bruno Paul oder eines Henry van de Velde, wenn nicht mit eigenständigem Dekor, so doch wenigstens mit Farbe und Material Stimmung und Gemütswerte in die abstrakten kühlen Kisten der Moderne zu schmuggeln. Doch je inbrünstiger die Hohen Priester des Rationalismus dem kartesianischen Gott des Maschinenzeitalters huldigten, je mehr sich die Stahl-Glas-Beton-Architektur dem puristischen Ideal näherte, desto weniger Zeitgenossen konnten darin ihre Gefühlswelt befrieden. Es muss sie wohl geben, die Menschen, die sich in einem Ambiente wohl fühlen, in dem sich jede Lebensäußerung als Störung der heiligen Ordnung auswirkt. Ein Badezimmer, das unaufgeräumt wirkt, wenn Zahnbürste und Cremetube nicht am vorgesehenen Platz verstaut sind, ein Wohnzimmer, in dem die Abenddecke auf dem Designersofa stört, ein Schreibtisch, der seine edlen Proportionen nur ohne Büchertürme und Aktenberge zur Geltung bringt, sind zweierlei: ständiges Ärgernis und permanenten Vorhaltung. Solche Verhältnisse mindern die Lebensqualität beträchtlich, denn wer mag schon dauernd mit dem erhobenen Zeigefinger leben, der unablässig zum Aufräumen mahnt.
In diesem Spannungsfeld, das sich mit den

Dogmen der Moderne aufgetan hat, arbeitet der Innenarchitekt. Sein Metier ist gewissermaßen zu dem des Architekten kontraproduktiv – daher das grundlegende Misstrauen der beiden Berufssparten untereinander. Während der moderne Architekt der Reduktion verpflichtet ist, der reinen Konstruktion, dem idealen Raum, beginnt der Innenarchitekt erst hier seine Arbeit. Was jener durch viel Nachdenken mühsam eliminiert, das ‚überflüssige' Detail, die Komplexität, fügt dieser erst hinzu, das Symbolische, das Erzählerische, das Stimmungsvolle. Oft ist es das, was die Nutzer der Bauten an der modernen Architektur vermissen. So gesehen, betreibt der Innenarchitekt Reparatur, Nachbesserung an der Arbeit des Architekten.

Freilich hat die Architektur auch nach dem Paradigmenwechsel zur Moderne selbst immer wieder Wege gesucht, die Gefühls- und Gemütswerte zu vermitteln. Hugo Häring und Hans Scharoun etwa beabsichtigten mit ihrer ‚organhaften Architektur' nicht nur den Funktionalismus auf die Spitze zu treiben, das heißt möglichst präzise ausgedachte, vorbestimmte Räume für jeden Lebens-, Arbeits- und Wohnzweck zu definieren, sondern sie suchten mit dem Zuschnitt der Räume, mit der Lichtführung, den Einbaumöbeln und Materialien dem Wesenhaften der jeweiligen Lebensäußerungen gerecht zu werden. Und selbst Adolf Loos, einer der Gründungsväter der Moderne und dem Ornament bekanntermaßen abhold, beherrschte einerseits die Raumkunst meisterhaft und schwelgte andererseits gerne in ausdrucksstarken Materialien. Doch nicht sie und auch nicht Erich Mendelsohn mit seiner expressiven Eleganz, nicht Bruno Taut mit seinen Farborgien und nicht Oscar Schlemmers hyperkreative Bauhausklasse konnten verhindern, dass die Moderne, die Erdenbindung der Urhütte unter sich lassend, ins gefühlskalte All abhob, wie eine technisch höchst entwickelte, perfekte Rakete, die idealen, doch lebensfeindlichen Sphären zustrebt. Es war Robert Venturi, der die Architekten wieder auf den Boden zurückholte. Der ihren Rationalismus und Idealismus als unmenschlich erkannte. Der nach dem Alltag fragte, nach der Allerweltsarchitektur, mit der die Menschen umzugehen bereit und in der Lage sind. Er propagierte Komplexität und Widerspruch, Störung und Manierismus, Banalität und vordergründige Symbolik als Mittel, die Architektur für den Nutzer wieder verständlich und interessant zu machen. Es war die Postmoderne, es waren im Gefolge von Venturi Charles Moore, Philip Johnson, dann Hans Hollein und Aldo Rossi, Paolo Portoghesi und, als ihre Herolde, Charles Jencks und Heinrich Klotz, die das Narrative, das Semantische, das Symbolische wieder in die Baukunst brachten, kurz alles, was über den reinen Zweck und die konstruktive Form hinaus ging. Die Architektur sollte wieder mit den Menschen ins Gespräch kommen, sie sollte Ausdruck und Gefühl vermitteln, notfalls durch ein Schild mit der Aufschrift wie bei Venturi (‚Guild House' u. a.). Nicht zufällig haben sich die namhaften Protagonisten der Postmoderne allesamt auch durch engagierte Innenarchitektur hervorgetan. Sie haben komplette Interieurs entworfen, oftmals bunt bis zum Kitsch, einschließlich der Teppiche, der Möbel, der Geschirre und Bestecke bis hin zur Kuckucksuhr.
Und selbst die Hightech-Architektur, vielen als Sinnbild einer seelenlosen, von Maschinen beherrschten Welt erscheinend (dies mag sie in der Version des Norman Foster auch tatsächlich sein), war ursprünglich mit einem anderen Impetus angetreten. Die sorgfältig designten Gelenke und Verbindungselemente, die Relingtreppen und Fabrikleuchten, wie sie etwa im Werk von Nicholas Grimshaw oder Michael Hopkins anzutreffen sind, erinnern an die Maschinenästhetik der frühen Industrialisierung, sie erzählen nostalgieselig von Dampfmaschinen und Gaslaterne: narrative Architektur par excellence also mit einem gehörigen Schuss Postmoderne. Nicht uninteressant natürlich, dass die Hightech-Bewegung ihren Ursprung in der Innenarchitektur genommen hat. Als Erste waren die Lofts in Manhattan mit industriellem Halbzeug ausgebaut und mit technoiden Einrichtungs- und Gebrauchsgegenständen ausgestattet worden. Galerien aus Stahlprofilen, Zwischentreppen aus Warzenblech oder Gitterrosten, Werkstattschemel und Industrieleuchten, je profaner, desto besser. Und sonderbar, auch diese Einrichtungen konnten ‚gemütlich' sein, weil sie Geschichten erzählten, weil sie nicht perfekt sein wollten, weil sie das Leben der Nutzer nicht dominieren wollten, sondern ihm Raum gaben. Es waren Joan Kron und Susan Slesin, die mit dem Buch ‚Hightech. The Industrial Style and Source Book for the Home', erschienen 1978 in New York, auch den Stilbegriff geprägt hatten.

Bereits seit den sechziger Jahren sind Tendenzen populär geworden, die eigene Wohnumgebung extrem zu individualisieren. Maßgabe ist dabei nicht mehr die theoretisch fundierte Orientierung eines Gestalters, eines ausgebildeten und auf einen bestimmten Weg eingeschworenen Architekten, sondern die Gefühlswelt, der Geschmack und das Geschick des Bewohners, der gleichzeitig Erbauer oder zumindest Umgestalter ist. Ob orientalische Teppichhöhle, afrikanische Bambushüttenromantik oder indische Räucherstäbchenatmosphäre, das Ziel war, sich mit einem emotional gestimmten und gefühlsmäßig hochgradig aufgeladenen Ambiente zu umgeben, das den angestrebten Gemütszustand auf Dauer evozieren sollte. In der kalifornischen Hippie-Bewegung lebte man sich auf diese Weise aus. Unter Titeln wie ‚Home, Sweet Home' sind die dort entstandenen fantasievollen Lebensumwelten publiziert worden. Architekten wie Bruce Geoff intellektualisierten den Trend, der auch den frühen Frank O. Gehry nicht unbeeinflusst ließ. Die Auswirkungen dieser Vorbilder waren damals in jeder Studentenbude – dem Ort erster individueller

Wohnerfahrung – anzutreffen und Ausläufer dieser Tendenz sind noch heute als Edelversion in den einschlägigen Wohnzeitschriften und Hochglanzmagazinen zu beobachten.

Auch in der Zukunft wird sich die Innenarchitektur in polaren Spannungsfeldern bewegen, die sie mit den jeweils aktuellen Formenrepertoires ausfüllt. Rationalismus versus Expressionismus ist ein solches, oben schon erwähntes Antipodenpaar. Klassizismus und Rustikalität ein verwandtes: hier die nach den klassischen Harmonielehren und mathematischen Rastermaßen (gleichgültig ob von Palladio, Durand oder Foster) feinsinnig konstruierte und in jeder Oberfläche und Ausstattungsdetail kontrollierte Architektur, dort der aus natürlichen Materialien nonchalant gezimmerte Bau mit der sympathischen Anmutung des Unperfekten, der seine Attraktivität beispielsweise dem kraftvollen Kontrast zwischen der Wirkung von warmen Holzoberflächen und rauem Putz verdankt. Spannung und Entspannung ist ein weiteres, zeitloses Gegensatzpaar, nicht weit entfernt von den Antipoden Harmonie und Dissonanz. Man muss kein Prophet sein, um vorherzusagen, dass diese Spannungsfelder die Innenarchitekten auch in naher und mittlerer Zukunft beschäftigen werden, gleichgültig, wie sie im Einzelnen stilistisch gestalterisch angegangen werden. Denn analog zu allen Ausprägungen kulturellen Lebens, ob darstellende, bildende oder angewandte Künste, die in unserer Epoche der Globalisierung und der Informationsgesellschaft zum Pluralismus tendieren, ja tendieren müssen, wird auch die Innenarchitektur in Zukunft eine immer größere Stilvielfalt hervorbringen. Dabei werden die überkommenen Stile keineswegs in der Asservatenkammer der Kunstgeschichte verschwinden, sondern immer wieder zyklische Revivals erleben. Immer wird es Freunde bestimmter Stilepochen geben, die sich stilreine Ambientes wünschen und anstreben. Ob ein historisches Gebäude ganz im klassizistischen Stil mit Originalen ausgestattet werden soll (sicherlich zunächst eine Frage der verfügbaren Mittel), ob toskanische Renaissance oder die klassische Moderne in Bauhaus-Version die Gestaltungsziele vorgeben, ist vom theoretischen Ansatz her gleichgültig. Im vergangenen Jahrhundert waren es Gestalter wie Marcel Breuer und Walter Gropius, die mit ganzheitlichen Entwürfen Räume auch in einer neuen, avantgardistischen Weise samt Interieur gestalteten. Theo van Doesburg und Gerrit Rietveld taten es in De Stijl Manier. Voller Sendungsbewusstsein setzten sie die neuen Ideen um und trieben mit ihrer Arbeit den Paradigmenwechsel voran. In diesem Punkt durchaus vergleichbar, suchte die Avantgarde auch in den sechziger Jahren nicht nur Innovationen aufzubieten, sondern mit den neuen Lebensräumen auch neue Lebensformen zu evozieren. Vor allem die Wiener Szene mit Coop Himmelblau, Haus Rucker Co., Missinglink u. a., aber auch die Londoner Vordenker um Archigram erdachten Wohnkapseln, Fühl- und Denkräume, die alle technischen Möglichkeiten und neuen Materialien der Zeit nutzten und die viel mit Körpergefühl und Transzendenz zu tun hatten. All diesen experimentellen (und als solche gedachten) Arbeiten hatten – aus heutiger Sicht – allerdings einen entscheidenden Fehler: Sie entsprachen mit ihrer Eindimensionalität nicht der Vielfalt des Lebens und der dazu notwendigen Lebensumwelt. In einem von Mies van der Rohe monostilistisch eingerichteten Haus konnte man sich immerhin noch einrichten (wenn auch nicht im Sinne des Architekten), eine ‚Wohnung' von Archigram wäre zwar zunächst aufregend, vielleicht chic und trendy, nicht jedoch auf längere Sicht wirklich brauchbar gewesen.

Nicht einmal die Interieurs des dänischen Designers Verner Panton aus den sechziger und siebziger Jahren konnten diese Kriterien erfüllen. Er hatte keine neuen Gesellschaften im Kopf, keine Happening-Lebenskultur, keinen Sinn für Bewusstseinserweiterung. Panton bediente sich des Materials der Zeit, des Plastiks, und formte daraus nicht nur die skurrilen Tütensessel und die ebenso populären wie unbequemen stapelbaren Schalensitze, sondern ganze Innenräume. Eben war der Begriff der ‚Wohnlandschaft' aufgekommen, mit dem ganz treffend eine terrassierte, gepolsterte Spielwiese zum legeren Aufenthalt bezeichnet wurde. Panton verstand den Begriff ganzräumlich, formte bonbonfarbene Wohnhöhlen aus Schaumstoff, geheimnisvoll indirekt beleuchtet und aus versteckten Lautsprechern mit stimmungsvoller Musik erfüllt. Pantons lustbetonte Lasterhöhlen weckten beim breiten Publikum Empfindungen irgendwo zwischen vorgeburtlichen Assoziationen und unmoralischem Müßiggang. Natürlich blieb die Existenz auch dieser avantgardistischen Raumerfindungen auf Ausstellungen und Show Rooms beschränkt, denn es handelte sich um alles andere als alltagstaugliche Interieurs, eindimensional zu nutzen, nicht anpass- und veränderbar und, dies nur nebenbei, schwierig zu unterhalten und zu reinigen. Er hatte faszinierende, filmkulissenreife Ideen, doch als Innenarchitekt konnte Panton, wie viele seiner sich als Künstler verstehenden Kollegen, nicht ernst genommen werden. Pantons innenarchitektonische Kunstwerke sind nicht als Auftrag und Lösung einer vom Klienten gestellten Aufgabe entstanden, so konnten sie als durchkomponierte Werke eines Stils, in diesem Fall gar seines Individualstils, in die Welt gesetzt werden. Häufiger jedoch wird sich aus einer Aufgabe und den Vorgaben des Auftraggebers die eklektische Mischung ergeben, die ein ‚historisch gewachsenes' Ambiente simuliert und dem Sammeltrieb des Menschen viel Raum lässt.
Kargheit und Üppigkeit sind weitere, zeitlose Pole, die stilunabhängig zum Gestaltungsprinzip erhoben werden können.
Das dekorative Einzelstück, in neutraler Umgebung effektvoll positioniert und be-

leuchtet, kann ein Renaissanceschrank, ein Biedermeiersekretär, eine Le Corbusier-Liege oder ein Fauteuil von Philippe Starck sein. Der Hang zum Minimalismus, ob als Demonstration asketischer Bedürfnislosigkeit oder als Gipfel des Raffinements, ist ein menschlicher Grundcharakterzug nicht erst seit Diogenes und wird in künftigen Gestaltergenerationen immer wieder seine Protagonisten finden. Andererseits hat es neben den Minimalisten immer auch die Liebhaber barocken Übermaßes gegeben. Das Sammeln, Präsentieren und allzeit Bereithalten von Sinneseindrücken ist gleichermaßen ein zeitloses wie stilunabhängiges Charakteristikum, das in der Innenarchitektur wenn nicht permanent aktuell, so doch zumindest zyklisch repetitiv auftreten wird.

Dieses kollektionistische Konzept vor allem bietet sich denn an, wenn der Klient einen großen Anteil an eigener Beteiligung am gestalteten Ergebnis anstrebt – häufig mit dem Ergebnis, dass die Arbeit des Innenarchitekten obsolet wird. Die Beteiligung des Bewohners ist jedoch ein für die Mehrzahl der Menschen unverzichtbares Element der Aneignung der Wohn- und Arbeitsumgebung und der Identifikation mit dem individuellen Lebensraum. Der Aspekt der Individualisierung kann im Rahmen der Innenarchitektur nicht hoch genug eingeschätzt werden. Wer seinen Heidegger gelesen hat, wird die neuen ‚clean-desk-Bürokonzepte' mit täglich wechselnder Belegung der Schreibtische oder die Propaganda vom modernen Nomadenmenschen nicht für zukunftsträchtig halten.

Das Vorhaben der Individualisierung lässt sich grundsätzlich durch zwei – wiederum antipodische – Prinzipien realisieren: Vertrautheit und Innovation. Wobei das Prinzip Vertrautheit, die Philosophen und die Psychologen haben es uns gelehrt, für den Menschen auch in Zukunft unverzichtbar sein wird. Sich mit Dingen zu umgeben, die bekannt sind, an die man sich gewöhnt hat, die man (auch deshalb, wie wir seit Claude Perrault wissen) schön findet, schafft Sicherheit, Geborgenheit, auf die nur wenige Menschen verzichten können. Andererseits kann man sich durch Neues, nie Dagewesenes vom Nachbarn und Konkurrenten unterscheiden, und so wird das Prinzip Innovation auch in Zukunft die Menschheit voranbringen. Neugier ist die Triebkraft jeglicher Entwicklung, die Lust am Neuen, Überraschenden. Die Avantgarde tritt einerseits mit (manchmal nur derzeit) ungewohnten Formen auf den Plan und setzte andererseits jeweils neueste technische Errungenschaften ein, experimentell zunächst, wagemutig, Grenzen erkundend und verschiebend.

Mit ihrer Bereitschaft, Konventionen jeglicher Art zu ignorieren, erinnert die Avantgarde des beginnenden 21. Jahrhunderts nicht nur konzeptionell an die vorwitzigen Jungen der frühen siebziger Jahre. AWG zum Beispiel, das Wiener Team ‚Alles wird gut', plant schon wieder industriell und serienmäßig herzustellende Plastikwohnmaschinen, diesmal nicht als in Superstrukturen einzustöpselnde Raumkapseln, sondern als eine Art überdimensionales Hamsterrad, das man immer so dreht, dass das gerade benötigte Möbel – Kochzeile, Schlafkuhle, Schreibtisch, unten ist. Nicht auszudenken, wenn sich das Rad von selbst in Rotation versetzt, wenn sich der Bewohner gerade in der Badewanne aalt...

Andere huldigen dem Mythos der Flexibilität und Dynamik wie einst Ron Herron mit seiner ‚Walking City'. Die amerikanische Gruppe LOT/EK Architecture entwickelt das uramerikanische, gleichwohl von dem Engländer Cedric Price bereits 1973 mit seinen ‚Truckable Conference Facilitys' schon einmal durchexerzierte ‚Rolling-Home-Prinzip' weiter und entwirft hoch technisierte Container, die sich verschiffen und an beliebigem Ort entfalten und bewohnen lassen.

Wenn man den Auguren glauben darf, wird der Mensch des neuen Jahrhunderts ein entwurzeltes Leben führen und seine Heimat im Cyberspace haben. Die Architektur der ‚transitorischen Räume' dazu wird flexibel und dynamisch sein und jegliche topologische wie kulturelle Verwurzelung negierend. Sie wird im Computer generiert, sich der Software annähern, ständig in Bewegung sein und formal ein Eigenleben führen. ‚Blob-Architecture' verändert sich amöbenhaft, reagiert auf veränderte äußere Bedingungen und auf die Wünsche und Stimmungen des Benutzers, so die visionären Versprechungen. Hier und da ist wieder von ‚organischer Architektur' die Rede, bei der die Bausubstanz (der nach wie vor korrekte Begriff klingt in diesem Zusammenhang seltsam überkommen) sich wie ein Organismus verhalten, mit dem Menschen gleichsam in Symbiose treten soll.

Die Gedanken fliegen weit, doch wie so etwas aussieht? Erste Versuche, derlei Vorstellungen erlebbar zu machen, können nur auf den ersten Blick zu verblüffen. Messen und Ausstellungen, Weltausstellungen im Besonderen, waren seit jeher die Orte, an denen fantastische Ideen versuchsweise konkretisiert und zur Schau gestellt wurden. Die EXPO 2000 in Hannover tat sich dabei besonders hervor, war doch ihr Generalthema die Umwelt der Zukunft. Stararchitekten wie Jean Nouvel oder Toyo Ito gestalteten des Innere ganzer Messehallen formal und inhaltlich überraschend, doch letztlich nicht zu weit vom Mainstream entfernt. Ungezügelte Kreativität allerdings war in der Jugend-Medienhalle zu erleben, wo zum Beispiel die Designergruppe 3deLuxe eine mystisch dräuende Synthese aus Bühnenbild und Cyberspace aufbaute, bei der mit Lichtspiel und Computeranimation, aber auch mit herkömmlichen Dekorationsmitteln eine zum Teil interaktiv beeinflussbare Erlebniswelt entstand, in der die Grenzen zwischen Fiktion und Wirklichkeit ins Fließen kommen sollten. Kurzweilige Unterhaltung überwog dabei natürlich das didaktische Anliegen oder gar die Absicht, dauerhaften Umraum zu gestalten.

Erste, auf Dauer angelegte Konkretisierungen der computergenerierten ‚Blob-

Architecture', etwa des Holländers Lars Spuybroek (NOX Architects) oder des Amerikaners Greg Lynn, vermögen zunächst nicht zu überzeugen. Klimadaten, Schallschutz, Feuchtigkeit, Ungeziefer, Korrosion und andere Widrigkeiten der realen Welt sind in den Superprogrammen der Design-Computer nicht vorgesehen. Auch auf die Gesetze der Statik nehmen die schönen neuen Welten, zumindest in ihrem virtuellen Stadium, keine Rücksicht. Wenn jedoch einmal größere Strukturen, vielleicht ganze urbane Zusammenhänge in Stahl, Glas und Karbonfasern errichtet sein werden, wird es für die Innenarchitekten wieder reichlich Arbeit geben, die neuen Strukturen bewohnbar zu machen.
Für einige von ihnen wird sich das Umsatteln auf virtuelles Umweltdesign anbieten. Die Japaner sind uns in der Entwicklung voraus. Zunächst äußerlich hat sich die Architektur in den Ballungszentren schon auf kurzlebige (zehn Jahre Nutzungsdauer sind vorgesehen) Strukturen reduziert, die nur noch als Bedeutungsträger fungieren. Die Fassaden bestehen aus Reklameflächen mit ständig wechselnder Botschaft, oft sogar aus Leuchtwänden, über die Tag und Nacht nicht gerade lebensnotwendige Informationen flimmern. Ziel von Architekten wie Toyo Ito ist es, diesen Weg bis zu Ende zu gehen. Dort am Ende steht das ‚virtuelle Haus', dessen Hardware nicht mehr in Erscheinung tritt. Noch sind es sündhaft teure experimentelle Installationen, die ‚Caves' bei den großen IT-Firmen oder im Stuttgarter Fraunhofer-Institut, die erste Eindrücke davon vermitteln. Auch Medien-Künstler wie der Franzose Maurice Benayoun nutzen die unendlichen Möglichkeiten des ‚Caves', bei dem alle Wände durch elektronische Bildflächen ersetzt sind, die beliebig bespielt werden können. Ob ein Strand an der Südsee oder die Bergwelt am Matterhorn, ob der betriebsame Piccadilly Circus oder ein abgeschiedener tibetanischer Klosterhof, auf Knopfdruck liefern die sechs Wände das benötigte oder gewünschte Ambiente. An der perfekten Illusion durch Kontrolle auch der anderen Sinnesorgane durch akustische, olfaktorische und klimatische Einflussnahme wird gearbeitet. Vielleicht wird man eines Tages zum Teil selbst auf die Hardware verzichten können und die Räume nur noch holografisch darstellen. Andere, noch beunruhigendere Aussichten diskutieren Mediziner und Biotechniker, die die Evokation von virtuellen Umweltvorstellungen durch Psychopharmaka oder Chip-Implantate für denkbar halten.
Sicher wird das Berufsbild des Innenarchitekten einige interessante Variationen erfahren, denn wann immer sich neue Möglichkeiten der Vermittlung und Rezeption von Umraum auftun, werden Spezialisten benötigt, die die Räume mithilfe der neuen Techniken konkret gestalten. Ein Gang durch die Stände der einschlägigen Messen, etwa der jährlich in den USA stattfindenden ‚Siggraph', auf der die elektronischen Hexenmeister von Firmen wie Silicon Graphics ihre neuesten 3D-Programme vorstellen, macht deutlich, dass die Computerspezialisten zwar avancierteste Hard- und Software zu entwickeln in der Lage sind, diese jedoch mittels kitschigster, zuweilen infantiler Inhalte demonstrieren. Dass sie sachverständige Hilfe benötigen, ist offenkundig. Dass es gerade Innenarchitekten sind, die an dieser Stelle einsteigen und die sich der neuen Angebote mit Gewinn bedienen könnten, ebenso.
Es ist wohl nach dem gegenwärtigen Stand der Erkenntnisse auszuschließen, dass sich die Lebenssphären der Menschheit zukünftig weit gehend virtualisieren werden und somit die überkommenen Berufsbilder der Architekten und der Innenarchitekten obsolet werden könnten. Ein Übermaß an medialen Angeboten, das ist bereits offensichtlich, erzeugt im Gegenzug Bedürfnisse nach realen Events. Die Flut von blutleeren, allzeit bunten Licht-Bildern des Cyberspace macht gleichgültig durch ihre Beliebigkeit und erzeugt Überdruss und Sehnsucht nach eigenen sensorischen Erlebnissen. Vielleicht ist die virtuelle Welt als Aufenthaltsort wirklich nur für ‚Avatare' geeignet, wie die elektronischen Menschen-Stellvertreter im Cyberspace genannt werden. Die Unzufriedenheit des Kindes, im Museum nichts anfassen zu dürfen, hat der Erwachsene nicht verloren, nur verdrängt. Deshalb wird E-Commerce den Einkaufsbummel niemals überflüssig machen. Deshalb wird die Gestaltung der haptischen Umwelt an Bedeutung nicht verlieren. Deshalb auch wird der Innenarchitekt, wenngleich sich sein Betätigungsfeld gewissermaßen in den virtuellen Raum erweitert hat, nach wie vor mit Holz und Glas, mit Stoff und Stein, mit Farbe und Licht auseinander setzen – als Advokat des Menschen in einer ihm entfremdeten, im Grunde inhumanen, technischen und nun auch virtuellen Welt.

Autoren

Dipl. Ing. Innenarchitektin Jutta Blocher
Dipl. Ing. Architekt Dieter Blocher
Blocher, Blocher + Partner
Lessingstraße 13
70174 Stuttgart
Telefon: 07 11/22 48 20
Telefax: 07 11/2 24 82 20
E-Mail: info@blocherblocher.de
Homepage: www.blocherblocher.de

Prof. Dipl. Ing. Meinhard von Gerkan
gmp Architekten von Gerkan, Marg und Partner
Elbchaussee 139
22763 Hamburg
Telefon: 040/88 15 10
Telefax: 040/88 15 11 77 + 78
E-Mail: Hamburg-E@gmp-architekten.de
Homepage: www.gmp-architekten.de

Prof. Dipl. Ing. Birgit Hachtmann-Pütz
Architekten Hachtmann + Pütz
Milchstraße 6b
20148 Hamburg
Telefon: 040/4 50 19 50
Telefax: 040/4 10 10 00
E-Mail: info@hachtmann-puetz.de
Homepage: www.hachtmann-puetz.de

Prof. Dipl. Des. Carl Holste
Atelier Holste Innenarchitekten
Hannoversche Straße 79
30916 Isernhagen
Telefon: 05 11/90 16 40
Telefax: 05 11/9 01 64 20
E-Mail: info@atelier-holste-hannover.de
Homepage: www.atelier-holste-hannover.de

Dipl. Ing. Christine Kayser
Dipl. Ing. Sabine Wildner
Innenarchitektur Kayser + Wildner
Burgstraße 7
90403 Nürnberg
Telefon: 09 11/2 14 82 30
Telefax: 09 11/2 14 82 3 19
E-Mail: info@kayser-wildner.de
Homepage: www.kayser-wildner.de

Prof. Dr. Ing. Heinrich Kramer
Lichtdesign Ingenieurgesellschaft mbH
Neusser Straße 27–29
50670 Köln
Telefon: 02 21/73 20 28 + 29 + 20
Telefax: 02 21/73 43 28
E-Mail: ld@lichtdesign-koeln.de

Hans-Joachim Krietsch
Designer und Architekt
Industrielle Produkte
Hans Joachim Krietsch GmbH
Schwarzhauptstraße 10
80939 München
Telefon: 089/3 11 99 41 + 43
Telefax: 089/3 11 60 61
E-Mail: sekretariat@ipgmbh.de

Dipl. Ing. Architekt Gerhard Landau
Dipl. Ing. Architekt Ludwig Kindelbacher
Landau + Kindelbacher
Architekten – Innenarchitekten
Tattenbachstraße 18
80538 München
Telefon: 089/2 42 28 90
Telefax: 089/24 22 89 24
E-Mail: info@landaukindelbacher.de
Homepage: www.landaukindelbacher.de

Dr. Ing. Peter Lorenz
Freier Architekt AK BW
Planungsbüro Dr. Lorenz Architekten
Alleenstraße 39
73730 Esslingen
Telefon: 07 11/37 37 64
Telefax: 07 11/3 70 77 14
E-Mail: lorenz86@t-online.de

Peter Maly
Design und Innenarchitektur
Oberstraße 46
20144 Hamburg
Telefon: 040/44 04 84
Telefax: 040/41 83 87
E-Mail: peter-maly@snafu.de
Homepage: www.peter-maly.com

Hon. Prof. Dipl. Ing. Johanne Nalbach
Univ. Prof. Dipl. Ing. Gernot Nalbach
Nalbach + Nalbach
Rheinstraße 45
12161 Berlin
Telefon: 030/8 59 08 30
Telefax: 030/8 51 12 10
E-Mail: buero@nalbach-architekten.de
Homepage: www.nalbach-architekten.de

Burkhard Remmers
Wilkening + Hahne GmbH + Co.
Kommunikation und Unternehmensentwicklung
Fritz-Hahne-Straße 8
31848 Bad Münder
Telefon: 050 42/99 91 69
Telefax: 050 42/99 92 30
E-Mail: Burkhard.Remmers@wilkhahn.de
Homepage: www.wilkhahn.com

Prof. Dipl. Ing. Dieter Schempp
LOG-ID Dieter Schempp Architekten
Sindelfinger Straße 85
Glashaus
72070 Tübingen
Telefon: 070 71/9 48 30
Telefax: 070 71/9 48 3 50
E-Mail: LOGID@agsn.de
Homepage: www.agsn.de/logid

Prof. Dipl. Ing. Rudolf Schricker
Lauterburgstraße 7
70469 Stuttgart
Telefon: 07 11/81 71 53
Telefax: 07 11/8 17 99 86
E-Mail: Professor.Schricker@t-online.de
Homepage: www.innenarchitektur-schricker.de

Architekten

AJN Architectures Jean Nouvel
10 cité d'Angoulême
F-75011 Paris
Telefon: 49238383
Telefax: 43148110

Allmann Sattler Wappner
Architekten
Bothmerstraße 14
80634 München
Telefon: 089/165615
Telefax: 089/169263

Arno Design
Friedrichstraße 9
80801 München
Telefon: 089/3801940

avedition GmbH
Königsallee 57
71638 Ludwigsburg
Telefon: 07141/1477391
Homepage: www.avedition.de

AV1 architekten dulmovic schanné urig
Kanalstraße 75
67655 Kaiserslautern
Telefon: 0631/3403141
Telefax: 0631/3403143
e-mail: info@av1architekten.de
Homepage: www.av1architekten.de

Von Bassewitz Patschan Hupertz Limbrock GmbH
Architekturbüro
Neumühlen 11
22763 Hamburg
Telefon: 040/339530
Telefax: 040/33953290

Baumann & Schnittger
Brahmsstraße 9
14193 Berlin
Telefon: 030/8959000
E-Mail: abbaumann@aol.com

Henning Baurmann
Architekt
Bachstraße 43
76185 Karlsruhe
Telefon: 0721/551238
Telefax: 0721/551230

Beucker, Maschlanka & Partner GbR
Hildebrandtstraße 4, Haus D
40215 Düsseldorf
Telefon: 0211/60224800
Telefax: 0211/335613
E-Mail: bmp@bmp-architekten.de
Homepage: www.bmp-architekten.de

Beyer Weitbrecht Wolz
Schwabstraße 130
70193 Stuttgart
Telefon: 0711/296816

Bieler + Wlodarsch
Stephanienstraße 67
76133 Karlsruhe
Telefon: 0721/23961
Telefax: 0721/24883

Bieling + Bieling Architekten
Druseltalstraße 25
34131 Kassel
Telefon: 0561/935550
Telefax: 0561/9355555
E-Mail: info@bieling-architekten.de

Blocher, Blocher + Partner
Lessingstraße 13
70174 Stuttgart
Telefon: 0711/224820
Telefax: 0711/2248220
E-Mail: info@blocherblocher.de
Homepage: www.blocherblocher.de

Klaus Block
Dipl.-Ing. Architekt BDA
Sieglindestraße 5
12159 Berlin
Telefon: 030/85963051
Telefax: 030/85963052
E-Mail: info@klausblock.de
Homepage: www.klausblock.de

Braun & Schlockermann und Partner
Hansaallee 2
60322 Frankfurt a. M.
Telefon: 069/905533
Telefax: 069/90553100
E-Mail: info@bsp-architekten.de
Homepage: www.bsp-architekten.de

BRT Architekten
Bothe Richter Teherani
Holzdamm 28–32
20099 Hamburg
Telefon: 040/248420
Telefax: 040/24842222
E-Mail: office@brt.de
Homepage: www.brt.de

Klaus Richard Bürger
Innenarchitektur Design
Tönisberger Straße 67
47839 Krefeld
Telefon: 02151/736005
Telefax: 02151/743373
Homepage: www.buerger-id.de

Busse + Geitner
Grafenberger Allee 100
40237 Düsseldorf
Telefon: 0211/91560
Telefax: 0211/915666

Chlumsky- Peters-Hildebrand GmbH
Moltkeplatz 4
23566 Lübeck
Telefon: 0451/610550
Telefax: 0451/ 6105599
E-Mail: cph@architekten-cph.de
Homepage: www.architekten-cph.de

Horst Cyrus
Bennigsenstraße 31b
28205 Bremen
Telefon: 0421/446370

d'art Design Gruppe GbR
Bahnstraße 33
41469 Neuss
Telefon: 02137/910730

Prof. Harald Deilmann
Architekt
Prinzipalmarkt 13
48143 Münster
Telefon: 0251/41880

Roland Dorn
Architekt BDA
Alteburger Straße 121
50678 Köln
Telefon: 0221/252031
Telefax: 0221/252033
E-Mail: Dorn-Koeln@t-online.de

Etschmann & Noack
Architekten Innenarchitekten
Frankenstraße 9
90762 Fürth
Telefon: 0911/705653
Telefax: 0911/706508
E-Mail: etschmann-noack@t-online.de

Foster + Partners
Riverside Three, 22 Hester Road
GB-London SW114AN
Telefon: +020/77380455
Telefax: +020/77381107

Frick. Reichert Architekten
Langestraße 31
60311 Frankfurt a. M.
Telefon: 069/9291000
E-Mail: o.frick@frick-reichert.de
Homepage: www.frick-reichert.de

Frank O. Gehry + Ass.
1520-B Cloverfield Blvd.
USA – Sta. Monica CA90404
Telefon: +310/8286088
Telefax: +310/8282098

gibbins european architects
Karl-Marx-Straße 12
14482 Potsdam
Telefon: 0331/747440
Telefax: 0331/707538
Homepage: www.gibbins.de

Prof. Volker Giencke
Schönbrunngasse 73
A-8010 Graz
Telefon: 0043/316/323077
Telefax: 0043/316/3230777

gmp Architekten von Gerkan, Marg + Partner
Elbchaussee 139
22763 Hamburg
Telefon: 040/881510
Telefax: 040/88151177 + 78
E-Mail: Hamburg-E@gmp-architekten.de
Homepage: www.gmp-architekten.de

Gruber + Kleine-Kraneburg Architekten
Oberlindau 63
60323 Frankfurt a. M.
Telefon: 069/1700720
Telefax: 069/17007219
E-Mail: GKK@GKK.f.uunet.de
Homepage: www.baunetz.de/architekten/GKK

Prof. Birgit Hachtmann-Pütz
Innenarchitektin BDIA
Milchstraße 6b
20148 Hamburg
Telefon: 040/4501950
Telefax: 040/4101000
E-mail: mail@hachtmann-puetz.de
Homepage: www.hachtmann-puetz.de

Heinle, Wischer + Partner
Freie Architekten
Villastraße 1
70190 Stuttgart
Telefon: 0711/166540
Telefax: 0711/1665477
E-Mail: stuttgart@heinlewischerpartner.de
Homepage: www.heinlewischerpartner.de

Architekturbüro Hertrampf
Fischbeckerstraße 18
31785 Hameln
Telefon: 05151/94670
Telefax: 05151/946730
E-Mail: w.hertrampf@t-online.de

Fritz Hierl
Architekt
Stocket 10
82418 Murnau
Telefon: 08841/61600

Hoffmann + Krug
Architekten BDA
Dänische Straße 24
24103 Kiel
Telefon: 0431/974430
Telefax: 0431/9744333
E-Mail:
hoffmann-krug-architekten@t-online.de

Prof. Hans Hollein Atelier
4, Argentinierstraße 36
A-1040 Wien
Telefon: 01/50551960
Telefax: 01/5058894

Atelier Holste Innenarchitekten
Hannoversche Straße 79
30916 Isernhagen
Telefon: 0511/901640
Telefax: 0511/9016420
E-Mail: info@atelier-holste-hannover.de
Homepage: www.atelier-holste-hannover.de

Angelika Hülser-Stöhr
Dipl. Ing. Architektin AKNW
Burghofstraße 40
40223 Düsseldorf
Telefon: 0211/9330101
Telefax: 0211/9330112
E-Mail: AHSarchitektur@real-net.de
Homepage: huelser-stoehr.de

Ingenhoven Overdiek und Partner
Kaistraße 16a
40221 Düsseldorf
Telefon: 0211/3010101
Telefax: 0211/3010131
E-Mail: info@ingenhoven-overdiek.de
Hompage: www.ingenhoven-overdiek.de

Innenarchitektur Kayser + Wildner
Innenarchitektinnen BDIA DWB
Burgstraße 7
90403 Nürnberg
Telefon: 0911/2148230
Telefax: 0911/21482319
E-Mail: info@kayser-wildner.de
Homepage: www.kayser-wildner.de

Kammerer+Belz, Kucher+Partner
Eugenstraße 16
70182 Stuttgart
Telefon: 0711/210720
Telefax: 0711/235905

Kauffmann Theilig & Partner
Architekten BDA, Stuttgart
Zeppelinstraße 10
73760 Ostfildern-Kemnat
Telefon: 0711/451220
Homepage: www.kauffmanntheiligpartner.de

Kerker, Müller + Braunbeck
Rheinlandstraße 10
71636 Ludwigsburg
Telefon: 07141/44140
Telefax: 07141/441414
E-Mail: kerker.mueller.braunbeck@t-online.de

Kirchhoff Rügemer & Partner
Wilhelmshöher Allee 118
34119 Kassel
Telefon: 0561/729360
Telefax: 0561/7293650
E-Mail: AIS.Architekten@t-online.de

Margarete Kolb
Dipl.Ing. Innenarchitektin BDIA
Rosenaustraße 35
86150 Augsburg
Telefon: 0821/544737
Telefax: 0821/527175
E-mail: büro.m.kolb@t-online.de

Koubek + Hartinger
Innenarchitektur
Am Residenzplatz
94032 Passau
Telefon: 0851/9346803
Telefax: 0851/9346804
E-Mail: Koubek@innenarchitektur-KH.de
Homepage: www.Innenarchitektur-KH.de

KSP Kraemer, Sieverts + Partner
Am Römerturm
50667 Köln
Telefon: 0221/272870

Lamott Architekten
Caterina Lamott, Prof. Ansgar Lamott
Silberburgstraße 129a
70176 Stuttgart
Telefon: 0711/481061
Telefax: 0711/4870291
E-Mail: mail@lamott.de
Homepage: www.lamott.de

Landau + Kindelbacher
Architekten – Innenarchitekten
Tattenbachstraße 18
80538 München
Telefon: 089/2422890
Telefax: 089/24228924
E-Mail: info@landaukindelbacher.de
Homepage: www.landaukindelbacher.de

Architekturbüro Armin Lang
Rummstraße 2a
76229 Karlsruhe
Telefon: 0721/469688
E-Mail: zentrale@lang-architekt.de

Werner Lehrburger
Architekt
Simpert-Kramer-Straße 50
87629 Füssen
Telefon: 08362/5653
Telefax: 08362/5653

Walter von Lom und Partner
Rheingasse 14
50676 Köln
Telefon: 0221/9212060
Telefax: 0221/921206199

Dr. Lorenz + Unold
Alleenstraße 39
73730 Esslingen
Telefon: 0711/93082031
Telefax 0711/93082010
E-Mail: lorenz86@t-online.de

lucas architekten dwb
Kurfürstenstraße 50
47829 Krefeld
Telefon: 02151/481001
Telefax: 02151/481003
E-Mail: lucas_architekten@t-online.de

Metropolis Architekten Berlin
Michael Grollmitz, Stefan Zappe
Dipl.-Ing. Architekten
Burgstraße 22
10178 Berlin
Telefon: 030/24721075
Telefax: 030/24721076
E-Mail:
info@Grollmitz-Zappe-Architekten.de
Homepage:
www.Grollmitz-Zappe-Architekten.de

Antje Monz GmbH
Herderstraße 4
23552 Lübeck
Telefon: 0451/7071676
Telefax: 0451/70176
E-Mail: antje.monz@gmx.de
Homepage: www.antjemonz.de

Nickl & Partner
Osterwaldstraße 10
80805 München
Telefon: 089/3605140
Telefax: 089/36051426
E-Mail: mail@nickl-architekten.de

nölkenundnölken
innen_architekt_innen
Warschauer Straße 70a
10243 Berlin
Telefon: 030/29669567
Telefax: 030/29669569
E-Mail: noelken@t-online.de

PAS Jourdan Müller Albrecht
Leipziger Straße 36
60487 Frankfurt
Telefon: 069/970818

Petzinka Pink + Partner Architekten
Cecilienallee 17
40474 Düsseldorf
Telefon: 0211/478710
Telefax: 0211/4787110
E-Mail: sekretariat@petzinka-pink.de

Ramseier + Associates
Utoquai 43
CH-8008 Zürich
Telefon: +41/1/2522400
Telefax: +41/1/2620041
E-Mail: ramsaier@active-ch

Hartmut Rogalla
Dipl.-Ing. Architekt
Architekturbüro ASD
Karlstraße 3
59227 Ahlen
Telefon: 02382/91410
Telefax: 02382/914120
E-Mail: ASD-H.Rogalla@t-online.de

Heinz Rosenberg
Architekt Dipl.-Ing. FH
Hainstraße 10
96047 Bamberg
Telefon: 0951/200360
Telefax: 0951/200362

Prof. Karljosef Schattner
Dipl.-Ing. Architekt BDA
Spindeltal 32
85072 Eichstätt
Telefon: 08421/901263
Telefax: 08421/5998

Thomas Schindler Architekt BDA
Kastelbergstraße 19
79183 Waldkirch
Telefon: 07681/47050
Telefax: 07681/470528
E-Mail: info@thomas-schindler.de
Homepage: www.thomas-schindler.de

Uwe Schindler, Eckhard Bürling
Freie Architekten BDA
Forststraße 62a
70176 Stuttgart
Telefon : 0711/65677977
Telefax : 0711/65677979
Homepage: schindlerarchitekten@t-online.de

Schindler, Parent & Cie, Meersburg
Karl-Heinz Henninger
Freier Architekt BDA
Buchnerstraße 5
78464 Konstanz
Telefon: 07531/17177
Telefax: 07531/26592
E-Mail: K.-H.Henninger@BauNetz.de

Schmidt Schmersahl + Partner
Architekten
Friesenweg 12
32107 Bad Salzuflen
Telefon: 05222/975125
Homepage:
schmidt-schmersahl-partner@t-online.de

Axel Schultes Architekten
Lützowplatz 7
10785 Berlin
Telefon: 030/2308880
Telefax: 030/23088888

Prof. Rudolf Schricker
Innenarchitekt BDIA
Lauterburgstraße 7
70469 Stuttgart
Telefon: 0711/817153
Telefax: 0711/8179986
E-Mail: Professor.Schricker@t-online.de
Homepage: www.innenarchitektur-schricker.de

Architekten Schweger + Partner
Valentinskamp 30
20355 Hamburg
Telefon: 040/3509590
E-Mail: info@hh.asp-architekten.de

Silvestrin Design
Innenarchitekturbüro
Klenzestraße 38
80469 München
Telefon: 089/2608488
Telefax: 089/2608483
E-Mail: design@silvestrin.de
Homepage: www.silvestrin.de

Hans Stadler
Architekt
Kaiserallee 43
76133 Karlsruhe
Telefon: 0721/845511

Steidle + Partner
Architekten BDA
Genter Straße 13
80805 München
Telefon: 089/3609070
Telefax: 089/3617906
E-Mail: architekten@steidle-partner.de
Homepage: www.steidle-partner.de

Struhk + Partner
Architekten BDA
Papenstieg 4–7
38100 Braunschweig
Telefon: 0531/242460
Telefax: 0531/242464
E-Mail: architekten@struhk.de
Homepage: www.struhk.de

Suter + Suter Architekten
Gertrud und Bruno Suter
Malvenstraße 20
CH-8057 Zürich
Telefon: 01/3127305

tools.off architecture
Schwere Reiter Straße 35
80797 München
Telefon: 089/3066873
Telefax: 089/30668740
E-Mail: Andreas.Notter@tools-off.com
Homepage: www.tools-off.com

Prof. Oswald Mathias Ungers
Belvederestraße 60
50933 Köln
Telefon: 0221/9498360
Telefax: 0221/94983666

V. Albus, Thurn + Taxis Rentkammer
Emmeramsplatz 5
93047 Regensburg
Telefon: 0941/50480

Thomas van den Valentyn
Aachener Straße 23
50674 Köln
Telefon: 0221/9257870
Telefax: 0221/92578730
E-Mail: valentyn@vandenvalentyn.de
Homepage: www.vandenvalentyn.de

Tatjana Vautz + Stefan Mang
Freie Architekten
Alexanderstraße 136
70180 Stuttgart
Telefon: 0711/6074797
Telefax: 0711/6074796
E-Mail: vautz@vautz.de
Homepage: www.vautz.de

Vogel + Vonnak
Zeppelinstraße 49
70193 Stuttgart
Telefon: 0711/632220

Weber + Hummel Architekten BDA
Traubenstraße 51
70176 Stuttgart
Telefon: 0711/297565
Telefax: 0711/297573
E-Mail: weber.hummel@t-online.de

Agenturteam Winkler
Seeburgstraße 100
04103 Leipzig
Telefon: 0341/269790
E-mail: AgenturteamWinkler@t-online.de

Woerner + Partner
Eschersheimer Landstraße 25–27
60322 Frankfurt am Main
Telefon: 069/9591000
Telefax: 069/95910010
E-Mail: ffm@wp-net.de
Homepage: www.wp-net.de

Fotografen

AK Werbefotografie GmbH Armin Kammer/Wellmann – Ihre Küche kennt uns 198, 201
Altenkrich, Dirk 168
Archimation 141
Archiv Atelier Holste 90, 92, 94
Archiv Blocher, Blocher und Partner 103–105
Archiv Bundestag Bonn 63
Archiv Deilmann 52, 78
Archiv Deutsche Messe AG 91
Archiv Etschmann & Noack/MPF, Petra Simon 125
Archiv Fachschule für angewandte Kunst Heiligendamm 23
Archiv Frankfurter Allgemeine Zeitung/Wolfgang Haut 63
Archiv gmp 139, 142, 143, 146, 150
Archiv Hachtmann-Pütz 22, 25
Archiv Hilf 6
Archiv Hülser-Stöhr 57
Archiv Hyatt Berlin 129
Archiv IRS 76
Archiv Jaeger 226
Archiv Kindelbacher + Landau 59, 123
Archiv Knauf Westdeutsche Gipswerke 76, 85
Archiv Kusch & Co. Sitzmöbelwerke 65
Archiv Lorenz 50, 54
Archiv MAK Wien 201
Archiv Maritim Hotelgesellschaft 129
Archiv Messe Stuttgart 79
Archiv Möbel Knoll Int. 23
Archiv Remmers 34
Archiv Schricker 82, 84,
Archiv Spectral Lichttechnische GmbH 62, 68, 70–73, 80, 83, 88
Archiv Staatsgalerie Stuttgart 74, 79
Archiv Universitätsklinikum Aachen 116
Archiv Universitätsklinikum Großhadern 117
Archiv USM Haller 54
Archiv Vautz, Mang 177
Archiv Wilkhahn 35, 37
Arno Design GmbH/Frank Kotzerke 99
Atelier Kinold 172
Atelier Krebs 90, 93, 95
avstudios 90, 99
Bach 145
Bartenbach 2, 53
Bassewitz, Patschan, Hupertz, Limbrock GmbH 168
BauBildBerlin, Falk 152
Bernard, L. L. /Lichtdesign Cover, 210, 211, 213–225
Bernard, L. L. /L. L. Bernard 210, 212
Blei, Christian 125
Blunck, Rainer Cover, 156, 159–164
Boehm, Christian 124
Brackrock, Wulf 23, 24
Brockshus Bildstudio Bremen 170
Brune, C. 32
Bryant, R. 148, 149
Bühring, Sigrid 169
Bürger, Klaus/Meckel, Bettina 110
Buerkle, Christoph 25
Busam, Friedrich /architekturphoto 175
can colbani 168
De Luca + Meier/Teamstudio/Tielsa – Die exclusive Küche 201
Deutsche Werkstätten Hellerau 23
Dollinger/Fotodesign, Strähle Raumsysteme 47
Engelhard & Selin 99
Esch, H.G./Fotografie 90, 98
Etschmann, Christine 22, 27
Frahm, Klaus/artur 3, 34, 48, 49, 126, 130–134, 138, 139, 143, 151, 153
Freeman, Michael/Corbis/picture press 124
Friese, Bernhard 177
Gauditz, Peter 94
Gericke, W.D. 2, 54, 138
Görner, R. 126, 135–137
Grimmenstein, Bernadette 138, 142, 146, 151, 154
Gruco – die sympathische Küche/casawell 198, 202, 203
Günze/Rademacher 22, 31
Häusser, Robert 36
Halbe, Roland 60, 98
Hantsch, Manfred 170
Hartmann 91
Heinrich, Michael 2, 25, 113, 114, 120–122, 124
Hempel, Jörg 57
Heye, Hayo 196
Hindley, Marc 22, 62, 74
Hinrichs FotoFactory 96
Huthmacher, Werner 2, 74, 86, 89
Jacoby, H. 140
Kayser+Wildner 176
Knauf, Holger 42, 43, 112
Kniesburges 101
Koliusis, Nikolaus 2, 102, 105–109
Krase, Waltraud 53, 61
Krause, Wieland 114, 119
Kühnle & Knödler 197
Kriegel, Kristi 26
Leiska, Heiner 140, 147
Leistner, Dieter 58, 115–118
Lindner, Alex 50, 53
Lipa, Klaus 173
Living Media 90, 100, 101
Lohrer, Guido 179
Mader, Rainer Cover, 56, 62, 67, 69, 74, 81, 87
Manduzio, M. 61
Matte, Klaus Peter /Schloss Reichau 168
Müller 127
Müller, Stefan 66
Müller-Naumann, Stefan 34, 44, 45, 114, 117, 120
Neubert, Sigrid 172
Ohashi, Tomio 128
Orth, Heiner 22, 30, 33
Ortmeyer, Clemens/architekturphoto Cover, 22, 32
Photo Lill 92
Pörschke, Gerhard 168
Prokschi, Werner 171
Punctum/H.-Chr. Schink 50, 55, 144, 147
Quickborner Team 35, 36
Rau, U. 151
Reichle, Lothar/Studio Revo 122
Richter 59
Richter, Ralph 165, 174
Riehle, Thomas 40
Roth, Lukas Cover, 33, 111
Schiess 50, 58
Schindler, Uwe 29
Schmidt, J. 153–155
Schmitz, Uwe 178
Schmutz, Rudolf jr. 184
Schöttle, I. 60
Schwarz 56
Schwarz, Ulrich 168
Seggelke, U. K. 138
Sill 152
Splett, Jochen 22, 28
Stadler, Wolfgang 65
Stoll, Stefan /Klaus und Stoll GmbH 173
Striffler/Architekturbüro 36
Struhk + Partner 37, 38
Teckenborg-Wachs, Ilse Tina 25
Thurmann, Stefan 186–189, 191–195
TielsaSpecial, Die neue Emotion der Küche, Die exclusive Küche/1999 205, 206, 208, 209
TielsaSpecial, Die neue Emotion der Küche, Die exclusive Küche/2001 3, 198, 204, 207–209
Thüner, Herbert/Werbeatelier/Wellmann – Ihre Küche kennt uns 198, 201
Tormin, Klaus 198
Unipor-Ziegel Marketing GmbH Cover, 171
Walser, P. 53, 54
Weber, Jens 30
Weimer, Friedrich 24
Weirether, Willy 176
Wellmann – Ihre Küche kennt uns/casawell 203
Willig, Hajo 30
Wilkhahn, Axel Bleyer Cover, 34, 39, 41, 46
Windoffer, Ullrich 90, 95
Winkler, Helgo 64, 65, 75–78
Witzemann, Herta M. 23
Wrensch, Heiko 2, 97
Zieker, Friedrich/Foto-Studio 24
Zimmermann, Manfred 96

Sponsoren

Egger Holzwerkstoffe Brilon GmbH + Co.KG
Ansprechpartner:
Michael Bernd Wehmeyer, Ramona Nijdeken
Im Kissen 19
59929 Brilon
Telefon: 02961/770-265 (M.B. Wehmeyer),
-261 (R. Nijdeken)
Telefax: 02961/77088265 (M.B. Wehmeyer),
-261 (R. Nijdeken)
E-Mail: michael-bernd.wehmeyer@egger.com,
ramona.nijdeken@egger.com
Homepage: www.egger.com / www.egger.de

Produkte:
Eurodekor im Farbverbund: Melaminharzbeschichtete Spanplatten E1, Schichtstoffe, Melamin- und Sicherheitskanten. Euroform Postforming Elemente: Arbeitsplatten, Frontelemente, Fensterbänke. Formline MDF, Eurostrand OSB, Fertigteile, Schichtstoffverbundplatten. Floorline Laminatfußboden.

Fielitz GmbH Leichtbauelemente
Ansprechpartnerin: Eva Pfeiffer
Brunnhausgasse 3
85049 Ingolstadt
Telefon: 0841/935140
Telefax: 0841/9351413
E-Mail: info@fielitz.de
Homepage: www.fielitz.de

Produkte:
Neuartige Strukturen aus Aluminium und Edelstahl rostfrei, Stahl für Architektur und Design.

Interface Deutschland GmbH
Ansprechpartner: Holger Schmitz/Marketing Manager
Kimplerstraße 282
47807 Krefeld
Telefon: 02151 / 37180
Telefax: 02151 / 371843
E-Mail: info-de@eu.interfaceinc.com
Homepage: www.interfaceeurope.com/de

Produkte:
Produkte und Dienstleistungen rund um den Bodenbelag: Systemteppichböden, Kabelmanagement, Möbelhubsysteme, Planung und Pflegesysteme.

Interstuhl Büromöbel GmbH & Co.KG
Ansprechpartner: Rolf Schweizer/Leiter Marketing
Brühlstraße 21
72469 Meßstetten-Tieringen
Telefon: 07436/8710
Telefax: 07436/871110
E-Mail: info@interstuhl.de
Homepage: www.interstuhl.de /
www.xantos-derstuhl.de

Produkte:
Büroarbeitsstühle, Seminar- und Konferenzausstattungen.

Gebr. Knauf Westdeutsche Gipswerke, Iphofen
Am Bahnhof 7
97346 Iphofen
Telefon: 01805/311000
Telefax: 01805/314000
E-Mail: knauf-direkt@knauf.de
Homepage: www.knauf.de

Produkte:
Moderne Trockenbausysteme, Putze und Zubehör, Fließestriche, Maschinen und Werkzeuge für die Anwendung dieser Produkte.
Kreative Konfigurationen an der Decke: Glatte Gipsplatten, Loch- und Schlitzplatten – im Lochbild auch nach Wunsch als Sonderanfertigung möglich – oder Vorfertigungen wie gebogene Formplatten-Elemente, V-Ausfräsungen, Parallelschlitzungen sowie Metallunterkonstruktionen aus CD-Profilen konvex oder konkav gebogen.

König + Neurath AG
Ansprechpartner: Manfred Wuschanski
Industriestraße
61184 Karben
Telefon: 06039/483246
Telefax: 06039/483508
E-Mail: manfred.wuschanski@koenig-neurath.de
Homepage: www.koenig-neurath.de

Produkte:
Büromöbelsysteme: Arbeitsplätze, Schranksysteme, Management, Konferenz, Empfang/Beratung, Call-Center, Licht und Homeoffice.
Sitzmöbelsysteme: Bürodrehstühle, Objektbestuhlung, Sitzbank-Programme, Konferenzstühle, Chefsessel und Besucherstühle.
Raumsysteme: Raumgliederung, Schrank- und Trennwände, Regal-Konzepte.

Kusch + Co. Sitzmöbelwerke GmbH & Co.KG
Ansprechpartner: Tommy Rube
Postfach 1151
59965 Hallenberg
Telefon: 02984/3000
Telefax: 02984/300177
E-Mail: info@kusch.de
Homepage: www.kusch.de

Produkte:
Designorientierte Sitzmöbel und Tische, Objekteinrichtungen.

Preform Raumgliederungssysteme GmbH
Ansprechpartner: Ernst Harrer
Esbacher Weg 15
91555 Feuchtwangen
Telefon: 09852/9070
Telefax: 09852/90777
E-Mail: info@preform.de
Homepage: www.preform.de

Produkte:
Mobile/flexible/akustische Bürostellwände, reversible Raumgliederungssysteme, Designwände. Reversible und flexible Raumaufteilung von Bürolandschaften / Flächenökonomie, akustische Verbesserung am Arbeitsplatz, transparente und kommunikationsfähige Bürogestaltung.

Resopal GmbH
Ansprechpartner: Herr Simon / Marketing,
Herr Tolksdorf/Vertrieb
Hans-Böckler-Straße 4
64823 Groß-Umstadt
Telefon: 06078/800
Telefax: 06078/80624
E-Mail: info@resopal.de
Homepage: www.resopal.de

Produkte:
Dekorative Schichtstoffplatten, beschichtete Elemente mit unterschiedlichen Deck- und Trägermaterialien, Mineralstoff, Fassadenverkleidung, Waschtisch, Becken und Spülen aus Mineralstoff.

RSL Rodust & Sohn Lichttechnik GmbH
Ansprechpartner: Sven Hoffmeister
Tannenweg 1–3
53757 Sankt Augustin
Telefon: 02241/86121
Telefax: 02241/334600
E-Mail: S.Hoffmeister@rsl.de
Homepage: www.rsl.de

Produkte:
Sonderleuchten nach Zeichnung, Pendelleuchten, Lichtdecken, Downlights, dekorative Leuchten, Steh- und Wandleuchten.

Wilhelmi Werke AG
Ansprechpartner: Frank H. Wilhelmi
Dr.-Hans-Wilhelmi-Weg 1
35633 Lahnau
Telefon: 06441/6010
Telefax: 06441/63439
E-Mail: info@wilhelmi.de
Homepage: www.wilhelmi.de

Produkte:
Akustisch wirksame Innenausbau-Produkte.

Angaben Stand April 2002

Literatur

Wohnen

Andritky, Michael / Selle, Gerd: Lernbereich Wohnen, Band 1, Hamburg 1979.

Becher, Ursula: Geschichte des modernen Lebensstils, München 1998.

Koelbl, Herlinde / Sack, Manfred: Das Deutsche Wohnzimmer, München 1980.

Selle, Gerd: Die eigenen vier Wände, Frankfurt/M. 1994.

Silbermann, Alphons: Neues Wohnen der Deutschen, Köln 1998.

Wansch, Franz: Wohnen mit Körper, Geist und Seele, Stuttgart 1998.

Wüstenrot-Stiftung: Geschichte des Wohnens, Band 5, Stuttgart 1999.

Banking

Architektur + Wettbewerbe, Heft 180; Banken, Sparkassen, Versicherungen; Stuttgart 1999.

Davies, C.: Commerzbank Frankfurt; Berlin 1997.

Deilmann, H. + Th.; Bank-, Sparkassen- und Versicherungsbauten; Stuttgart 1978.

Knirsch, J.: Büroräume Bürohäuser; Leinfelden-Echterdingen 2. Auflage 2002.

Lorenz, P.: Das Herz der Bank – Die Kundenhalle; in: AIT 12/88, S. 18.

Lorenz, P. / Biering, H.: Banken – Sparkassen; Leinfelden-Echterdingen 1988.

Lorenz, P. / Isphording, S.: Banken und Geldinstitute; Leinfelden-Echterdingen; erscheint 2003.

Rafeiner, F.; Ein Bankgebäude heute; München 1975.

Sulzberger, M.; Das Bankgebäude; o. O. 1980.

Administration

Boje, A.: Das Grossraumbüro. Merkmale, Einrichtung, Wirtschaftlichkeit, o. O. 1968.

Branzi, A. / De Lucchi, M. / Sottsass, E.: Citizen Office. Ideen und Notizen zu einer neuen Bürowelt, Weil am Rhein 1994.

Büro International: Handbuch moderne Bürogestaltung / The Manual of Modern Office Design / Le manuel de l'aménagement moderne de bureau, Detmold 1984.

Büro International: Handbuch moderne Bürogestaltung / The Manual of Modern Office Design, Detmold 1985.

Büro International: Handbuch moderne Bürogestaltung / The Manual of Modern Office Design, Detmold 1987.

Büro International: Handbuch moderne Bürogestaltung / The Manual of Modern Office Design. 6. Ausgabe, Detmold 1993.

Cakir, A. / Hart, D. J. / Stewart, T. F. M.: Bildschirmarbeitsplätze, Berlin / Heidelberg / New York 1980.

Englich, G. / Remmers B.: konferieren, diskutieren, lernen ... Einrichtungshandbuch für Kommunikationsräume, Bad Münder 1997.

Flagge, I. (Hrsg.): Boehringer Ingelheim Center, Tübingen, Berlin 2001.

Franz, W.: Das Bürohaus. Eine Sammlung von Verwaltungs-Gebäuden für Behörden, für Handel und Industrie, Leipzig 1924.

Fraunhofer IAO (Hrsg.): Zukunftsoffensive Office 21, Köln 2000.

Fritz, H.-J.: Menschen in Büroarbeitsräumen, München 1982.

Geberzahn, W. O. (Hrsg.): Arbeiten in der Gruppe, Braunschweig / Wiesbaden 1995.

Geberzahn, W. O. / Redemann, P.: Der Arbeitsplatz im Büro. Aspekte moderner Bürogestaltung, Landsberg / Lech 1994.

Gottschalk, O.: Flexible Verwaltungsbauten. Entwurf Ausbau Einrichtung Kosten Beispiele. Quickborn 1963.

Grandjean, E.: Physiologische Gestaltung der Büroarbeit. Stuttgart 1969.

Gross, M. / Hoppe, H. / Kasper, W.: Arbeitsplatzgestaltung im Büro, Berlin 1976.

Hartmann, C.: Planungs- und Gestaltungshilfen für integrierte Techniken in Büro und Verwaltung, Dortmund 1988.

IHK Berlin, Deutscher Werkbund Berlin e. V (Hrsg.): Büroarbeit von morgen in den Büros von heute?, Berlin 1997.

Klein, J. G.: The Office Book. Ideas and Design for Contemporary Work Spaces, London 1982.

Krekler, B.: Verwaltungsbauten. Entwurf und Planung 10, München 1973.

Nagel, S. / Linke, S.: Verwaltungsbauten, Gütersloh 1972.

Norman, D. A.: The invisible Computer, Cambridge, Massachusetts, London 1998.

Novotny, F. (Hrsg.): Bürogestaltung + Gesundheit, Baden-Baden 1982.

Riewoldt, O.: New Office Design, o. O. 1994.

Rimpl, H.: Verwaltungsbauten. Organisation, Entwurf, Konstruktion, ausgeführte Bauten und Projekte, Berlin 1959.

Seeger, H.: Bürohäuser der privaten Wirtschaft, Leipzig 1933.

Sieverts, E.: Bürohaus- und Verwaltungsbau, Stuttgart 1980.

Steidle + Partner: Wackerhaus München, Stuttgart / London 1998.

Streitz, N. / Konomi, S. / Burkhardt, H.-J. (Hrsg.), Cooperative Buildings, proceedings CoBuild'98, Darmstadt, Germany, February 1998, Berlin / Heidelberg / New York 1998.

Streitz, N. / Remmers, B. / Pietzcker, M. / Grundmann, R. (Hrsg.): Arbeitswelten im Wandel – fit für die Zukunft?, Stuttgart 1999.

Streitz, N. / Siegel, J. / Hartkopf, V. (Hrsg.), Cooperative Buildings, proceedings CoBuild'99, Pittsburgh, USA, Oktober 1999, Berlin / Heidelberg / New York 1999.

Votteler, A.: Ideen für eine neue Bürowelt. Katalog zur Ausstellung der Wettbewerbsergebnisse ‚Lebensraum Büro' auf der Orgatec in Köln 1992, München / Stuttgart 1992.

Wiener, A.: Das Warenhaus. Kauf-, Geschäfts-, Büro-Haus, Berlin 1912.

Zukunftsstrategie Kombi-Büro. Chancen für Architektur und Organisation, München 1994.

Politik

Bau und Raum, Jahrbuch 2000 / 2001.

Elias, Norbert: Über den Prozeß der Zivilisation, Amsterdam, 1997.

Günther, Sonja: Die fünfziger Jahre, Stuttgart, 1994.

Jaeger, Falk: Architektur für das neue Jahrtausend, München, 2001.

Kähler, Gert: Ein Jahrhundert Bauten in Deutschland, München, 2000.

Schreiber, Mathias: Deutsche Architektur nach 1945, Stuttgart, 1986.

Wichmann, Hans: Sep Ruf, Stuttgart, 1986.

Kultur

Azara, Perdo / Roig, Joan: Bühnen- und Ausstellungsarchitektur, Stuttgart 2000.

Köb, Edelbert / Stiller, Adolph: Räume der Kunst, Stuttgart 1997.

Mack, Gerhard: Kunstmuseen, Köln 1998.

Schricker, Rudolf: Kreative Raumakustik, München 2001.

Schricker, Rudolf: Raumzauber. Stuttgart 1998.

Schubert, Hannore: Moderner Museumsbau, Stuttgart 1986.

Schubert, Hannolore: Moderner Theaterbau, Stuttgart 1988.

Präsentation

BDIA: Der Innenarchitekt BDIA, 1963–1965.

Clauss, Max Walter: Treffpunkt Zukunft, 1984.

Franck, Klaus: Ausstellungen 1961, Stuttgart.

Schultes, Karin: Fliegende Bauten, Stuttgart, 1997.

Verband Bildender Kuenstler der DDR: Messegestaltung für die DDR, 1985.

Wenz-Gahler, Ingrid: Messestand Design, Leinfelden-Echterdingen, 1995.

Verkauf

Architektur für den Handel: Kaufhäuser, Einkaufszentren, Galerien, Geschichte und gegenwärtige Tendenzen. Basel / Boston / Berlin 1996.

Beddington, Nadine: Shopping Centres. Retail Development, Design and Management, Oxford 1981.

Gretz, Friedrich: Läden richtig planen. Fehler vermeiden, Stuttgart/Zürich 2000.

Internationales Interior Design, München 1991.
Kreft, Wilhelm: Ladenplanung, Leinfelden-Echterdingen 2002.
Pracht, Klaus: Läden. Planung und Gestaltung, Basel 2001.
Wenz-Gahler, Ingrid: Concept shops, Leinfelden-Echterdingen, 2002.

Heilen

Daidalos – Architektur, Kunst, Kultur: Magie der Werkstoffe II, Berlin, August 1995.
Interior Design in Germany, Hrsg. H. M. Nelte, Wiesbaden 2000.
Schossig, Damaschke, Scheffer: Arztpraxen, Leinfelden-Echterdingen 1995.

Gäste

Architese: Hotels, Heft 2, 1988.
Bauwelt: art'otel, Heft 15, 2000.
Bauwelt: Gran Hotel Esplanade, Heft 27, 1988.
Daidalos: Übernachten, 62. Jahrgang, 1996.
Knirsch, Jürgen: Hotels – Planen und Gestalten, Leinfelden-Echterdingen, unveränd. Nachdruck 2001.
Weisskamp, Herbert: Hotels – international, Stuttgart 1965.

Ökologie

Krampen, Martin/Schempp, Dieter: Glasarchitekten – Konzepte, Bauten, Perspektiven, November 1999.
LOG ID: Grüne Archen – Glashaus Herten, Frankfurt 1980 (vergriffen).
LOG ID: Grüne Solararchitektur, Heidelberg 1981 (vergriffen).
LOG ID: Mensch und Pflanze, Heidelberg 1982 (vergriffen).
LOG ID: Das Haus in Baden-Baden, Frankfurt 1983 (vergriffen).
LOG ID: Solararchitektur in der Stadt, Frankfurt 1984.
LOG ID: Wintergärten, Niedernhausen 1986 (vergriffen).
LOG ID: Grüne Solararchitektur, 3. neu bearbeitete Auflage, Heidelberg, 1987 (zusammengefasst mit ‚Mensch und Pflanze').
LOG ID: Solares Bauen, Rudolf-Müller GmbH, 1992 (vergriffen).
LOG ID: Entwurf-Planung-Konstruktion, Köln 1995 (vergriffen).
LOG ID. BGW Dresden, Opus 30, Stuttgart-Fellbach 1997.
New buildings and projects – architecture in Germany, Hrsg: H. M. Nelte, Wiesbaden 2001.
Schempp, Dieter: Mensch Raum und Pflanze, 1997.

Symposiumsberichte

LOG ID: Symposiumsbericht Dresden 1992.
LOG ID: Stadt im 3. Jahrtausend, 1994.
LOG ID: Symposiumsbericht Herten, 1995 Symposium Solararchitektur – Internationaler Vergleich – Mensch und Raum – neue Bedeutung des Glases (zu bestellen bei LOG ID, Sindelfinger Straße 85, 72070 Tübingen).
LOG ID, Verein für Grüne Solararchitektur: Mensch, Raum und Pflanze, Düsseldorf 1996.
Vision Stadt – Städtebau, Architektur, Ökologie, Zusammenfassung des Symposiums 1999, Stadt Ostfildern, Pf. 1120, 73747 Ostfildern.

Modernisierung

Alexander, Christopher: Eine Mustersprache; herausgegeben von Czech, Hermann; Wien 1995.
Carlo Scarpa; Benedikt, Köln 1999.
Meyer-Bohe, Walter: Umbauten – Alternativen zum Neubau; Stuttgart 1991.
Pehnt, Wolfgang: Karljosef Schattner – Ein Architekt aus Eichstätt; Copyright 1988, Stuttgart; erweiterte Neuauflage 1999.
Rau, Otfried und Braune, Ute: Der Altbau, Renovieren, Restaurieren, Modernisieren; 6. Auflage 1997; Leinfelden-Echterdingen 1985.
Reiners, Holger: Einfamilienhäuser modernisieren – Anbauten, Umbauten, neue Architektur und besseres Wohnen; München 1994.
Schmitz Böhning, Krings: Altbaumodernisierung im Detail – Konstruktionsempfehlungen; Köln 1989.
Wüstenrot Stiftung: Umnutzungen im Bestand neue Zwecke für alte Gebäude; Stuttgart + Zürich und Wüstenrot Stiftung Ludwigsburg; 2000.

Serie

Silbermann, Alphons: Die Küche. Opladen 1995.

Bücher in der Verlagsanstalt Alexander Koch

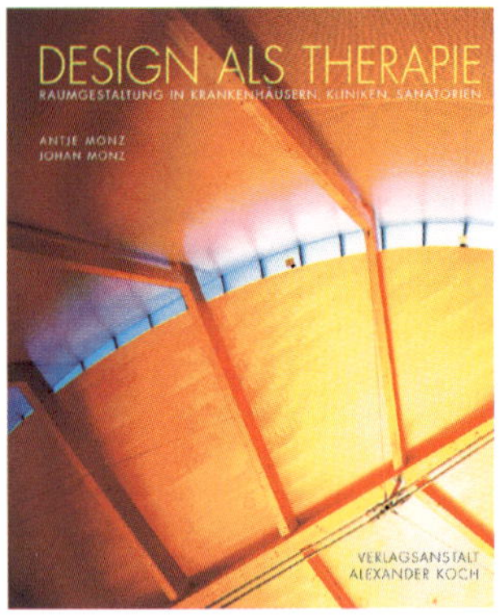

ISBN 3-87422-627-1

ISBN 3-87422-626-3

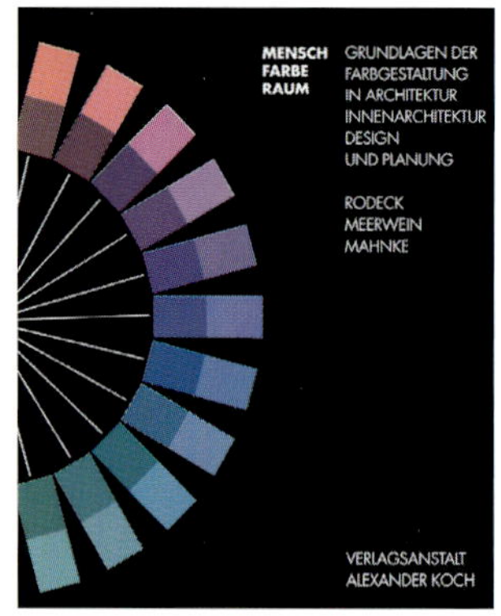

ISBN 3-87422-629-8

ISBN 3-87422-643-3

ISBN 3-87422-610-7

ISBN 3-87422-622-0

ISBN 3-87422-639-5

ISBN 3-87422-638-7

ISBN 3-87422-637-9

ISBN 3-87422-619-0

ISBN 3-87422-641-7

ISBN 3-87422-644-1

ISBN 3-87422-636-0

ISBN 3-87422-642-5

ISBN 3-87422-630-1

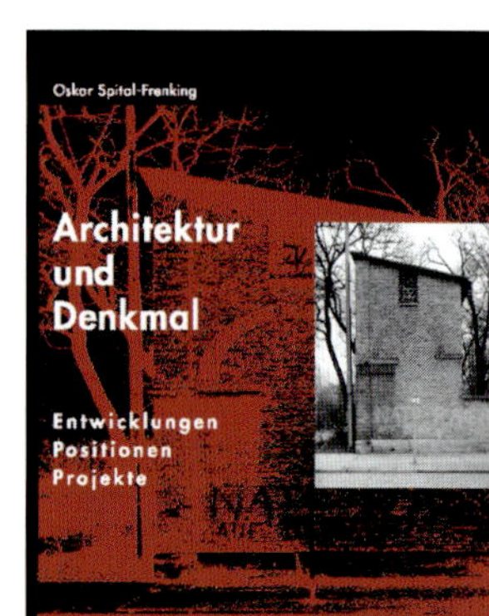

ISBN 3-87422-640-9